Hélène Magnússon

Island Socken

HELENE

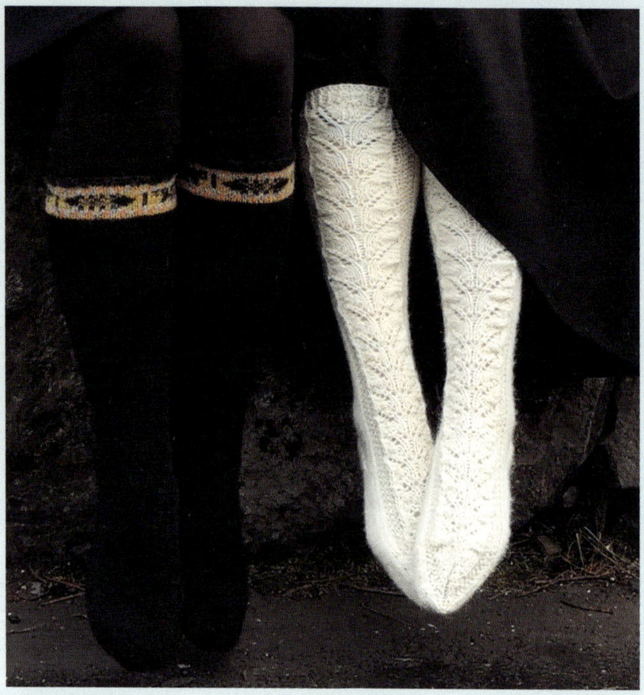

Hélène Magnússon

Island Socken

Die schönsten Strickmuster aus dem Land der Nordlichter

Vorwort von Loretta Napoleoni

stiebner

MIX
Papier aus verantwortungsvollen Quellen
FSC® C107574

Erstmals erschienen unter dem Titel »Socks of Iceland« bei Prjónakerling ehf. (Icelandic Knitter, icelandicknitter.com).

Fotografie und Anleitungen: Hélène Magnússon
Strickschriften: Hélène Magnússon und Sylvía Skúladóttir
Übersetzung aus dem Englischen: Christine Heinzius
Redaktion der deutschen Ausgabe: Stefanie Klapetek
Layout, Coverdesign und Satz der deutschen Ausgabe: Danai Afrati
Gedruckt bei Balto Print, Litauen

Bibliografische Information der Deutschen Nationalbibliothek:
Die Deutsche Nationalbibliothek verzeichnet diese Publikation in der Deutschen Nationalbibliografie; detaillierte bibliografische Daten sind im Internet über http://dnb.dnb.de abrufbar.
ISBN 978-3-8307-2126-0

Wir produzieren unsere Bücher mit großer Sorgfalt und Genauigkeit. Trotzdem lässt es sich nicht ausschließen, dass uns in Einzelfällen Fehler passieren. Auf unserer Webseite finden Sie bei dem jeweiligen Titel eventuelle Hinweise und Korrekturen. Sollten Sie in diesem Buch einen Fehler finden, so bitten wir um einen Hinweis an verlag@stiebner.com. Für solche Hinweise sind wir sehr dankbar, denn sie helfen uns, besser zu werden.
Dieses Buch liegt auch als ebook vor, mit der ISBN 978-3-8307-3056-9
www.stiebner.com

Inhalt

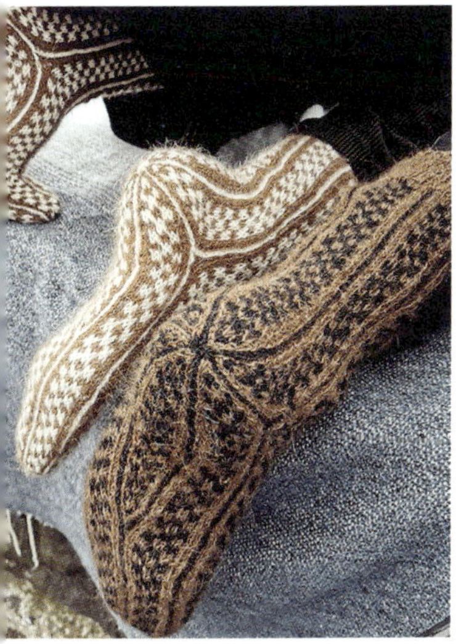
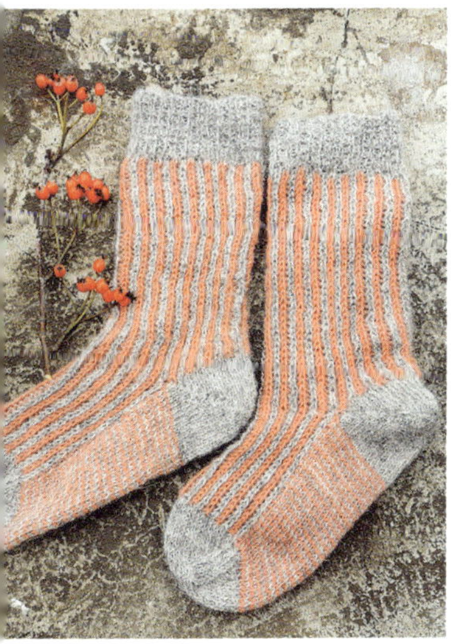
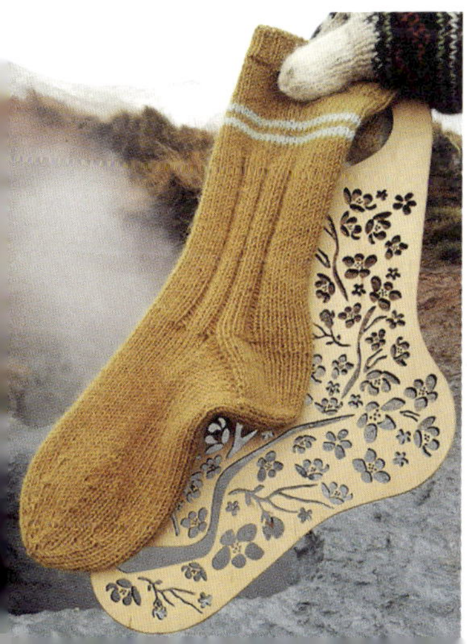

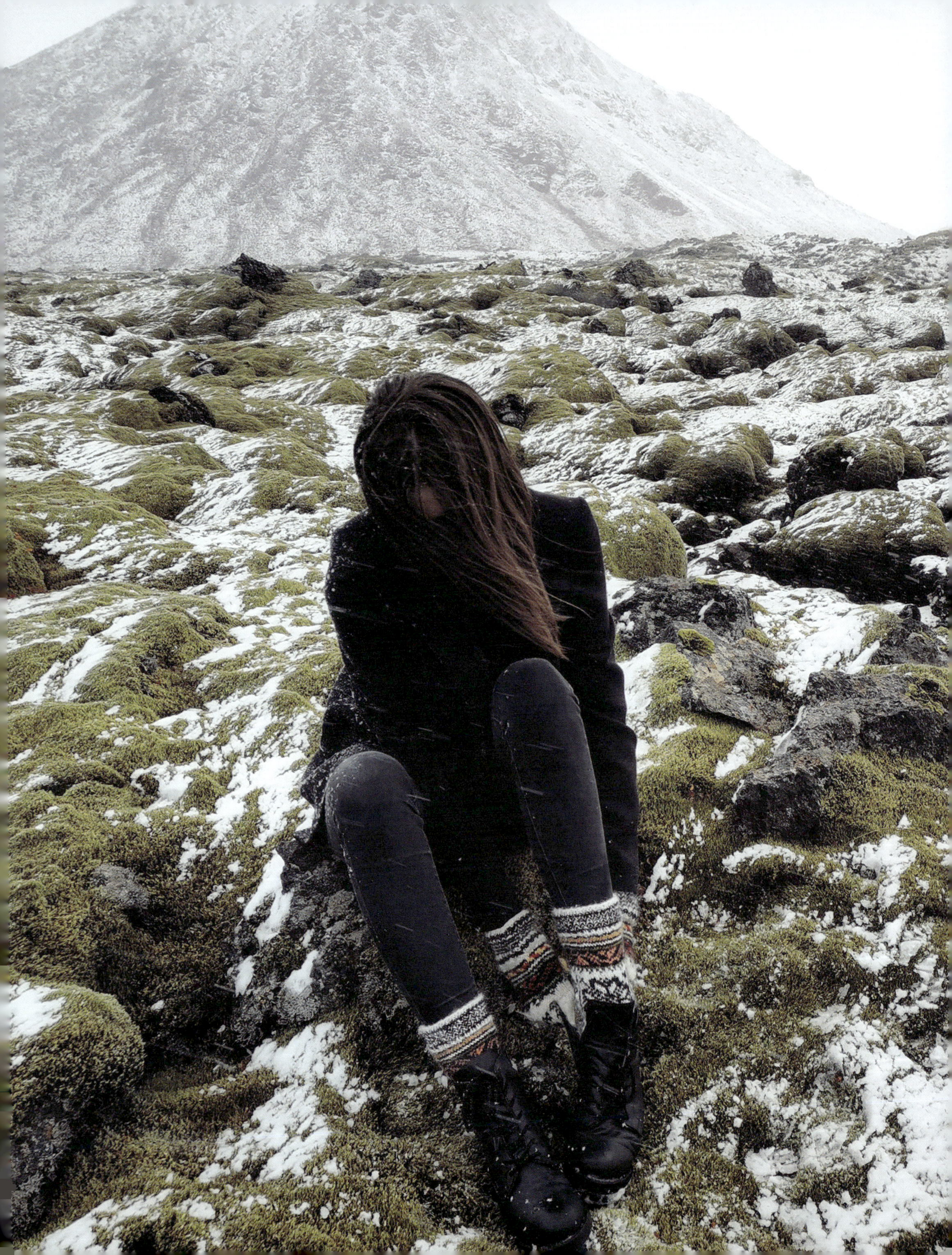

Vorwort

Loretta Napoleoni

Kann man von der Geschichte, Kultur und Geografie einer Nation anhand der Strumpfmuster, die die Bevölkerung über Jahrhunderte gestrickt hat, erzählen? Nun, wenn man eine kreative Strickerin und versierte Autorin ist wie Hélène Magnússon, dann schon. Mit Eleganz, Begeisterung, einem Gefühl für Ästhetik und echtem Verständnis für isländische Traditionen spinnt die Autorin dieses einzigartigen Buchs ein neues Narrativ, sie berichtet von Erinnerungen, Legenden und Sagen des isländischen Volks und nutzt dabei die Muster ihrer Strümpfe als Kommunikationsmittel. Das Ergebnis ist eine Reise in eine sehr spezielle Ecke der Strickgeschichte, einer Handarbeit, die Teil unserer Identität ist, woran uns das Buch immer wieder erinnert.

Warum Strümpfe und nicht Mützen oder Schals? Das älteste Strickstück, das wir kennen, sind ein Paar Strümpfe aus Ägypten, gestrickt im 11. bis 14. Jahrhundert. Strümpfe sind eine simple Notwendigkeit und daher immer mit unseren Leben verbunden.

Mützen und Schals trägt man nicht während der Sommermonate, aber Socken schon. Strümpfe werden mehr strapaziert, müssen geflickt werden, schließlich ribbelt man sie auf und verstrickt die Wolle erneut, das Leben der Strümpfe ähnelt unserem, sie werden benutzt, verbraucht und sind sehr nützlich. Auf dem Weg nach Westen strickten amerikanische Pionierinnen Strümpfe und verkauften sie an alleinstehende Männer, Bauern, Bergleute und Eisenbahnarbeiter, die Nachfrage nach Strümpfen war so groß und das Angebot so knapp, dass Strümpfe im Wilden Westen eine Weile eine Art Währung waren, wie der US-Dollar. In den nordischen Ländern bestimmt die Natur den Alltag, und Strümpfe sind absolut notwendig, um sich in dieser Umgebung wohlzufühlen. Die Muster, die Wolle und die Farben in diesem wunderschönen Buch spiegeln die ganz spezielle Beziehung, die zwischen den Einheimischen und ihrem Land besteht. Island, ein Land von außergewöhnlicher Schönheit, wo Lava und Eis oft die Landschaft definieren, diktierte die Farbwahl, die Muster und die Form der Strümpfe. Und genauso, in dramatischer Landschaft, hat die Designerin die Visionen der isländischen Stricker von ihrem Land eingefangen und dabei die Strümpfe bequem und warm genug gemacht, um mit ihnen durch so ein weites Land zu wandern, um es zu erforschen und sich zu eigen zu machen.

Es gibt Strümpfe für alle Gelegenheiten, von Hochzeitssocken bis zu solchen für die Sonntagskleidung, Strümpfe für langes Wandern über die Lavafelder und Reiterstrümpfe. Strümpfe, um die Liebe zu feiern, um in eisiger Kälte warm zu bleiben und um es sich in den langen, dunklen Wintermonaten mit einem heißen Getränk vor dem Kamin gemütlich zu machen. Es gibt sogar Strümpfe, um die sozio-ökonomischen und kulturellen Beziehungen zu ehren, die Island über die Jahrhunderte zu anderen nordischen Nationen aufgebaut hat, Strümpfe, die Symbole fremder Kulturen mit lokalen Motiven kombinieren. Sie sind alle gleich bequem, und sie wurden alle gestrickt, damit sich Menschen geborgen, geliebt und wichtig fühlen können. Auf unserer Reise durch die Muster treffen wir auch die magischen Fantasiewesen der alten isländischen Legenden, aus der Strickschrift tauchen uralte Figuren auf, und die Autorin erklärt uns, wer sie sind und wieso sie auf diesem speziellen Strumpf gelandet sind. Indem wir die Geschichten und Legenden lesen, die die Muster begleiten, reisen wir durch die Zeit in eine aufregende Welt. Im Hintergrund ist die Natur immer präsent: Die außergewöhnliche isländische Landschaft wird zwischen den Maschen gefeiert, so treffen wir auf Bilder vom Moos, das die Lavafelsen auf den isländischen Hügeln bedeckt, oder wir lernen traditionelle Blattmotive und nordische Handschuhe kennen, die zu einem Strumpfmuster werden. Es ist ein wunderschönes, einzigartiges Buch für jeden, der Lust hat, sich auf die Schönheit des Strickens einzulassen und sich die Geschichte anzuhören, die hinter jedem Muster steckt, und der gleichzeitig tolle Strümpfe stricken möchte.

Loretta Napoleoni **hat schon immer gestrickt, seit sie es in Italien von ihrer Großmutter gelernt hat. Sie ist auch Ökonomin, politische Analystin und Bestsellerautorin. Ihre Bücher über globale Finanzierung, Terrorismus, Wirtschaft und sozialen Wandel seit 9/11 und die Wirtschaft von Europa, China und Nordkorea wurden in einundzwanzig Sprachen übersetzt. Durch ihre Arbeit bei verschiedenen internationalen Organisationen, auf dem Rohstoffmarkt und als Dozentin ist sie um die Welt gereist – mit Strickprojekten im Gepäck. Sie war Fulbright-Stipendiatin an der Paul H. Nitze School of Advanced International Studies der Johns Hopkins University in Washington, DC und Rotary-Stipendiatin an der London School of Economics. Sie hat einen Master-Abschluss in internationalen Beziehungen und Wirtschaft sowie einen Doktortitel in Wirtschaftswissenschaften. Sie lebt in London und Rom und besucht jährlich die USA.**
Loretta hat kürzlich ihr erstes Strickbuch veröffentlicht: »Die Macht der Maschen: Wie Stricken uns durchs Leben begleitet und miteinander verbindet« (Penguin, 2021).

Einleitung

Ein bisschen Geschichte

Man nimmt an, dass das Stricken im Mittleren Osten entstanden ist, und die älteste erhaltene Strickware sind Strümpfe aus Ägypten, die auf das 11. bis 14. Jahrhundert datiert werden. Von dort breitete es sich nach Nordafrika aus. Die frühesten Überreste von Strümpfen in Europa stammen aus dem 14. Jahrhundert.

Vermutlich kam das Stricken mit deutschen, englischen oder niederländischen Kaufleuten nach Island. Die Forscherin Elsa Guðjónsson glaubt, dass das Anfang des 16. Jahrhunderts geschah. Ein Paar Handschuhe vom Beginn des 16. Jahrhunderts wurde 1981 tatsächlich in Island gefunden, bei archäologischen Arbeiten in Stóra-Borg (Ost Eyjafjallhreppur, einem Kreis im Süden Islands). Dort wurden weitere Objekte gefunden, darunter ein Paar Kniestrümpfe und ein Kinderstrumpf, wahrscheinlich von 1650–1750. Davon abgesehen ist nichts von vor dem 19. Jahrhundert erhalten.

Schriftliche Quellen unterstützen die These, dass das Stricken im frühen 16. Jahrhundert eingeführt wurde. In Briefen des Bischofs Guðbrandur Þorláksson von 1582 und 1583 wird erwähnt, dass im Norden des Landes die Pacht an den Landbesitzer teilweise in Strickwaren, vermutlich Strümpfen, gezahlt wurde. Diese Quellen deuten darauf hin, dass das Stricken damals bereits weit verbreitet war.

Der erste gedruckte Nachweis stammt auch von Bischof Guðbrandur: In seiner Bibelübersetzung, die 1584 in Hólar gedruckt wurde, beschreibt er das Gewand Christi als »gestrickt« und nicht als gewebt, wie in der ersten isländischen Übersetzung von 1540. Elsa zieht daraus den Schluss, dass die Stricktradition in Island älter sein könnte als in den anderen nordischen Ländern.

Falls das Stricken tatsächlich im 16. Jahrhundert eingeführt wurde, dann geht Elsa davon aus, dass es höchstwahrscheinlich die Deutschen waren, die den Isländern das Stricken beigebracht haben. Zu dieser Zeit waren es vor allem Deutsche, die in isländischen Gewässern fischten. Das 16. Jahrhundert wird manchmal das »deutsche Jahrhundert« genannt, während das 15. Jahrhundert das »englische Jahrhundert« war.

Dass moderne Isländer heute mit dem Faden in der linken Hand, also wie Deutsche, stricken, ist nicht unbedingt relevant. Es gibt einige Indizien, dass dieser Strickstil in Deutschland entstanden ist, aber wir wissen nicht, wann. Den Faden in der rechten Hand zu führen scheint in Europa die ältere Technik zu sein. Die Variante mit der linken Hand tauchte wohl erst später auf: In englischen Büchern von 1840 wird es deutsch oder niederländisch genannt und verbreitete sich nicht vor dem 19. Jahrhundert in anderen Ländern. Zu dieser Zeit wurde es zum Beispiel von der Oberschicht nach Norwegen gebracht und ging dann in die Handwerkerschicht ein. Zur selben Zeit änderte sich das norwegische Wort für Stricken, von *binde* zum deutsch inspirierten *strikke*. Es ist daher gut möglich, dass die deutsche Art im 19. Jahrhundert über Norwegen nach Island kam. Es galt als schneller (auch wenn ich finde, dass sich darüber streiten lässt).

Sicher ist aber, dass sich das Stricken, nachdem es einmal im Land war, sehr schnell ausgebreitet hat.

Ein offensichtlicher Grund dafür, dass diese Handarbeit so schnell von den Isländern übernommen wurde, ist die Vielseitigkeit und Anwendbarkeit des Strickens im Vergleich zur schweren Arbeit, den Geräten und dem Raum, den man brauchte, um Stoff zu weben. Ein weiterer, genauso offensichtlicher Grund ist die Fülle von Rohmaterial, die Wolle der vielen isländischen Schafe, einer robusten, nordeuropäischen Rasse, die die ersten Siedler vor über tausend Jahren mitgebracht haben und die bis heute ziemlich reinrassig geblieben ist.

Nicht weniger offensichtlich ist der kommerzielle Aspekt des Strickens.
Obwohl in Island bis ins 19. Jahrhundert die Subsistenzwirtschaft vorherrschte, war der Handel auf dieser abgelegenen, isolierten Insel stets von wesentlicher Bedeutung. Die Einfuhr von Subsistenzgütern war eine Notwendigkeit, und ihre Bedeutung nahm im Laufe der Zeit zu.
Die Isländer interessierten sich deswegen dafür, sich Segelrouten zu sichern, und schlossen 1262 ein Abkommen mit dem norwegischen König. Bis zum Ende des 14. Jahrhunderts dominierte der Handel mit Norwegen, dann landete Island durch die Kalmarer Union 1380 unter der dänischen Krone. Englische Kaufleute und Schiffseigner waren allerdings im 15. Jahrhundert aktiv und danach die deutschen. Um 1600 waren dänische Kaufleute mächtig genug, um den Handel komplett zu übernehmen, und der dänische König verlieh ihnen 1602 das Handelsmonopol. 1620 war es jedoch ausschließlich auf Kopenhagen beschränkt.

»Während Island von Dänemark einen beträchtlichen gesellschaftlichen und politischen Schutz erhielt, versäumte es Dänemark jedoch, seine abgelegene Insel wirtschaftlich zu schützen«, erläutert Baldur Þórhallsson, Professor der Politik und Forschungsdirektor am Centre for Small State Studies.

Als Gegenleistung für das Monopol waren die dänischen Kaufleute verpflichtet, bestimmte Häfen anzusegeln, um Waren zu vernünftigen Preisen abzunehmen, aber es gab oft Beschwerden, und der König musste häufig einschreiten. Zu Anfang konnten die Dänen nicht alle ihre Verpflichtungen erfüllen und mussten niederländische Händler und Schiffe um Hilfe bitten.
Auch englische Kaufleute handelten lange mit Island, mit oder ohne königliche Erlaubnis. Schließlich musste die königliche Macht 1760 die Zügel in die Hand nehmen. Die wichtigste Handelsware Islands war Fisch, doch in der ersten Hälfte des 17.

Jahrhunderts waren Strickwaren, darunter viele Strümpfe, zu einem bedeutenden Teil des isländischen Exports geworden. Alle strickten: Männer, Frauen, Kinder.

Die Produktion handgestrickter Strümpfe ist bei Weitem kein rein isländisches Phänomen. Während Stricken auf dem Kontinent (zum Beispiel in Frankreich) vor allem von in Gilden organisierten Männern erledigt wurde, bot es den Armen in England eine Einkommensmöglichkeit und wurde von Königin Elizabeth I. stark gefördert. Zu Anfang des 16. Jahrhunderts war Großbritannien der unangefochtene Marktführer bei handgestrickten Strümpfen. Strickschulen entstanden, und jährlich wurden 20 Millionen Paar Strümpfe von 200.000 Strickern produziert. Manche wurden in die nordischen Länder exportiert. In Dänemark gab es auch keine Strickgilden, und zu Beginn des 17. Jahrhunderts brachte man Waisen und Gefängnisinsassen das Stricken bei, wahrscheinlich erkannten dänische Kaufleute eine Chance, ihren Teil vom Handel mit gestrickten Socken sowie Handschuhen und Pullovern einzustreichen.

Während in vielen Ländern Europas Fortschritte gemacht wurden, war das 18. Jahrhundert für Isländer hart. Am Anfang des Jahrhunderts starb ungefähr ein Drittel der Bevölkerung an den Pocken, dann verschlimmerten das *Móðurharðindin* (wortwörtlich *Dunst-Elend* durch den Ausbruch des Vulkans Laki) die Situation gegen Ende des Jahrhunderts noch. Der Lavastrom durch den Skaftár 1783 hatte nicht nur überall in Europa Konsequenzen, es folgten Hungersnöte (die als Grund für die Französische Revolution gelten), sondern auch in Ostasien und Monsunregionen. Zu dieser Zeit starben 20 bis 25% der isländischen Bevölkerung und 80% der Schafe.

Das dänisch-isländische Monopol hielt in unterschiedlichen Formen fast zweihundert Jahre, bis frischer Wind durch Europa fegte und besonders durch Dänemark. Das Handelsmonopol wurde 1787 offiziell abgeschafft, und der isländische Handel machte erste, eigene Schritte. Dänemark unterstützte weiterhin den isländischen Handel und die Verwaltung, aber England und Norwegen engagierten sich im 19. Jahrhundert immer mehr, und Schritt für Schritt übernahmen die Isländer selbst die Zügel der Regierung und der Wirtschaft, bis sie im 20. Jahrhundert unabhängig wurden.

Handstricken blieb weit ins 19. Jahrhundert hinein eine wichtige Heimarbeit, bis neue Technologien nach Island kamen. Durch die industrielle Revolution und das Verschwinden des Markts für Handgestricktes verlor das Stricken als Heimarbeit stark an Bedeutung, obwohl der Export isländischer Wolle weiterging. Große soziale Umwälzungen begannen. Die Schulpflicht für alle Kinder von 10 bis 14 Jahren wurde eingeführt, sodass sie weniger zu Hause arbeiten konnten. Das *vistarband,* die Auflage, dass alle landlosen Menschen (ca. 25% der Bevölkerung im 19. Jahrhundert) auf einem Bauernhof arbeiten mussten, wurde 1907 abgeschafft, wodurch die Kontrolle durch die Bauern, die bis dahin die Arbeit, darunter auch das Stricken, ihrer Angestellten ausnutzen konnten, entfiel. In nur wenigen Jahrzehnten verbesserten sich die Lebensumstände so sehr, dass sie kaum mehr wiederzuerkennen waren, Männer hörten auf zu stricken und vor allem isländische Hausfrauen stricken weiterhin für ihre Familien, nun als Hobby.

Erst später im 20. Jahrhundert wurde Handstricken als Heimarbeit wieder wichtig, als der berühmte Lopi Pullover mit Rundpasse, der in den 1950er-Jahren entstand, in den 1970ern sehr beliebt und zu einem der meistverkauften Pullover weltweit wurde. Aber das ist eine andere Geschichte!

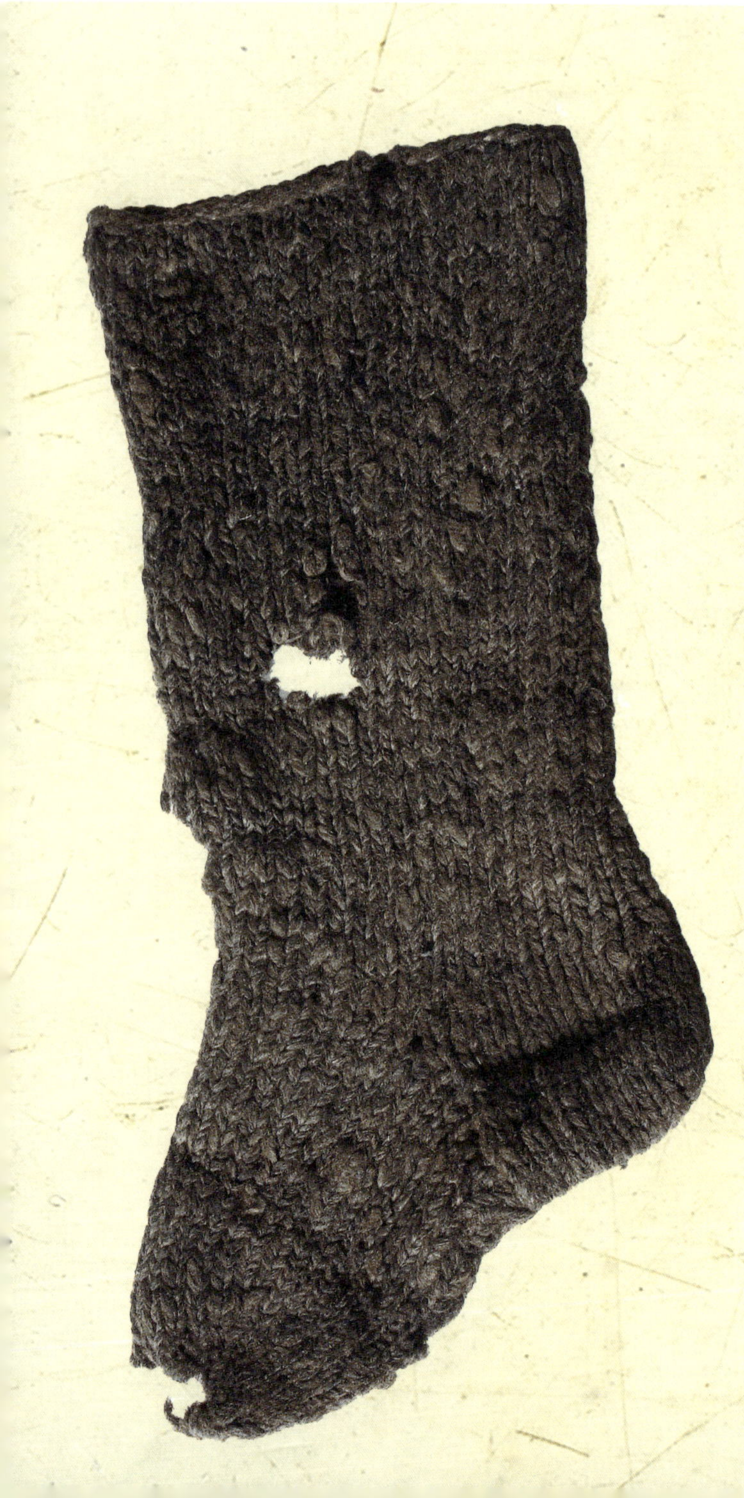

Hauptquellen

Ásdís Jóelsdóttir, Íslenska *lopapeysa: uppruni, saga og hönnun,* Reykjavík, Háskólaútgafan 2017
Baldur Þórhallsson, Tómas Joensen, »Iceland's External Affairs from 1550–1815: Danish societal and political cover concurrent with a highly costly economic policy«, *Icelandic Review of Politics and Administration* Vol 10, Issue 2(189–214), Reykjavík 2014
Elsa E. Guðjónsson, *Prjón á Íslandi,* Reykjavík 1990
Elsa E. Guðjónsson, « Um prjón á Íslandi », *Hugur og hönd,* Reykjavík, Rit Heimilisiðnaðarfélags Íslands 1985
Hélène Magnússon, *Icelandic Handknits,* Reykjavík, Prjónakerling ehf. 2019
Jón J. Aðils, *Einonkunarverzlun Dana á íslandi 1602-1787,* Dänemark 1919 und Reykjavík 1971
Jónas Jónasson, Íslenzkir þjóðhættir, Reykjavík 1961 Rutt Richard, *A history of handknitting,* London, Interweave Press 1987 und 2003
Þorkell Jóhannesson, *Ullariðnaður, Iðnsaga íslands II,* Reykjavík 1943

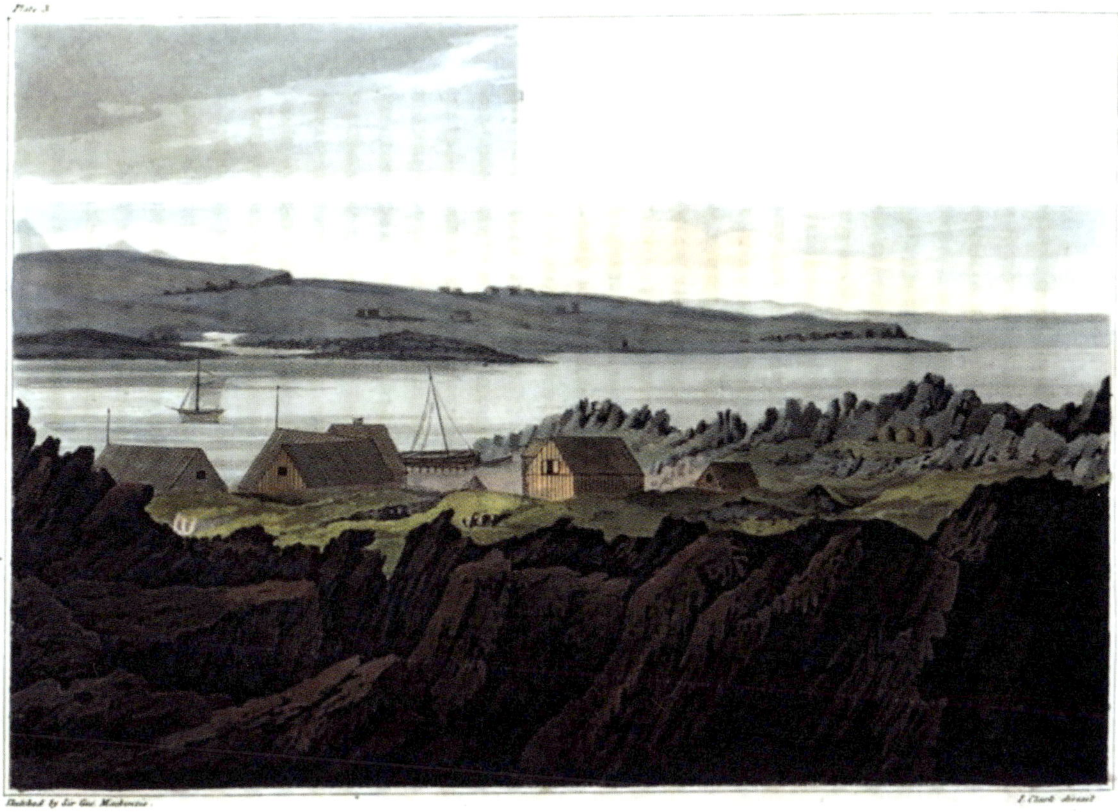

HAVNEFIORD.

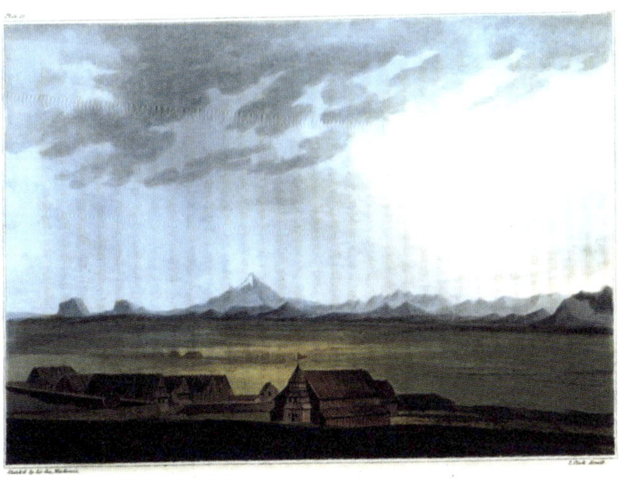

MOUNT HEKLA from ODDE.

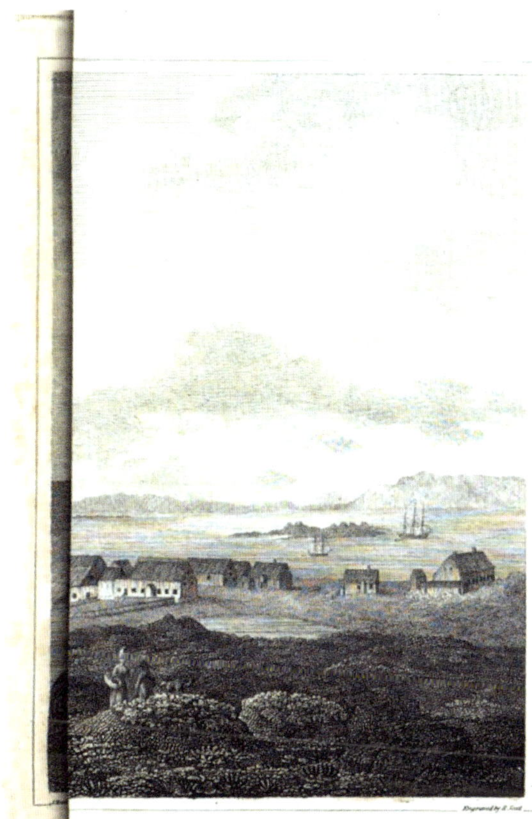

Vorige Seite: Kinderstrumpf von 1650 bis 1750, ausgegraben in Stóra-Borg

Illustrationen von Sir Mackenzie George Steuart (s. S. 83) aus dem Buch *Travels in the island of Iceland during the summer of the year MDCCCX:* rechts Reykjavíks Hafen (S. 81), oben Oddi (S. 256) und ganz oben Hafnafjörðurs Hafen (S. 98)

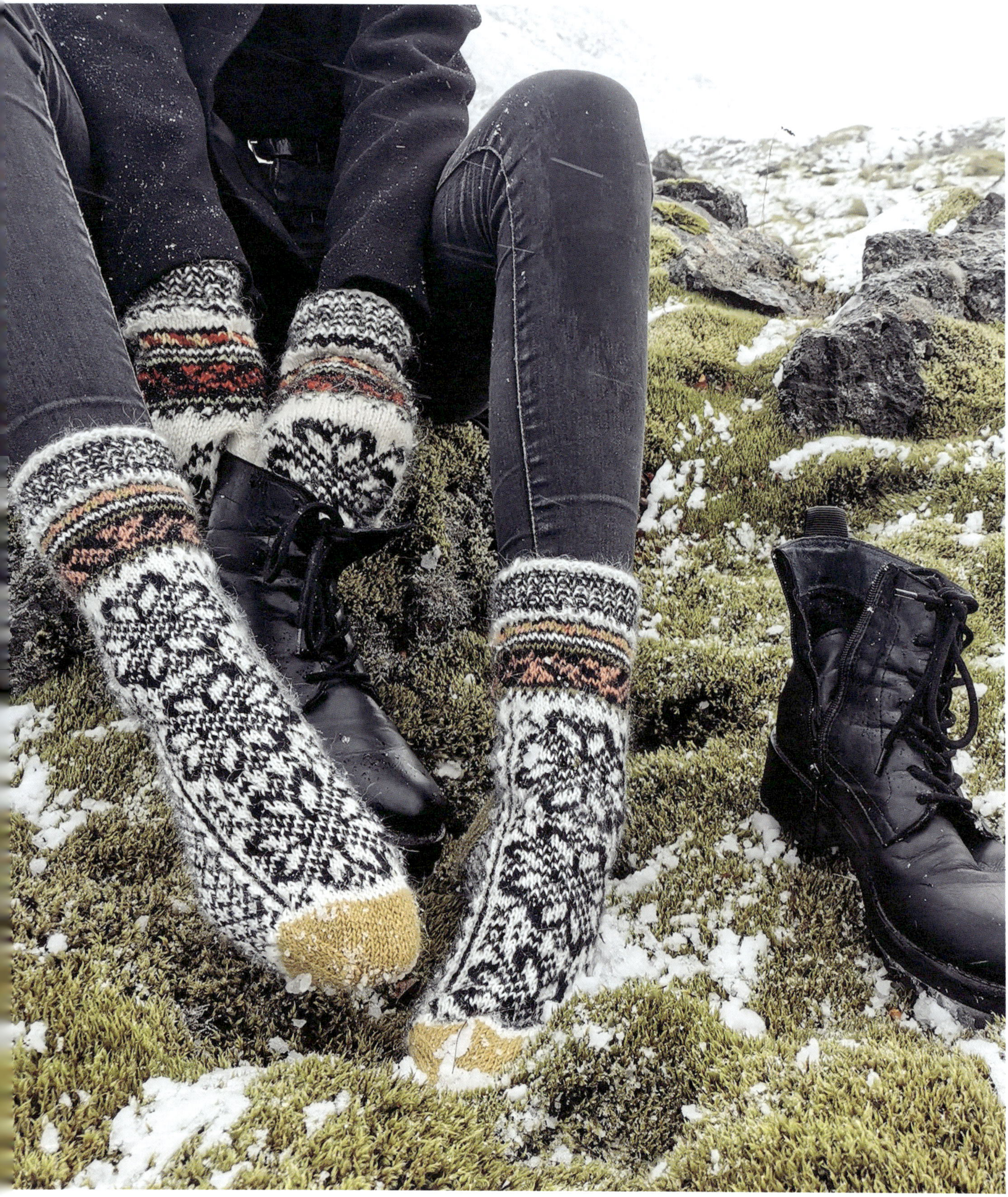

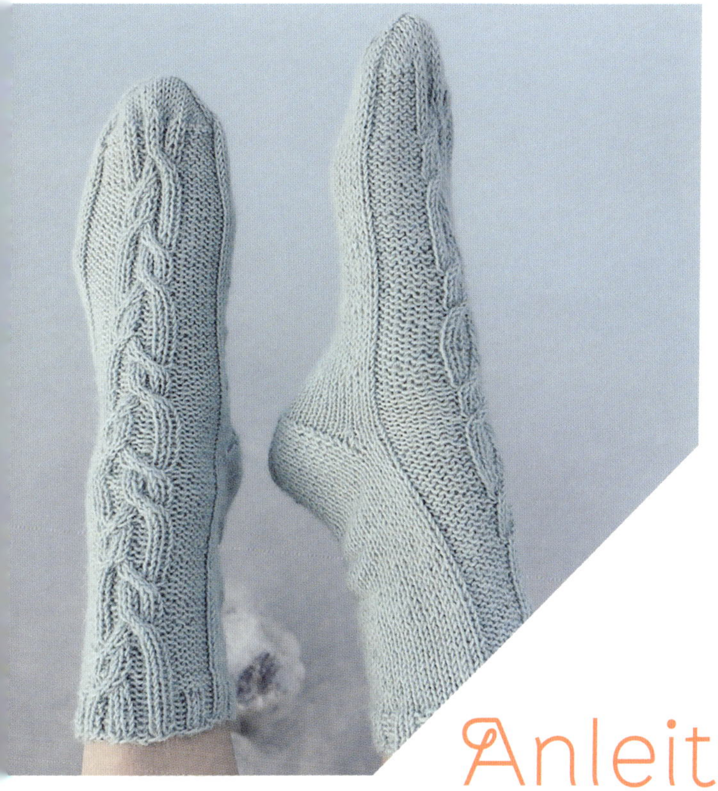

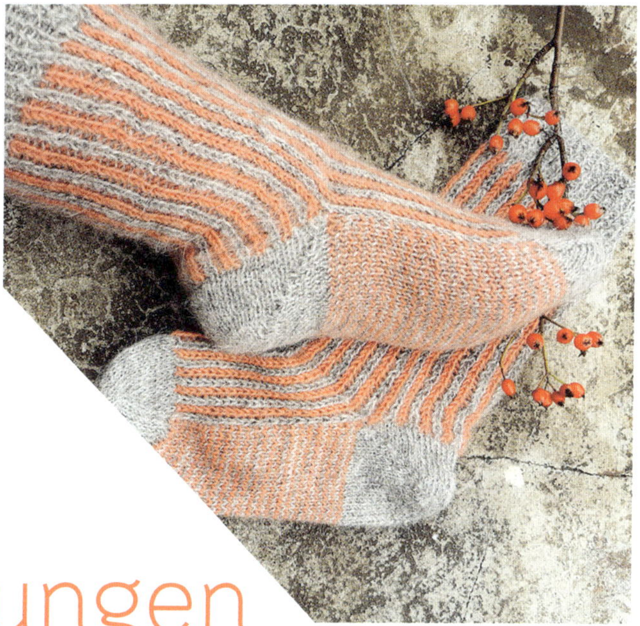

Anleitungen und Essays

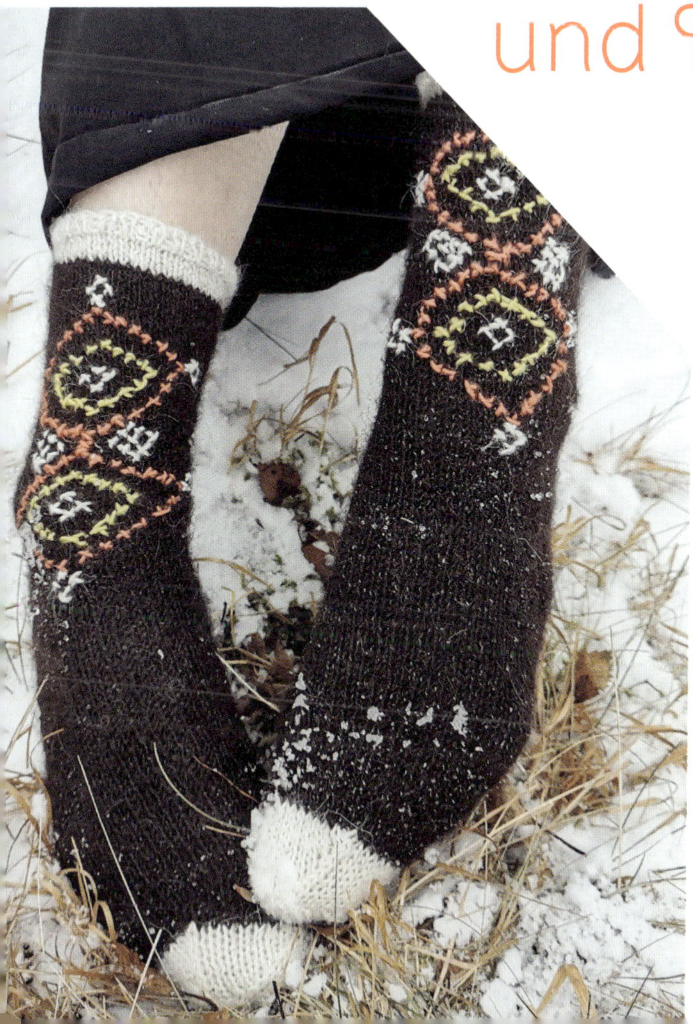

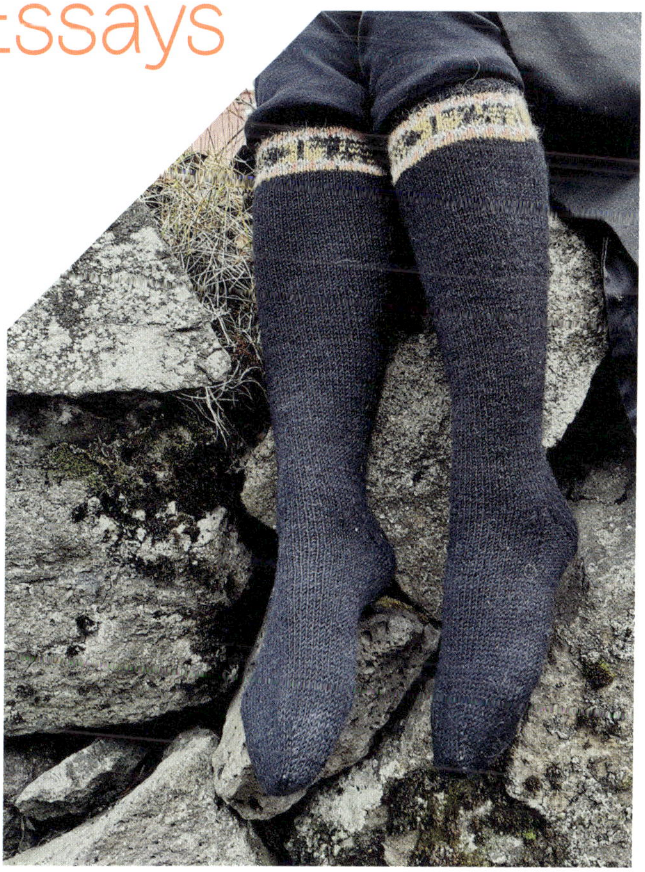

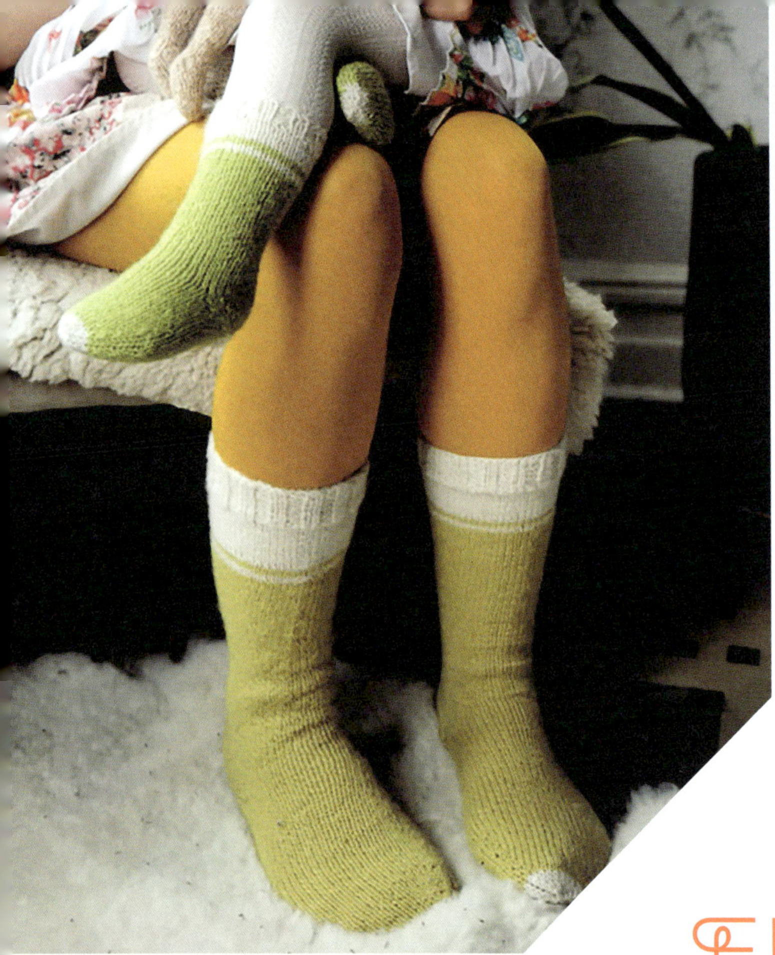

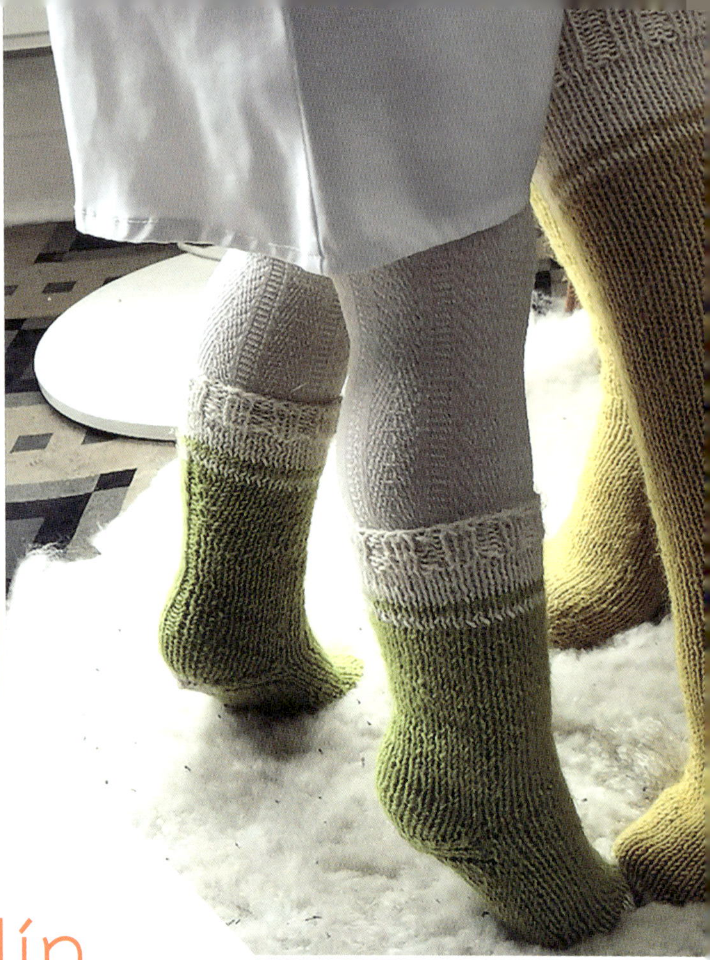

Elín

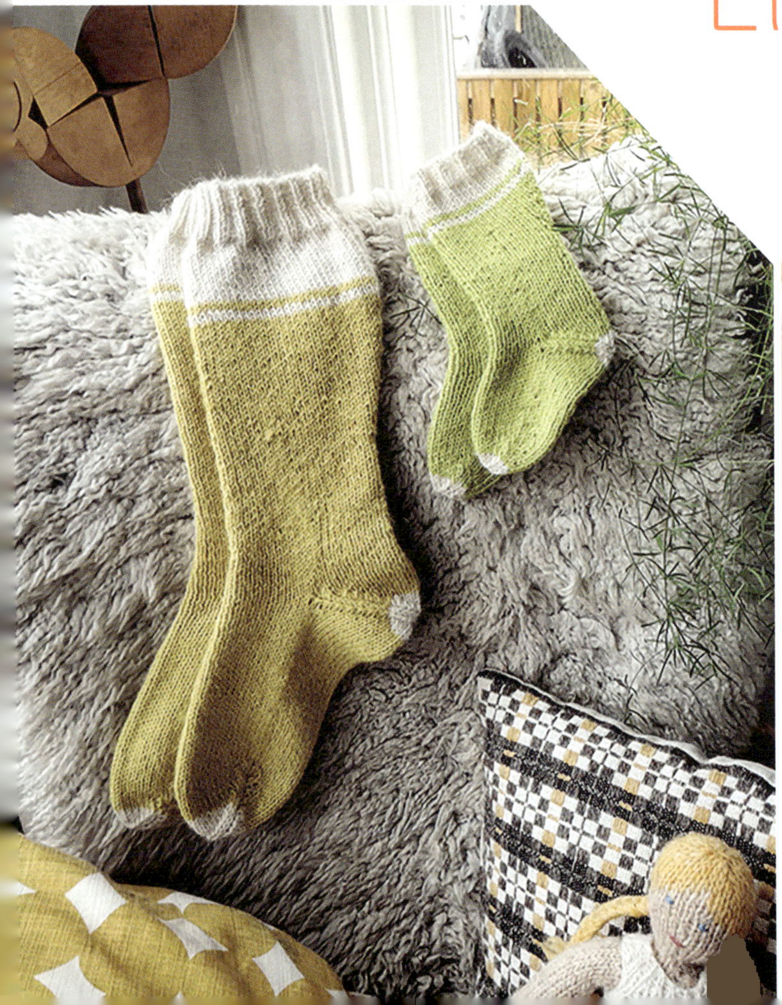

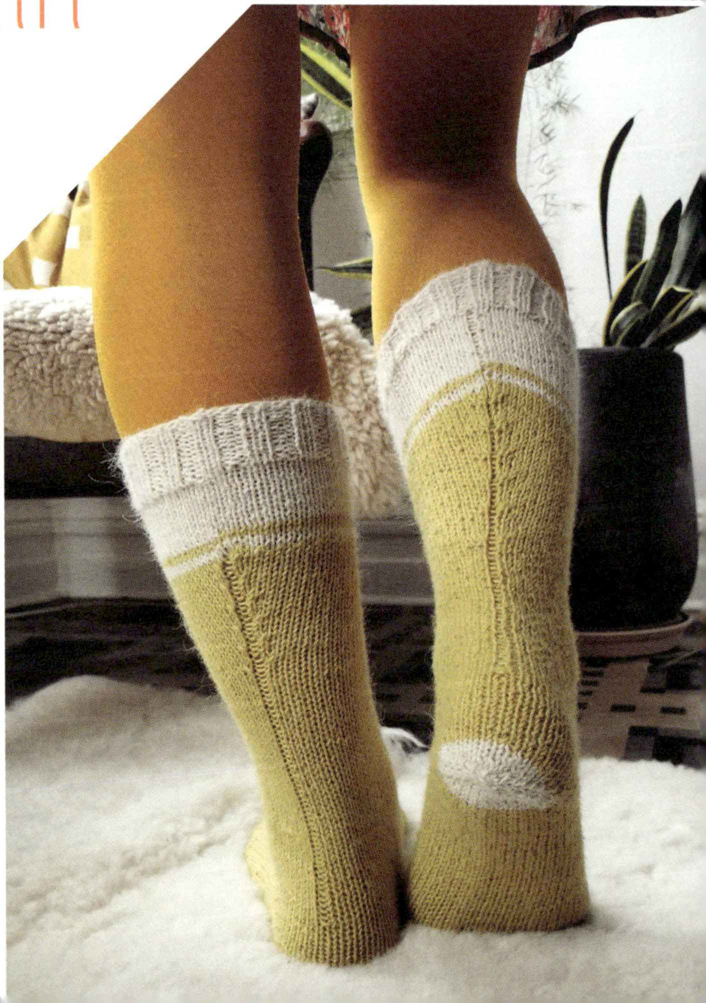

Die Elín Strümpfe ...

... sind kein historisches Muster, sondern nur eine Version der Strümpfe Nummer 1, die 1889 im früher einmal beliebtesten Buch Islands *Kvennafræðarinn (Die Frauenausbilderin)* von Elín Briem erschien, dem ersten isländischen Bildungshandbuch für Frauen. Die Originalanleitung ist für ein Paar Kniestrümpfe, für die man 112–120 Maschen anschlagen soll. Nach einem Rippenbund werden sie glatt rechts gestrickt mit einer Linie linker Maschen in der hinteren Mitte, an der beidseitig für die Wade abgenommen wird. Die Bandspitze und die nachträgliche Ferse entstehen durch unterschiedliche Abnahmen. Durch kleine Details wie mehr Fersen- als Spannmaschen ist dieser Strumpf sehr bequem. Es ist eine in Island sehr weit verbreitete Strumpfform, wenn auch mit vielerlei kleinen Variationen.
Mein Design enthält alle Details der Originalstrümpfe Nummer 1, aber ich habe sie mit einer viel größeren Maschenprobe gestrickt und in vielen Größen vom Kleinkind bis Erwachsenen, und das in einer moderneren Länge bis Mitte der Wade.

Ein Paar ähnliche Strümpfe von Jón Samúelsson (1865–1953) aus Hofsstaðir im Museum von Borgarfjörður haben mich zu den Streifen und der Ferse und Spitze in Kontrastfarbe inspiriert. Mir gefällt, dass nur die Zehenspitze und die Ferse eine andere Farbe haben. War das rein dekorativ? War die Wolle knapp? Waren sie so leichter zu erkennen oder aufzuziehen und zu flicken? Wahrscheinlich wurde eine robustere Wolle mit mehr tog (die grobe Außenwolle des Islandschafs) genutzt.

Größen: 1 (2|3|4) 5|6|7|8 Fußlänge ca. 14 (15,5|17|18,5) 20,5|22|23,5|25,5 cm
Empfohlene Passform: Fußumfang 10% enger. Länge und Höhe lassen sich anpassen.

Gezeigt in HF Tender green und KF Natural white in Größe 1 und in HF Anis green und KF Natural white in Größe 5.

Maße
Fußumfang: 12,5 (14|15,5|17) 18,5|20|21,5|23 cm
Wadenumfang: 15,5 (17,5|20|21,5) 23|24,5|26|27,5 cm
Fußlänge: 10 (12,5|15|18) 20,5|23|25,5|28 cm
Beinlänge: 14,5 (16,5|18,5|23) 27|30|33|36 cm

Maschenprobe: 10 cm = 26 M und 32 Rd glatt rechts auf Nadelstärke 2,5 mm oder die Nadelstärke, mit der die Maschenprobe erreicht wird.

Wolle: Katla sokkaband von Hélène Magnússon: reine Schurwolle, 100% isländische Lambswool, dicke Strumpfwolle, 4-fädig, 100 g Knäuel = 220 m: HF Anis green oder Tender green 1 (1|1|1) 1|2|2|2 Knäuel; KF Natural white 1 Knäuel

Verbrauchte Wollmenge (geschätzt):
HF: 31 (41|52|69) 90|109|131|155 m
KF: 15 (20|26|34) 45|55|66|77 m

Nadel: 2,5 mm Rundnadel für Magicloop. Sie können auch mit einem Nadelspiel oder anders rund stricken. Passen Sie die Nadelstärke an, um die korrekte Maschenprobe zu erreichen.

Zubehör: Maschenmarkierer, Stopfnadel, Sockenbretter

Techniken: s. Kapitel Technik (S. 130):

- Nachträgliche Ferse
- Stufenloser Farbwechsel

Anleitung

Bund: Mit KF 40 (44|52|56) 60|64|68|72 M auf zwei Nadeln anschlagen. Wenn alle M angeschlagen sind, eine der beiden Nadeln entfernen. Zur Rd schließen, RdBeg markieren und 7 (7|10|10) 13|13|16|16 Rd 2 x 2 Rippen (*2 M re, 2 M li*) str.

Bein: 7 (7|10|10) 13|13|16|16 Rd glatt rechts, dann Streifen str (stufenlosen Farbwechsel str): 2 Rd mit HF, 2 Rd mit KF, 1 Rd mit HF.
Weiter mit HF.
Bis 1 M vor RdEnde re, 1 M li. Diese linke M befindet sich an der hinteren Beinmitte und wird bis zur Ferse immer links gestrickt.
Wie folgt beidseitig der li M abn:

Abn Rd: 2 M re zus, bis 2 M vor der li M re, aaz, 1 M li.
2 (2|3|3) 4|4|5|5 Rd str (re M re und li M li str)*.
- 4 (4|6|6) 6|6|6|6-mal str = 32 (36|40|44) 48|52|56|60 M

Weiter str (re M re und li M li str), bis der Strumpf 14,5 (16,5|18,5|23) 27|30|33|36 cm oder die gewünschte Länge misst.

Dann wie folgt die Ferse markieren: bis 9(10|11|12) 13|13|15|16 M vor der li M re, die nächsten 19(21|23|25)27| 29|31|33 M mit einem Wollrest in Kontrastfarbe re, die M zurück auf die li Nadel schieben und mit dem Arbeitsfaden re. Ab jetzt sind alle M re M.

Fuß: weiter glatt rechts str, bis der Fuß ab der Fersenmarkierung 3 (4,5|5|6) 7|9|10,5|11,5 cm oder die gewünschte Länge misst.

Wie folgt die Seiten markieren: 8 (9|10|11) 12|13|14|15 M re, Seite markieren, 16 (18|19|22) 24|26|28|30 M re, Seite markieren, bis RdBeg re.
Anstelle von MM kann man die M auch einfach auf den Nadeln entsprechend anordnen.

Spitze: wie folgt für die Spitze abn:
Abn Rd: *bis 2 M vor dem SeitenMM re, aaz, 1 M re, 2 M re zus*. *-* 2-mal, bis RdBeg re = 28 (32|36|40) 44|48|52|56 M
3 Rd re.
Noch mal die abn-Rd str = 24 (28|32|36) 40|44|48|52 M.
2 Rd re.
Dann wie folgt in jeder 2.Rd abn:
abn Rd str. 1 Rd re.
- 1 (2|2|3) 3|4|4,5-mal.
= 20 (20|24|24) 28|28|32|32 M
Zu KF wechseln (stufenloser Farbwechsel) und noch einmal von *-* str.
=16 (16|20|20) 24|24|28|28 M

Dann in jeder Rd abn 2 (2|3|3) 4|4,5|5-mal, bis 8 M übrig sind. Faden abschneiden und durch die M ziehen.

Ferse: 1 Rd re und in den Lücken rechts und links je 2 M aufn = 42 (46|50|54) 58|62|66|70) M
RdBeg und die Seite in der Mitte der 2 aufgenommenen M markieren.
Wie folgt in jeder 2. Rd für die Ferse abn:
Abn Rd: (1 M re, 2 M re zus, bis 2 M vor MM re, aaz) 2-mal. 1 Rd re.
- insg 5 (6|6|7) 7|8|8|9-mal
= 22 (22|26|26) 30|30|34|34 M
Zu KF wechseln (stufenloser Farbwechsel) und noch einmal von *-* str.
= 18 (18|22|22) 26|26|30|30 M

Dann in jeder Rd abn 3 (3|3|3) 4|4,5|5-mal, bis 6 (6|10|10) 10|10|10|10 M übrig sind. Faden abschneiden und durch die M ziehen.

Ausarbeiten: Fäden vernähen. Sanft von Hand in lauwarmem Wasser mit Wollwaschmittel waschen (mindestens 20 Minuten liegen lassen). Auf ein Sockenbrett ziehen und trocknen lassen.

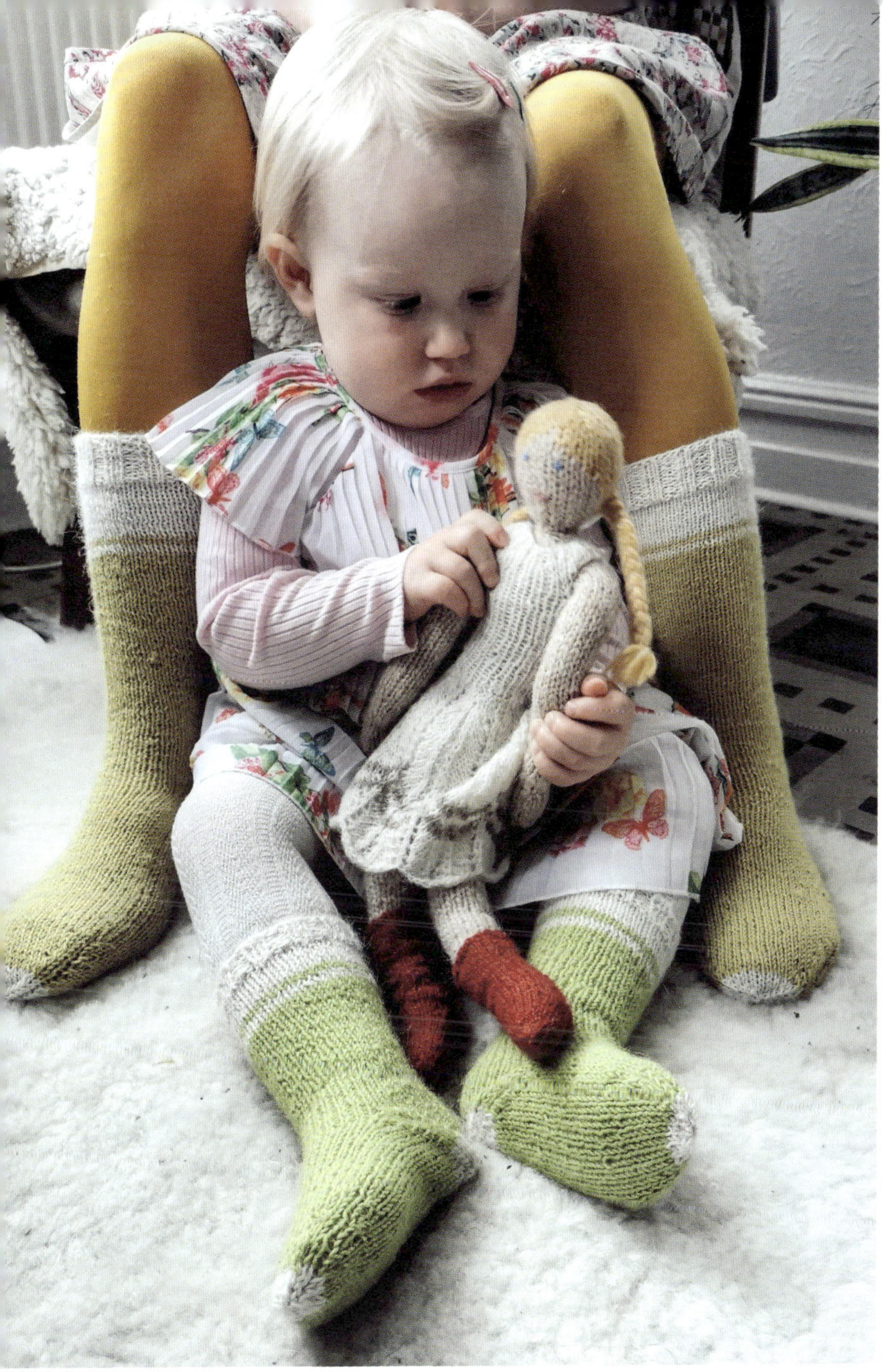

Die Anleitung für die Puppe Theodóra findet man auf icelandicknitter.com

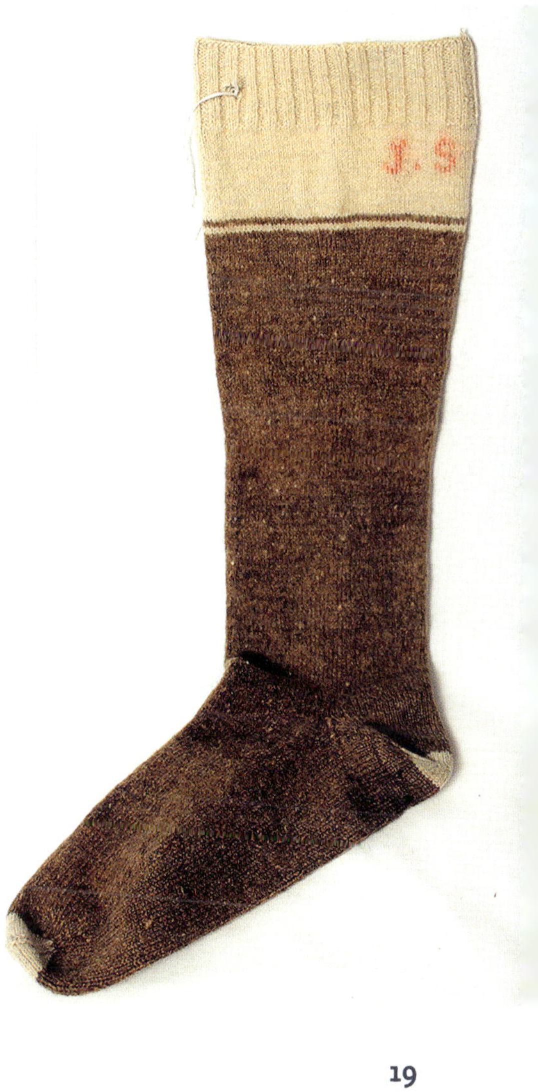

Strümpfe von Jón Samúelsson (1865–1953) im Museum in Borgarfjörður.

Elín Briems Kvennafræðarinn

Elín Rannveig Briem (1856–1937) war eine isländische Lehrerin und Autorin. Von 1883 bis 1895 war sie Direktorin der Mädchenschule in Ytri-Ey im Norden Islands. Später gründete sie die Haushaltsschule in Reykjavík. In Ytri-Ey schrieb Elín das Buch *Kvennafræðarinn (Die Frauenausbilderin)*, das zur Jahreswende 1888/1889 zum ersten Mal erschien. Es wurden sofort 3000 Stück verkauft, und das Buch wurde viermal neu aufgelegt. Eigentlich war es ein Kochbuch, das aber auch Ratschläge zur Gesundheit, Hygiene und Finanzen für Frauen enthielt und sehr einflussreich wurde. Elín Briem wurde 1921 mit dem Ritterkreuz des Falkenordens ausgezeichnet, als erste Frau zusammen mit Þórunn Jónassen, für ihre Leistung im Bereich der Bildung isländischer Frauen.

In ihrem Buch findet man auch die Anleitungen für Damenstrümpfe Nummer 1 und Nummer 2, die ich hier abdrucke. Es ist keine direkte Übersetzung, sondern eine Kurzfassung in moderner Stricksprache. Die Ausgabe von 1889 kann man in den Archiven der Nationalbibliothek einsehen. Die Anleitung ist für ein Nadelspiel: Nadel 1 und 2 heißen vordere Nadeln und Nadeln 3 und 4 hintere Nadeln.

Die Anleitung für Strümpfe Nummer 1 wurde für eine Größe mit der Wahl zwischen zwei Wadenumfängen geschrieben. Bei der Ferse wird sehr darauf geachtet, wie viele Maschen aus den Seiten aufgenommen werden müssen, damit die Ferse perfekt sitzt. Die Maschenprobe wird nicht erwähnt, aber es wurde wahrscheinlich mit dünner Wolle auf sehr kleinen Nadeln gestrickt, 1 oder 1,5 mm. Die Strümpfe sollten dann leicht gefilzt und auf einer Holzform gespannt werden.

Der Rippenbund und die Beinform bei Strumpf Nummer 2 sind denen der Strümpfe Nummer 1 sehr ähnlich. Der Hauptunterschied ist die Ferse und die Spitze. Auch hier wird keine Maschenprobe angegeben, aber wir haben Anhaltspunkte, die Anzahl der Abnahmen (11) am Zwickel und auch wie viele Maschen aus der 6 cm langen Fersenwand aus 22 Reihen aufgenommen wurden. Das erlaubt den Rückschluss auf eine Maschenprobe von 36–37 Reihen auf 10 cm und daher 27–32 Maschen auf 10 cm. Die Strümpfe wurden dann gefilzt.

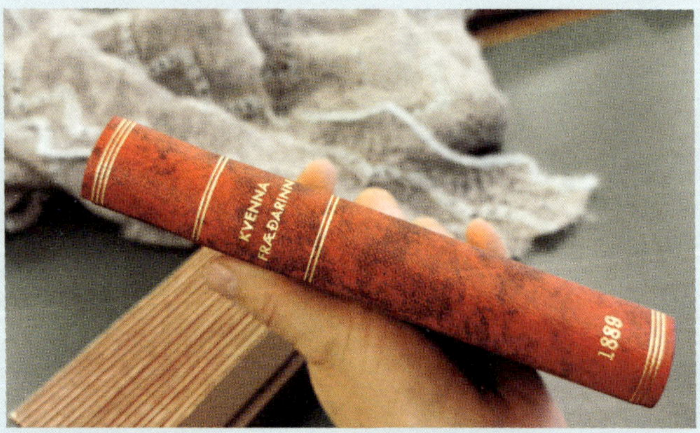

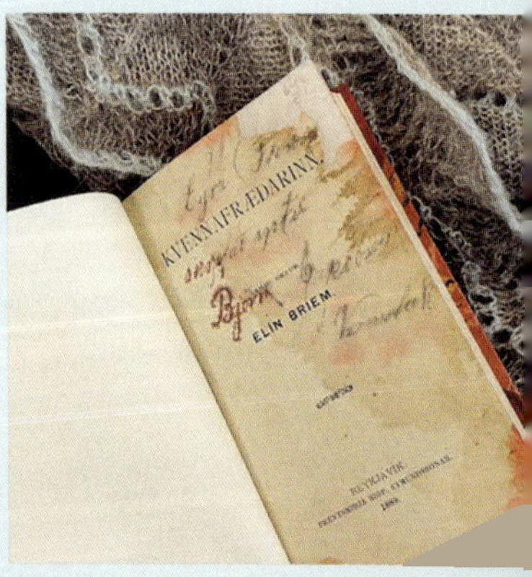

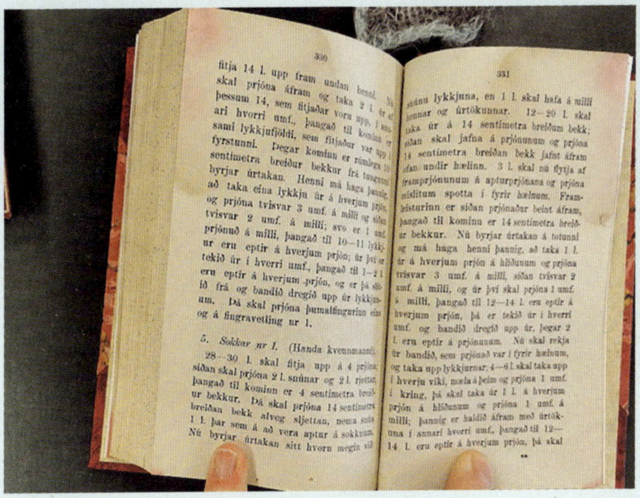

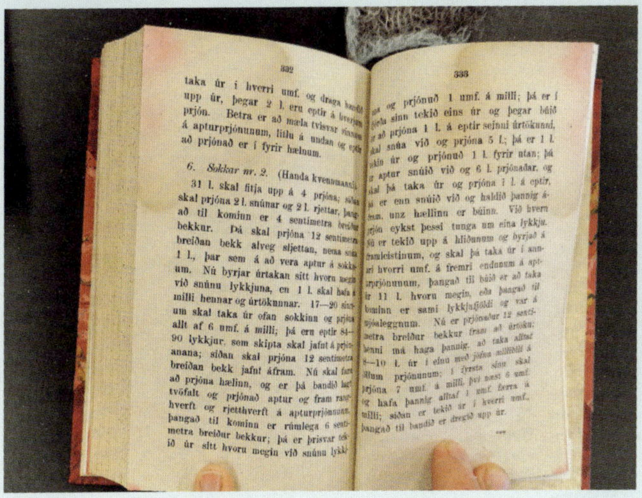

Strümpfe Nummer 1 (Damen)

112 (120) M anschl. Die M so verteilen, dass je 29 (30) M auf einer Nadel sind. 4 cm 2/2 Rippen (*2 M re, 2 M li*) str. Weiter glatt rechts, dabei in der hinteren Beinmitte 1 li M str: Nach 14 cm beidseitig der li M je eine M str und dann je 1 M abn ca. 6 (10)-mal über 14 cm.
Weitere 14 cm str. 3 M von den vorderen Nadeln auf die hinteren Nadeln heben (Ferse) und die Ferse mit einem Wollrest in Kontrastfarbe markieren. Weitere 14 cm str, dann für die Spitze abn: Wie folgt auf jeder Nadel 1 M seitlich abn: Nadeln 1 und 3: 1 M re, 2 M re zus, bis Nadelende re; Nadeln 2 und 4: re bis 3 M vor Nadelende, aaz, 1 M re. Die Abn-Rd mit 3 Rd dazwischen 2-mal wdh, dann 2-mal mit 2 Rd dazwischen und schließlich 1 Rd dazwischen bis auf jeder Nadel je 12 (14) M übrig sind = 48 (56) M.
Dann in jeder Rd abn, bis auf jeder Nadel noch 2 M übrig sind = 8 M. Faden abschneiden und durch die M ziehen.
Ferse: Den Wollrest entfernen, die M auf Nadeln schieben und 4 oder 6 M beidseitig aus den Lücken aufn (es wird empfohlen, nachzumessen, wie viele M man für einen guten Sitz aufn muss). 1 Rd re, dann in jeder 2. Rd je 1 M pro Nadel seitlich abn (dieselbe Abn-Rd wie bei der Spitze), bis auf jeder Nadel je 12 (14) M übrig sind = 48 (56) M. Dann in jeder Rd abn, bis auf jeder Nadel je 2 M übrig sind = 8 M. Faden abschneiden und durch die M ziehen. Am besten misst man die Länge auf den hinteren Nadeln vor und nach der Ferse.

Strümpfe Nummer 2 (Damen)

124 M anschl. Die M so verteilen, dass je 31 M auf einer Nadel sind. 4 cm 2/2 Rippen (*2 M re, 2 M li*) str. Weiter glatt rechts, dabei in der hinteren Beinmitte 1 li M str: Nach 14 cm beidseitig der li M je eine M str und dann je 1 M abn ca. 17 (20)-mal mit je 6 Rd zwischen den Abn-Rd = 84 (90) M. Die M so verteilen, dass auf den vorderen und hinteren Nadeln gleich viele M sind. 12 cm glatt rechts str. Dann die Fersenwand in Reihen mit doppeltem Faden über die hinteren Nadeln (42–45 M) str, ca. 6 cm. Dann 3-mal beidseitig der li M abn, mit je 1 Rd dazwischen. Wie folgt noch einmal abn: bis 2 M vor linker M re, aaz, 1 M li, 2 M re zus, 1 M re, wenden
Nächste R (RückR): 5 M li, 2 M li zus, 1 M li, wenden
Nächste R (HinR): 6 M re, aaz, 1 M re, wenden
Die letzten 2 R wdh, dabei immer 1 M mehr vor der Abn stricken, bis alle FersenM gestrickt wurden.
Dann aus beiden Seiten der Fersenwand M aufnehmen und den Fuß stricken. 11-mal in jeder 2. Rd je 1 M beidseitig der hinteren Nadeln abn oder bis man wieder dieselbe Maschenzahl hat wie vor der Ferse. 12 cm glatt rechts. Dann in einer Rd 8–10 M gleichmäßig verteilt abn: Zuerst mit 7 Rd zwischen den Abn-Rd, dann mit 6, dann 5, bis nur noch 1 Rd dazwischenliegt. Dann in jeder Rd so abn, bis es Zeit ist, den Faden abzuschneiden und durch die M ziehen.

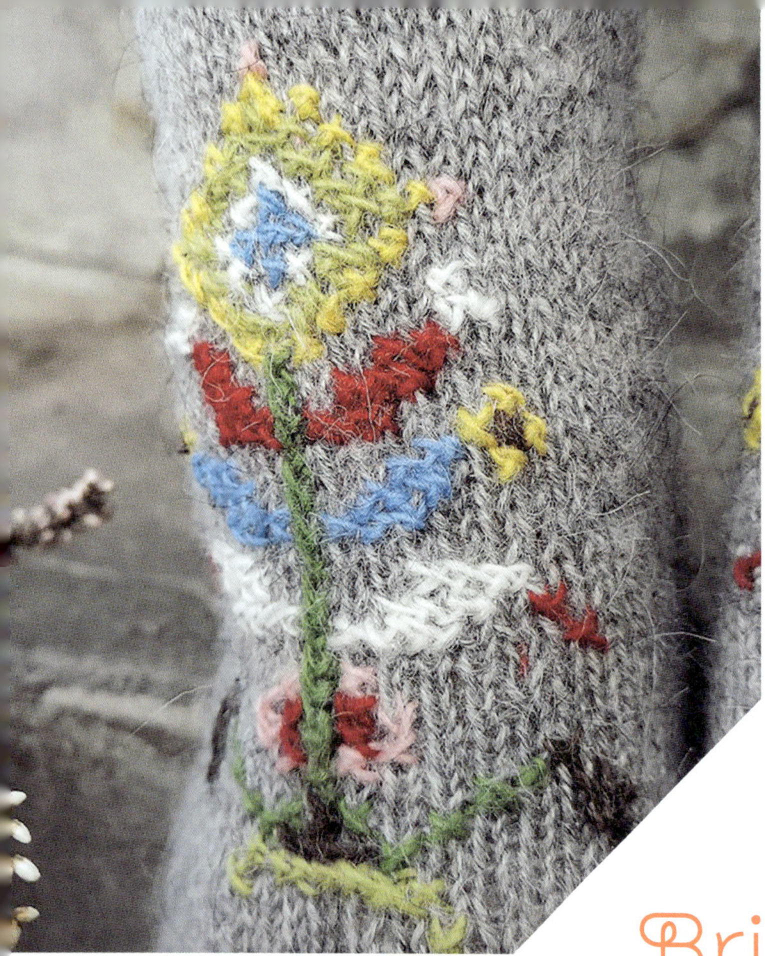

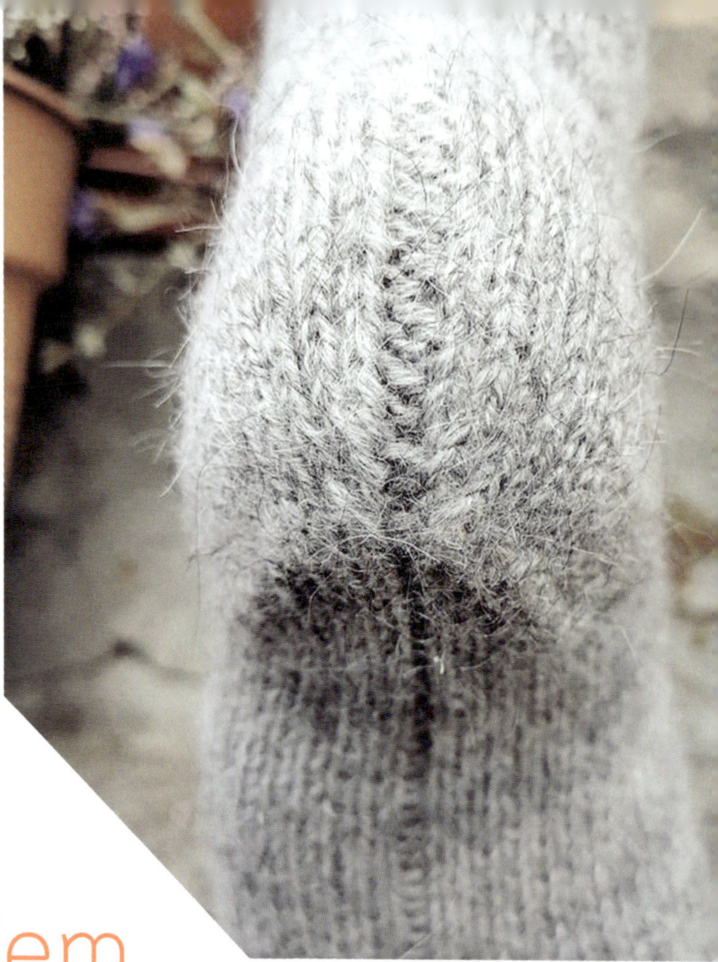

Briem

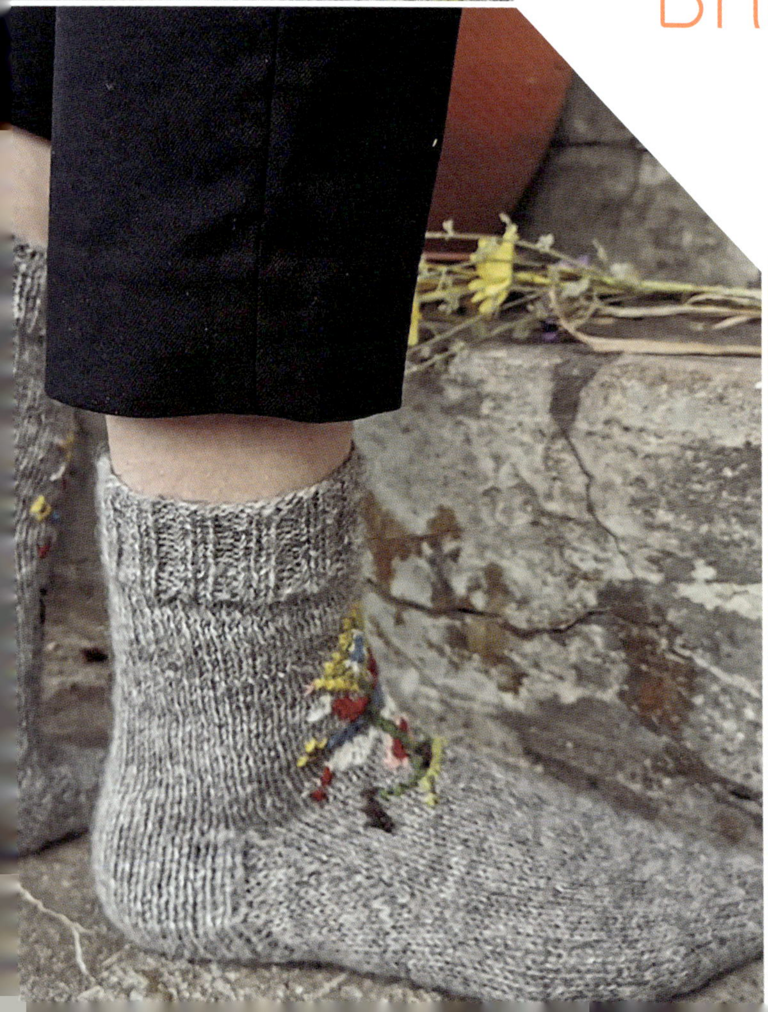

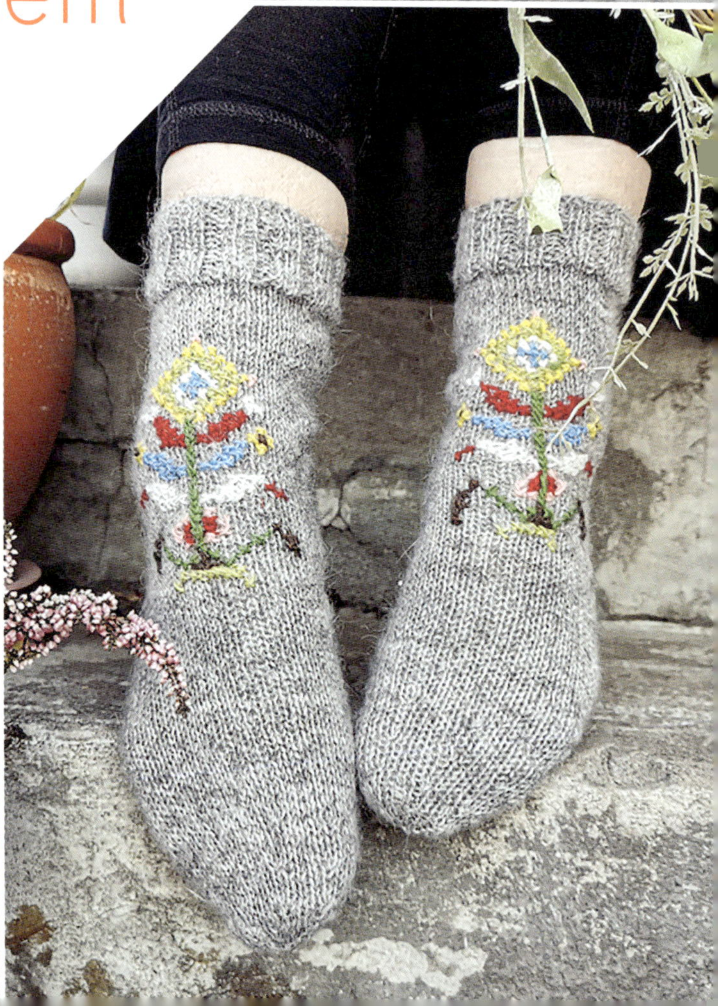

Nach den Strümpfen …

… Nummer 1 kommen natürlich die Strümpfe Nummer 2! Wie meine Elín Strümpfe sind sie eine moderne Bearbeitung der Strümpfe Nr. 1 aus Elín Briems *Kvennafræðarinn (Die Frauenausbilderin)* von 1889. Die Briem Socken sind von der zweiten Anleitung derselben Ausgabe inspiriert. Die Originalanleitung Nummer 2 ist ebenfalls für ein Paar glatt rechter Damenstrümpfe mit einem Rippenbund und entlang einer Linie linker Maschen geformten Waden. Spitze und Ferse sind jedoch ganz anders als bei den Strümpfen Nummer 1.

Die Linie der linken Maschen an der Beinrückseite wird über die Fersenwand fortgeführt, zur Verstärkung wird diese mit doppeltem Faden gestrickt, sie dient als Markierung, um die Ferse mit mehr beidseitigen Abnahmen vor dem Zwickel stärker zu runden. Wie schon bei Modell Nummer 1 machen diese kleinen Details die ansonsten recht durchschnittlichen Socken zu etwas Besonderem mit einer außergewöhnlich bequemen und robusten Ferse.

Die Briem Socken werden mit einer viel größeren Maschenprobe gestrickt, aber ich habe alle wichtigen Details beibehalten. Sie gehören zu meinen absoluten Lieblingen!

Um sie etwas aufzupeppen, habe ich sie mit einem Blumentopfmotiv in altem, isländischem Kreuzstich bestickt, wie man ihn auf den traditionellen Handschuhen aus dem Fjord Skagafjörður im Norden Islands findet.

Größen: 1 (2|3|4) für Fußumfang 18 (21,5|24,5|28) cm. Gezeigt in Größe 2.

Maße
Fußumfang: 15,5 (18,5|21,5|24,5) cm
Fußlänge (lässt sich anpassen): 19,5 (22|24|27,5) cm
Empfohlene Passform: 15% im Fußumfang enger und 10% weniger in der Länge.

Maschenprobe: 10 cm = 26 M und 32 Rd glatt rechts auf Nadelstärke 2,5 mm

Wolle: Katla sokkaband von Hélène Magnússon: reine Schurwolle, 100% isländische Lambswool, dicke Strumpfwolle, 4-fädig, 100 g Knäuel = 220 m: Natural grey 1 (1|2|2) Knäuel

Verbrauchte Wollmenge (geschätzt): 150 (187|239|304) m
Sockenwolle für die Stickerei: ein paar Meter in Farben Ihrer Wahl

Nadel: 2,5 mm Rundnadel für Magicloop. Sie können auch mit einem Nadelspiel oder anders rund stricken. Passen Sie die Nadelstärke an, damit Sie die korrekte Maschenprobe erreichen.

Zubehör: Maschenmarkierer, Stopfnadel, Sockenbrett

Techniken: s. Kapitel Technik (S. 130):
- M immer wie zum li Stricken abh
- Altisländischer Kreuzstich, auch Flechtstich genannt

Anleitung

Bund

44 (52|60|68) M anschl. Zur Rd schließen und RdBeg markieren und 4(4|4,5|4) cm im Rippenmuster (*2 M re, 2 M li*) str.

Bein

Glatt rechts str und (irgendwo in der Rd) 1 M li, die immer li gestrickt wird und am Hinterbein den neuen RdBeg markiert.
4 (4|4,5|4) cm ab dem Bund str, dann wie folgt für die Wade abn:
Beidseitig der li M symmetrisch abn: aaz, 1 M li, 2 M re zus. Alle anderen M re = 42 (46|56|62) M
6 Rd re.
Genauso abn = 40 (48|56|64) M
Noch 4 (4|4,5|5) cm oder bis zur gewünschten Länge re.
10 (12|14|16) M vor der li M anhalten (= RdBeg).

Ferse

Fersenwand

Mit doppeltem Faden (fest str), wie folgt über die nächsten 20 (24|28|32) FersenM 16 (18|20|22) R str:
R 1 (HinR): 1 M abh, 9 (11|13|15) M re, 1 M li, 9 (11|13|15) M re, wenden.
R 2 (RückR): 1 M abh, 8 (10|12|14) M li, 1 M re, 10(12|14|16) M li, wenden.
R 1 und 2, insg 8 (9|10|11)-mal str.

Käppchen

R 1 (HinR): 1 M abh, bis 2 M vor linker M re, aaz, 1 M li, 2 M re zus 7 (9|11|13) M re, wenden.
R 2 (RückR): 1 M abh, li M li, re M re str, wenden
R 3: 1 M abh, bis 2 M vor linker M re, aaz, 1 M li, 2 M re zus, 1 M re,wenden.
Weiter mit einem Faden.
R 4: 1 M abh, 4 M str (li M li, re M re str), 2 M li zus, 1 M li, wenden.
R 5: 1 M abh, 5 M str (re M re und li M li str), aaz, 1 M re, wenden.
R 6: 1 M abh, 6 M str (li M li, re M re str), 2 M li zus, 1 M li, wenden.
R 7: 1 M abh, 7 M str (re M re und li M li str), aaz, 1 M re, wenden.

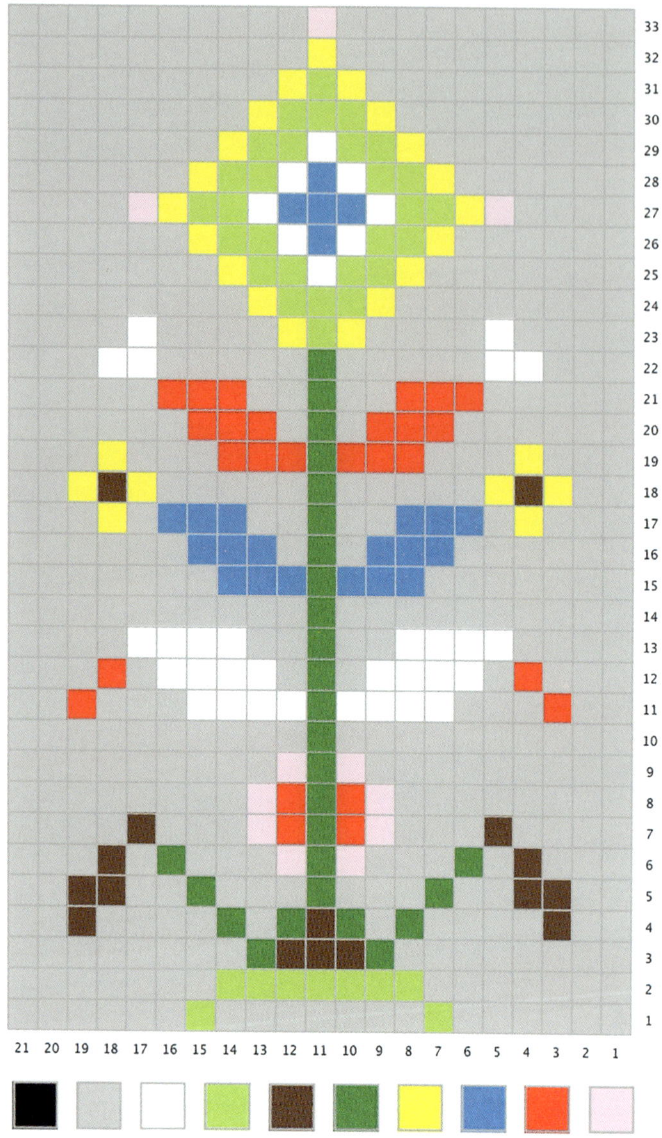

Stickvorlage

R 6 und 7 wdh, dabei nach der abgeh M immer 1 M mehr str, bis alle FersenM gestrickt wurden.
Wie folgt die letzten 2 R str:
RückR: 1 M abh, bis 2 M vor dem Ende der Nadel str, 2 M li zus, wenden.
HinR: 1 M abh, bis 2 M vor dem Ende der Nadel str, aaz = 10 (12|14|16) FersenM.
Jetzt wieder in Rd str.

Zwickel

Rd 1: Aus der Seite der Fersenwand 10 (11|12|13) M aufn, Seite markieren, 20 (24|28|32) SpannM re, Seite markieren, aus der Seite der Fersenwand 10 (11|12|13) M aufn, bis zur li M des RdBeg re, 1 M li = 50 (58|66|74) M

Rd 2: bis 2 M vor SeitenMM re, aaz, bis zum SeitenMM re, MM, 2 M re zus, bis zur li M des RdBeg re, 1 M li.

Rd 3: Alle M re und die li M am RdBeg li.

Rd 2 und insg 3, 5-mal str = 40 (48|56|64) M.

Beide Seiten MM entfernen.

Fuß

Ab jetzt können Sie entweder die li M am RdBeg weiter li str oder einen MM setzen und alle M re str.

Glatt rechts, bis der Fuß 14,5 (16|17,5|21) cm lang oder 5 (6|6,5|6,5) cm kürzer als gewünscht ist.

Spitze

Abn Rd 1: *3 (4|5|6) M re, 2 M re zus*. *-* 8-mal = 32 (40|48|56) M

5 Rd re.

Abn Rd 2: *2 (3|4|5) M re, 2 M re zus*. *-* 8-mal = 24 (32|40|48) M

4 Rd re.

Abn Rd 3: *1 (2|3|4) M re, 2 M re zus*. *-* 8-mal = 16 (24|32|40) M

3 Rd re.

Abn Rd 4: *0 (1|2|3) M re, 2 M re zus*. *-* 8-mal = 8 (16|24|32) M

Nur Größen 2, 3, 4:

2 Rd re.

Abn Rd 5: *- (0|1|2) M re, 2 M re zus*. *-* 8-mal = - (8|16|24) M

Nur Größen 3 und 4:

1 Rd re.

Abn Rd 6: *- (-|0|1) M re, 2 M re zus* = - (-|8|16) M

Nur Größe 4: *2 M re zus* bis RdEnde = 8 M

Alle Größen: Faden abschneiden und durch die restl 8 M ziehen.

Ausarbeiten

Fäden vernähen. Sanft von Hand in lauwarmem Wasser mit Wollwaschmittel waschen (mindestens 20 Minuten liegen lassen). Auf ein Sockenbrett ziehen und trocknen lassen.

Stickerei

Im alten, isländischen Kreuzstich (Flechtstich) und mit Farben Ihrer Wahl das Blumentopfmotiv mittig auf den Spann sticken, ein paar Runden unterhalb des Bunds (je nach Größe und den Schuhen, die dazu getragen werden: Auf dem Foto sind es 10 Rd). Zunächst die große, rautenförmige Blume sticken, dann den Stiel in der Mitte und die seitlichen Blätter. Mit einem feuchten Tuch und einem heißen Bügeleisen vorsichtig dämpfen.

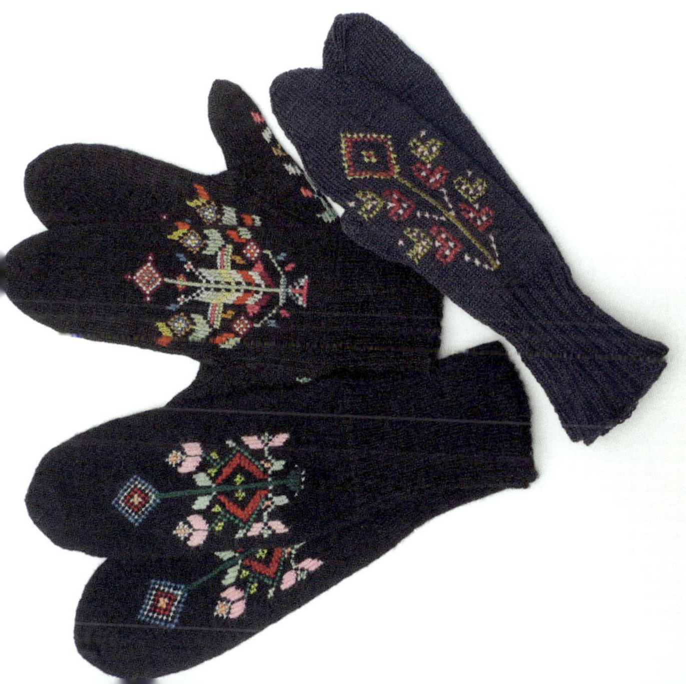

Bestickte Handschuhe im Textilmuseum in Blönduós – HB649

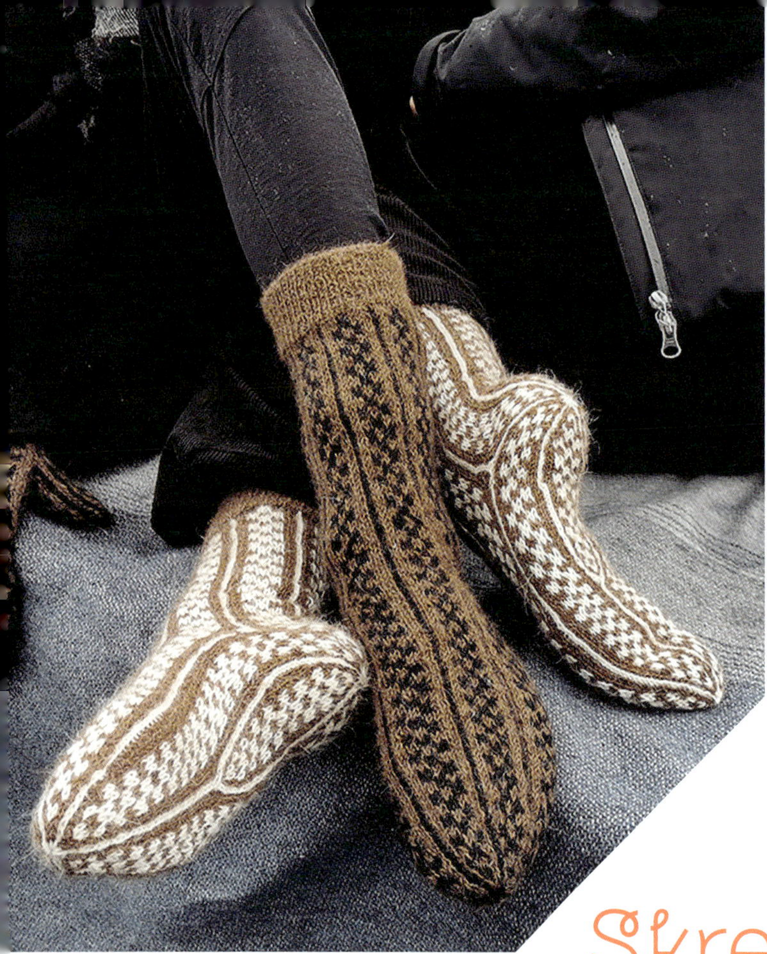

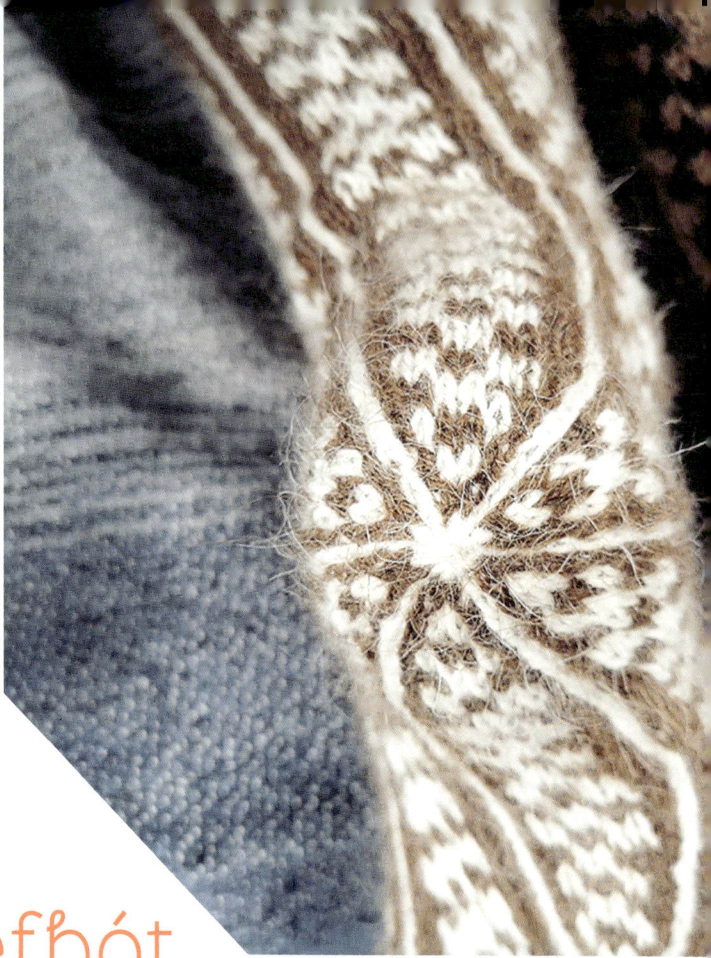

Skrefbót

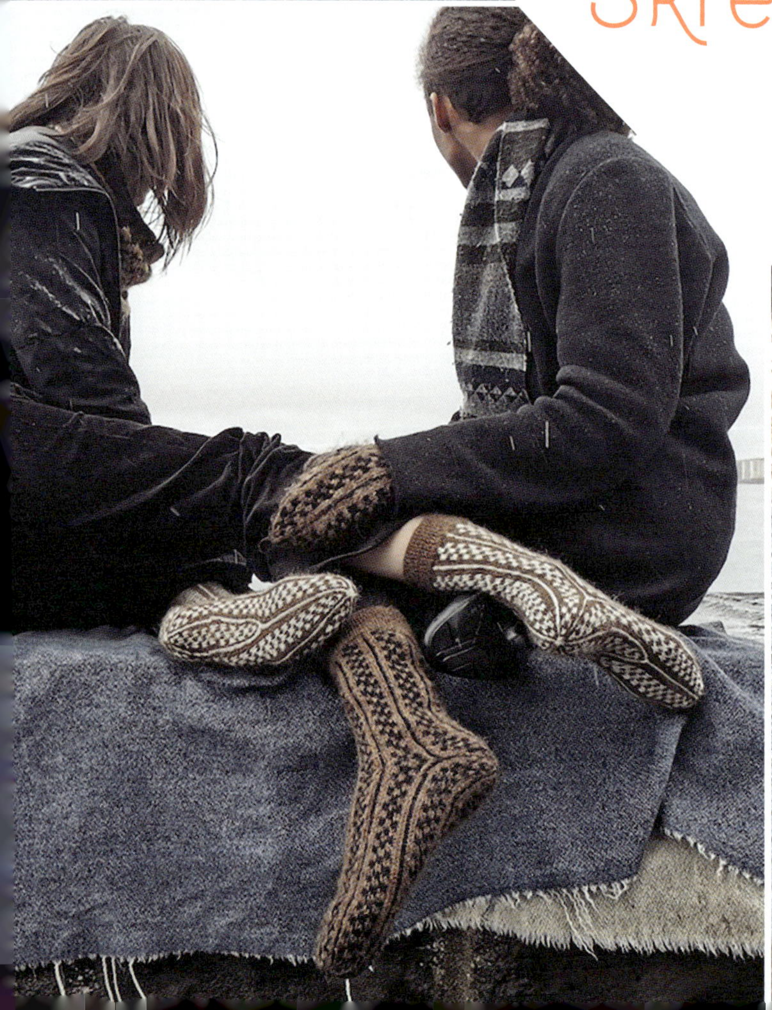

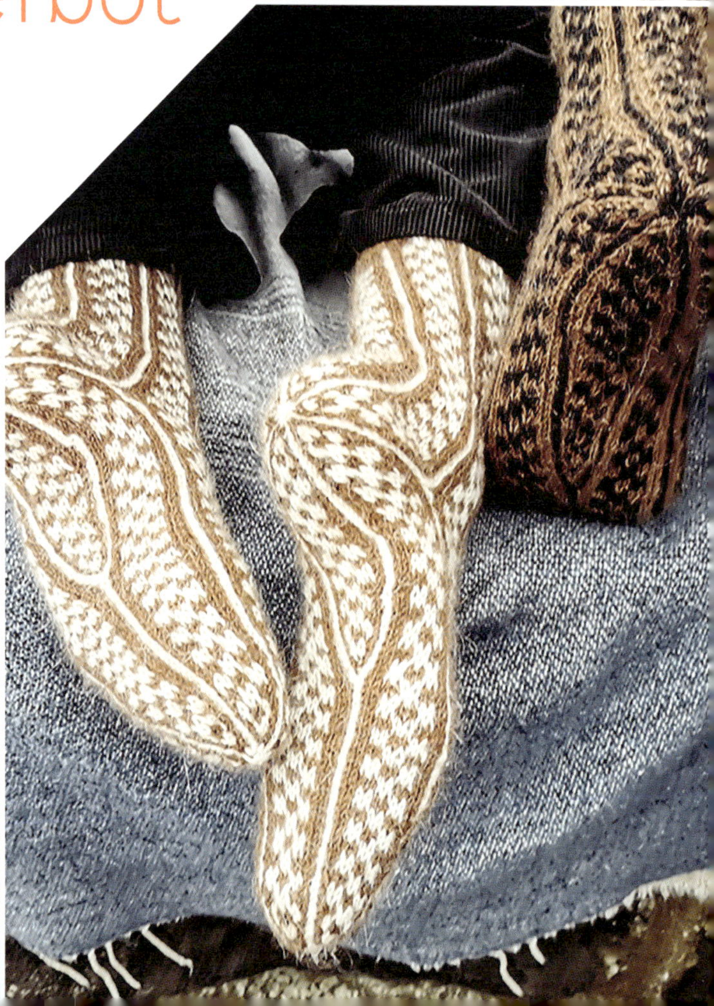

Während isländische Strümpfe ...

... oft sehr schlicht waren, gilt das nicht für traditionelle Handschuhe, der Hauptinspiration für dieses Modell Skrefbót Strümpfe (*skrefbót*, was Zwickel bedeutet, aber auch Stufe). Durch das kleine, einfache und repetitive Einstrickmuster sind sie doppellagig und extrawarm.
Vielleicht erkennen Sie das Muster von Handschuhen in meinem Buch *Icelandic Handknits* wieder: Die ungewöhnliche Platzierung des Zwickels bei den Original-Herrenhandschuhen im Textilmuseum in Blönduós hat mich so fasziniert, dass ich dadurch nicht nur zu diesen Socken, sondern auch zu einer passenden Mütze und einem Lopi-Pullover inspiriert wurde!
Die Skrefbót Socken beginnen mit einem runden Anschlag am Bund und haben eine nachträglich eingearbeitete Ferse mit Einstrickmuster. Die Ferse und die Spitze werden mit Abnahmen innerhalb der Musterwiederholung geformt, wodurch sich ein hübsches Muster ergibt, das an Mützenabnahmen erinnert. Mein »geliebter« Zwickel befindet sich unter der Sohle. Dadurch sind die Socken sehr bequem zu tragen und anzuziehen, und das, obwohl sie durch das Einstrickmuster weniger dehnbar sind.

Größen: 1 (2) für Schuhgröße 36–40 (42–46). Man kann weitere Größen stricken, wenn man die Nadelstärke ändert, Höhe und Länge anpasst, indem man eine Musterwiederholung mehr oder weniger strickt.
Gezeigt in Größe 1 (brown und white) und Größe 2 (brown und black).

Maße
Fußumfang: 21 (25,5) cm
Beinlänge: 20,5 (22) cm
Fußlänge: lässt sich anpassen
Empfohlene Passform: Fußumfang 0–2,5 cm enger und 5% weniger in der Länge.

Maschenprobe: 10 cm = 26 M und 32 Rd glatt rechts auf Nadelstärke 2,5 mm

Wolle: Katla sokkaband von Hélène Magnússon: reine Schurwolle, 100% isländische Lambswool, 100 g Knäuel = 220 m: 1(2) Knäuel HF (Natural brown) und 1 Knäuel KF (Natural white)

Verbrauchte Wollmenge (hängt von der Länge ab):
HF: 192 (233) m
KF: 127 (154) m

Nadel: 2,5 mm Rundnadel für Magicloop. Sie können auch mit einem Nadelspiel oder anders rund stricken. Passen Sie die Nadelstärke an, um die korrekte Maschenprobe zu erreichen.

Zubehör: Maschenmarkierer, Stopfnadel, Sockenbrett

Techniken: s. Kapitel Technik (S. 130):
- Nachträgliche Ferse mit Einstrickmuster
- Italienischer Anschlag: Ideal für Rippen

Anleitung

Bund: Mit HF im italienischen Anschlag 60 (70) M anschl. NICHT zur Rd schließen. Wie folgt 2 R str: *1 M re, 1 M wie zum li Stricken mit Faden vor der Arbeit abh*.

Erst jetzt zur Rd schließen und RdBeg markieren, weiter ca. 4 (4,5) cm im Rippenmuster 1 x 1 (*1 M re, 1 M li*) str.
Bein: In der nächsten Rd, gleichmäßig verteilt 6 (7) M zun: *10 M re, 1 M zun* = 66 (77) M

Laut Strickschrift A stricken. Die 11-M-Wdh wird pro Rd 6 (7)-mal gestrickt und so lange, bis die Socke ca. 20,5 (22) cm oder die gewünschte Länge misst. Mit Rd 1 (3) enden.
Wie folgt die Ferse in der nächsten Rd vorbereiten, Rd 2(4) der Strickschrift A: 0 (7) M re, die nächsten 34 (42) M mit einem Wollrest in Kontrastfarbe re. Die M zurück auf die linke Nadel schieben und bis zum RdBeg str.

Fuß: Dann den Fuß mit einem Zwickel in der Sohle stricken, den Zwickel in die Mitte der markierten FersenM platzieren.
Weiterhin im Muster str und die Zwickel-Abn der Strickschrift B str (Rd 1 und 2 in Größe 1 weglassen). Am Ende der Strickschrift = 55 (66) M.

Dann das Muster weiter laut Strickschrift A str. Eine Musterwdh 5 (6)-mal pro Rd str, und bis ca. 3,5 cm zur Spitze fehlen. Mit Rd 1 enden.

Spitze: Laut Strickschrift C str, 5 (6)-mal die Musterwdh pro Rd. Am Ende der Strickschrift = 10 (12) M.
Faden abschneiden und durch die M ziehen.
Ferse: Den Wollrest entfernen und die M auf die Nadel schieben. Strickschrift D1 (D2) 2-mal pro Rd str. In der ersten Rd (Rd 1 der Strickschrift) mit HF je 2 M in den Lücken an beiden Seiten aufn = 72 (88) M.
Der RdBeg und die Seite liegen zwischen diesen beiden aufgenommenen M.

Am Ende der Strickschrift = 12 (12) M Faden abschneiden und durch die M ziehen.

Ausarbeiten: Fäden vernähen. Sanft von Hand in lauwarmem Wasser mit Wollwaschmittel waschen (mindestens 20 Minuten liegen lassen). Auf Sockenbrett ziehen und trocknen lassen.

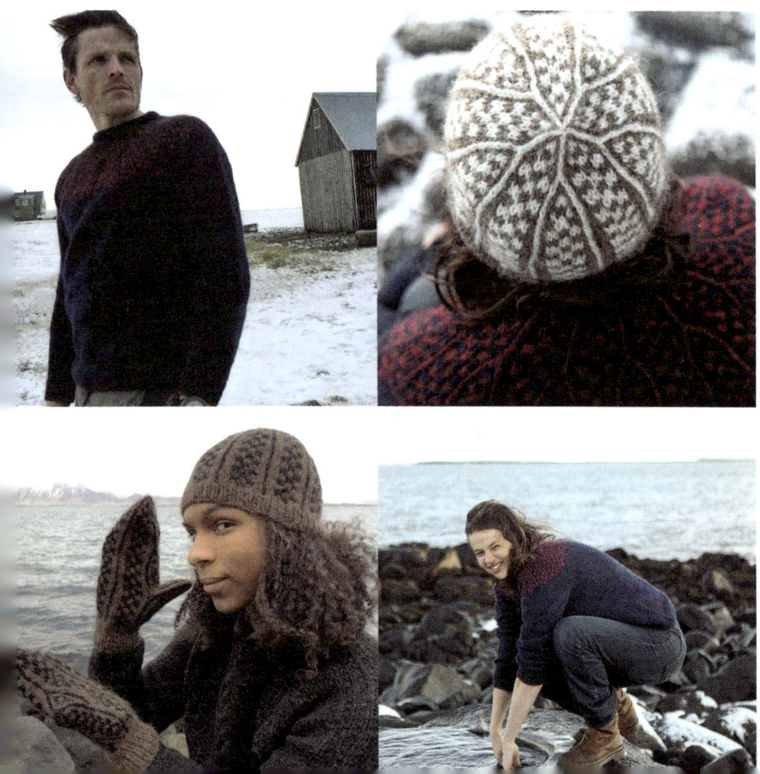

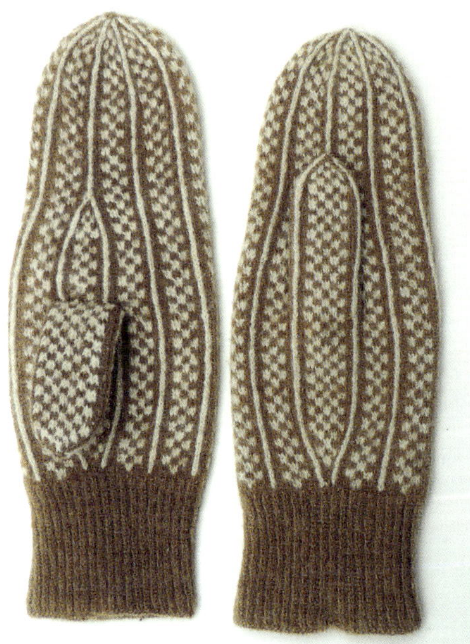

Handschuhe des Textilmuseums in Blönduós HB652

Handschuhe, Mütze und Pullover aus meinem Buch *Icelandic Handknits*

Strickschriften

Beachten Sie, dass die Abnahmen an der 2. M in Rd 3 der Strickschrift D1 und der 6. M in Rd 7 der Strickschrift D2 den MM 1 M nach rechts verschiebt: Die Abn mit der letzten M der vorigen Rd stricken.

Strickschrift A

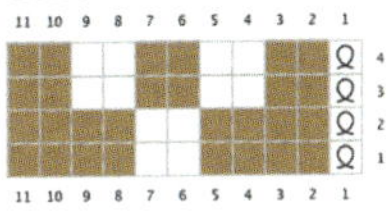

Strickschrift B (Zwickel)

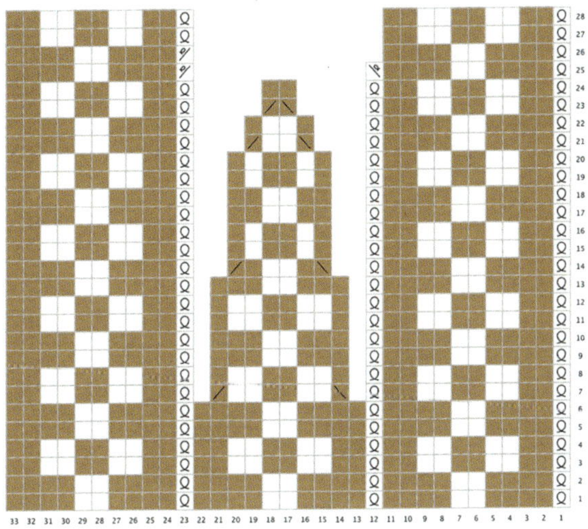

Rd 1 und 2 in Größe 1 weglassen

Strickschrift C (Spitze)

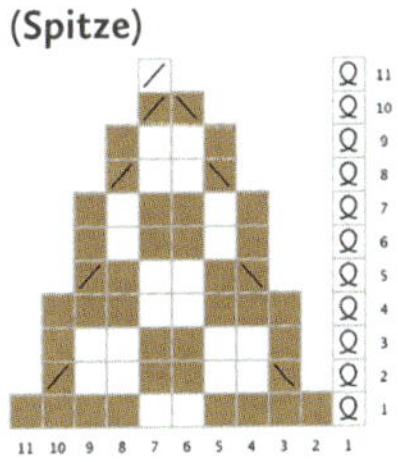

- re
- 2 M re zus
- aaz
- 1 M re verschr
- verdrehte 2 M re zus
- verdrehte aaz

- HF
- KF

Strickschrift D1 (Ferse, Größe 1)

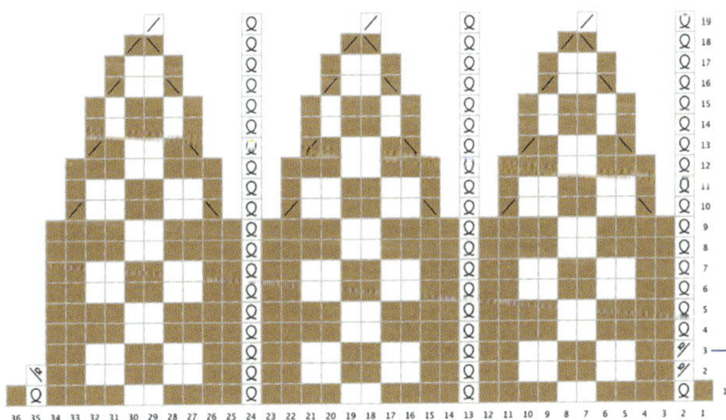

Strickschrift D2 (Ferse, Größe 2)

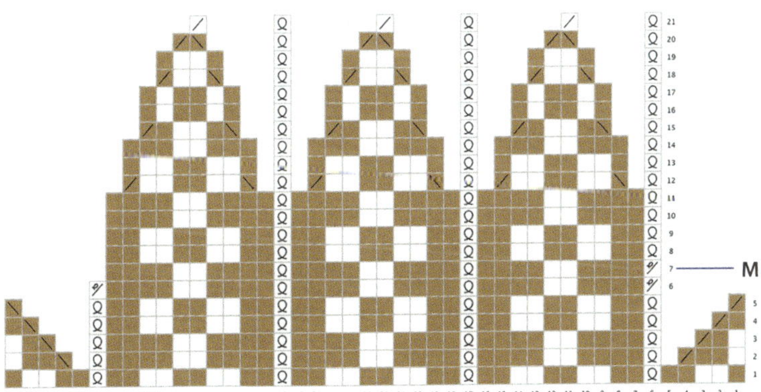

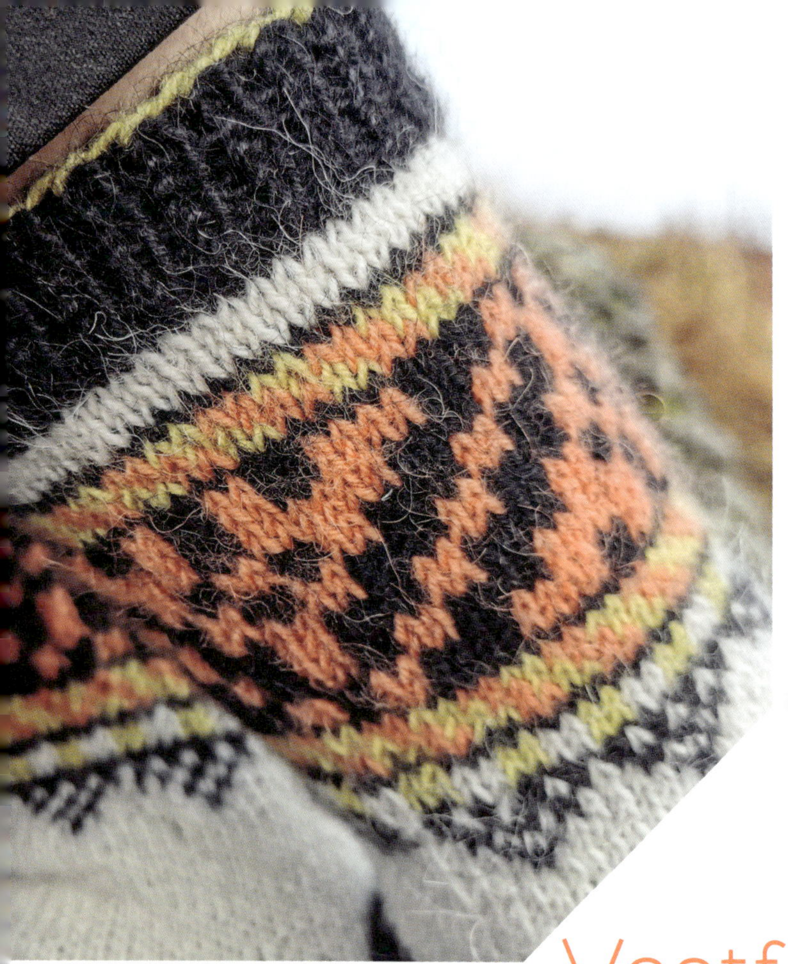

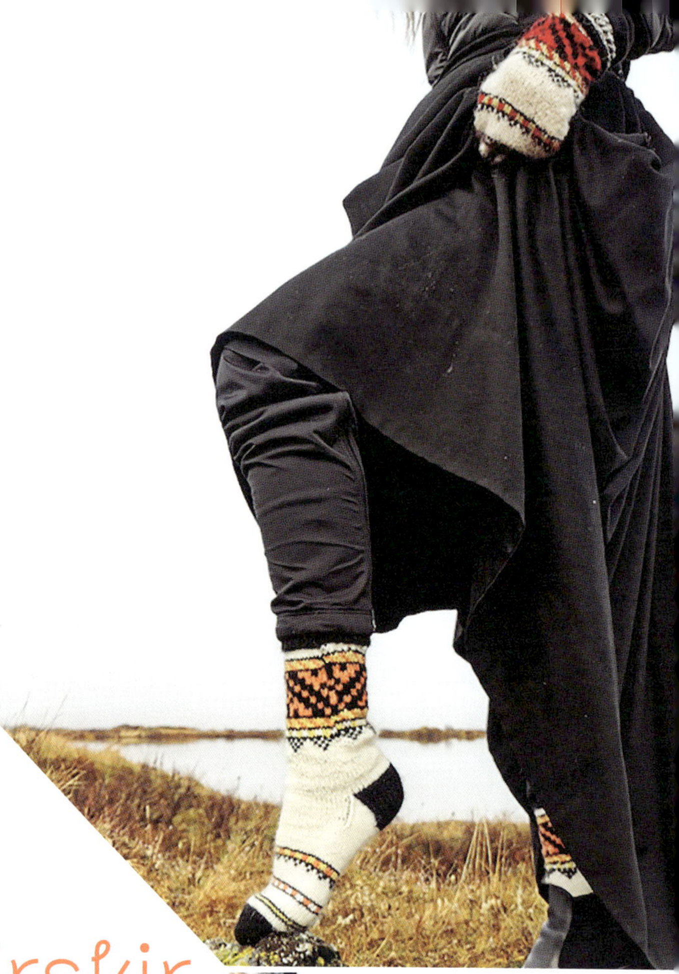

Vestfirskir

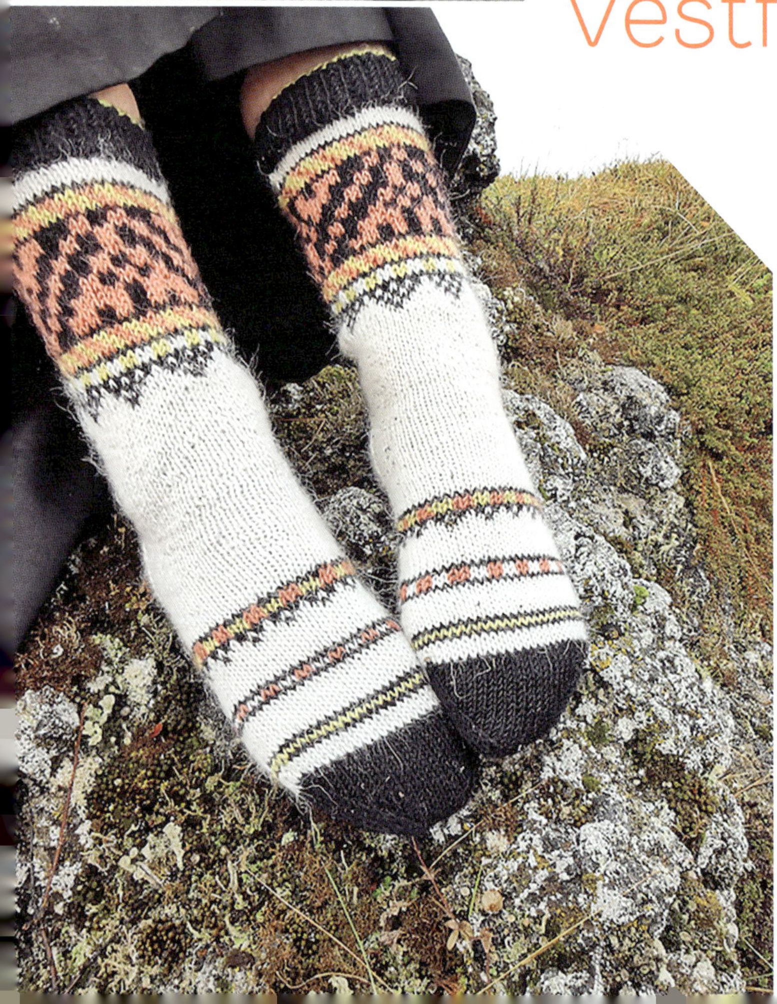

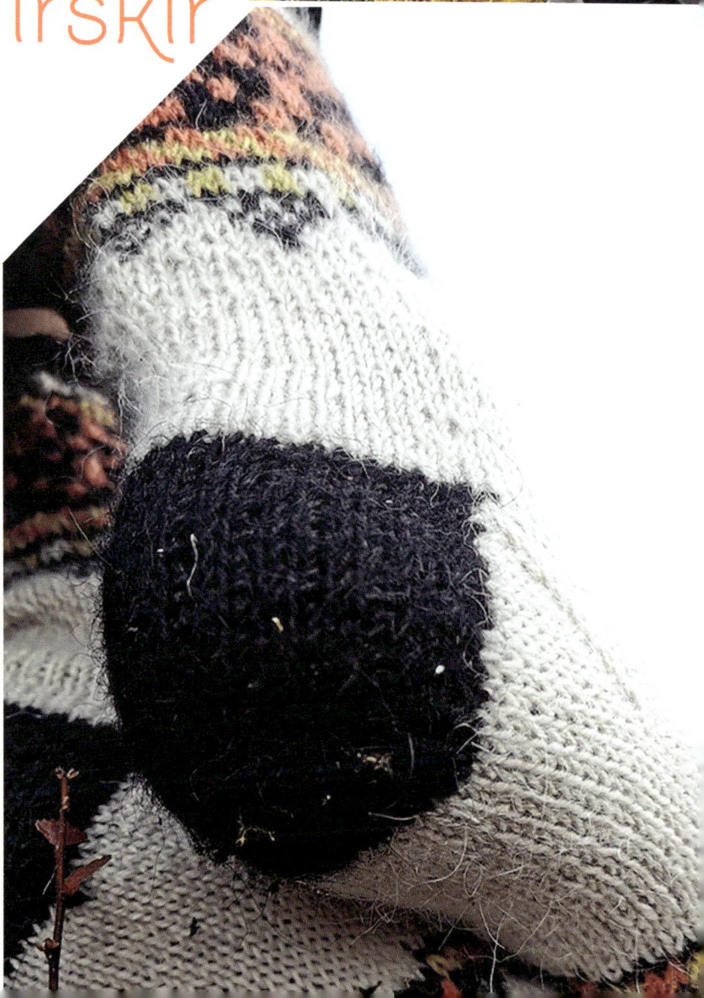

Durch das typische …

… Blattmuster am Bund und die bunten, kleinen Motive erkennt man diese Socken sofort als *Vestfizkir laufaviðarsokkar* (Blätterstrümpfe vom Westfjord), obwohl es im Westfjord oder in Island gar keine solche Tradition gibt! Die Vestfirskir Socken sind eindeutig von den traditionellen Handschuhen des isländischen Westfjords namens *laufaviðarvettlingar* (Blätterhandschuhe) oder *Vestfizkir vettlingar* (Handschuhe vom Westfjord) inspiriert.
Sie passen zu meinen Vestfirskir Handschuhen, die ich vor einigen Jahren für meine Grýla Kollektion entworfen habe. Sie beginnen mit einem tollen, zweifarbigen Anschlag und werden von oben nach unten mit einer verstärkten Fersenwand, einem kurzen Zwickel und einer Bandspitze in Kontrastfarbe gestrickt. Die Spitze wird im Maschenstich geschlossen.
Wie bei den Handschuhen ist das Blattmuster in jeder Größe anders, sodass das hübsche Motiv ohne Unterbrechung um das Bein läuft.

Größen: 1 (2|3) für Schuhgrößen 34–36 (38–40|42–44).
Die Länge lässt sich anpassen.
Man kann weitere Größen stricken, wenn man die Nadelstärke ändert und die Länge anpasst, indem man mehr oder weniger einfarbige Rd str.
Gezeigt in Größe 2.

Maße
Fußumfang: 18,5 (21,5|24,5) cm
Fußlänge (lässt sich anpassen): 19,5 (23|25,5) cm
Empfohlene Passform: Fußumfang 2,5 cm enger und 15% weniger in der Länge.

Maschenprobe: 10 cm = 26 M und 32 Rd glatt rechts auf Nadelstärke 2,5 mm

Wolle: Katla sokkaband von Hélène Magnússon: reine Schurwolle, 100% isländische Lambswool, dicke Strumpfwolle, 4-fädig, 100 g Knäuel = 220 m: 1 Knäuel in jeder Farbe

Verbrauchte Wollmenge (geschätzt):
HF Natural white: 109 (123|148) m
KF1 Raven black: 105 (119|143) m
KF2 Arctic coral: 27 (31|37) m
Anis green: 15 (18|21) m

Nadel: 2,5 mm Rundnadel für Magicloop. Sie können auch mit einem Nadelspiel oder anders rund stricken. Passen Sie die Nadelstärke an, um die korrekte Maschenprobe zu erreichen.

Zubehör: Maschenmarkierer, Stopfnadel, Sockenbrett

Techniken: s. Kapitel Technik (S. 130):
- Damit bei Streifen und Musterbändern keine Stufen entstehen, einen stufenlosen Farbwechsel str.
- Wenn nicht anders angegeben, M immer wie zum li Str abh.
- zweifarbiger Kreuzanschlag
- VAAZ (verbesserter aaz)
- Maschenstich
- Einstrickmuster und Farbdominanz

Anleitung

Bund: Auf 2 Nadeln wie folgt im zweifarbigen Kreuzanschlag (es ist nicht nötig, mit einem langen Faden zu arbeiten, weil KF3 diesen Teil übernimmt) anschl: Mit KF1 und KF3 zusammen eine Grundschlinge knüpfen und auf beide Nadeln schieben, dann mit KF3 über dem linken Daumen und KF1 über dem Zeigefinger (je nachdem, wie Sie den Kreuzanschlag normalerweise machen, hebt man den Faden vom linken Zeigefinger oder wirft ihn mit dem rechten Zeigefinger), 52 (60|68) M anschl.
Die Grundschlinge lösen. Eine Nadel entfernen: Die M sind locker, aber gleichmäßig. KF3 abschneiden. Zur Rd schließen, RdBeg markieren (an der Seite) und mit KF1 10 Rd Rippen str (*1 M re, 1 M li*).
Nächste Rd mit KF1, gleichmäßig verteilt 4 M zun: *13 (15|17) M re, 1 M zun* 4-mal = 56 (64|72) M.

Bein: Zu HF wechseln und 3 Rd re, dann laut Strickschrift B im Einstrickmuster arbeiten, dann Strickschrift A1 (A2|A3), dann noch mal Strickschrift B und anschließend Strickschrift C.
Weiter mit HF, 1 Rd re, dann wie folgt abn: Rd 1: 11 (13|15) M re, aaz, 1 M re, MM setzen (hintere Beinmitte), 1 M re, 2 M re zus, bis RdBeg re.
Rd 2–4: Alle M re.
Rd 5: Bis 3 M vor dem MM der Beinmitte re, aaz, 2 M re, 2 M re zus, bis RdBeg re.
Rd 6–8: Alle M re.
5–8 Rd noch 2-mal wdh = 48 (56|64) M
Nächste Rd: Bis zum MM der Beinmitte re, MM entfernen, noch 12 (14|16) M re. HF nicht abschneiden. Wenden.

Ferse: Weiter mit KF1. Fersenwand:
Mit der rechten Seite vorn wie folgt über 24 (28|32) M insg 24 (28|32) R str:
R 1 (RückR): 1 M abh, 23 (27|31) M li, wenden.
R 2 (HinR): *1 M abh, 1 M re* 12 (14|16)-mal, wenden.
R 1–2 insg 12 (14|16)-mal str.

Käppchen
R 1 (RückR): 1 M abh, 14 (16|18) M li, 2 M li zus, 1 M li, wenden.
R 2 (HinR): 1 M abh, 7 M re, aaz, 1 M re, wenden.
R 3: 1 M abh, bis 1 M vor der Lücke li, 2 M li zus, 1 M li, wenden.
R 4: 1 M abh, bis 1 M vor der Lücke re, aaz, 1 M re, wenden.

R 3 und 4 wdh, bis alle FersenM gestrickt wurden = 16 (18|20) M.
Nach der letzten R 4 nicht wenden.
KF1 abschneiden.

Zwickel
Wie folgt mit HF wieder in Runden str: 24 (28|32) SpannM re, MM setzen (Seite), 1 M aus der Lücke aufn, 12 (14|16) M seitlich aus der Fersenwand aufn, 16 (18|20) FersenM re, 12 (14|16) M seitlich aus der Fersenwand aufn, 1 M aus der Lücke aufn, MM für RdBeg setzen = 66 (76|86) M.

Dann wie folgt in jeder Rd abn: *die SpannM str, MM, VAAZ, bis 2 M vor RdBeg re, 2 M re zus* 9 (10|11)-mal = 48 (56|64) M

Fuß: Weiter mit HF und 5 (11,12) Rd re oder bis noch 12,5 (13,5|14,5) cm bis zur Fußspitze fehlen.
Dann Strickschrift D (27 Rd) str.

Spitze: Weiter mit KF1. 1 Rd re. Dann abn (Abn-Rd: *1 M re, aaz, bis 3 M vor MM re, 2 M re zus, 1 M re* 2-mal) in jeder 2. Rd 5 (6|7)-mal, dann in jeder Rd 3 (4|5)-mal = 16 M. Die vorderen 8 M im Maschenstich mit den hinteren 8 M verbinden.

Ausarbeiten: Fäden vernähen. Sanft von Hand in lauwarmem Wasser mit Wollwaschmittel waschen (mindestens 20 Minuten liegen lassen). Auf Sockenbrett ziehen und trocknen lassen.

Strickschriften

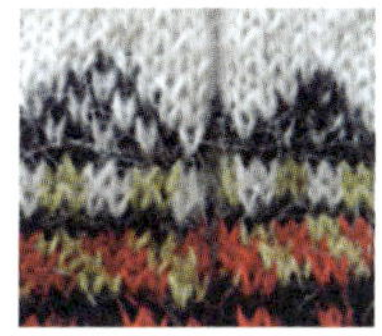

Anmerkung: HF sollte die dominante und KF1 die zweite Farbe in Strickschrift C Rd 4–7 und Strickschrift D Rd 5–6 sein. Wie man auf dem kleinen Foto sieht, ist das Muster klarer, wenn die weiße Hintergrundfarbe dominant gestrickt wird (linkes Bild), anstelle der schwarzen Musterfarbe (rechts). Ansonsten ist es egal, welche Farbe dominant gestrickt wird, seien Sie nur konsequent.

Strickschrift A1

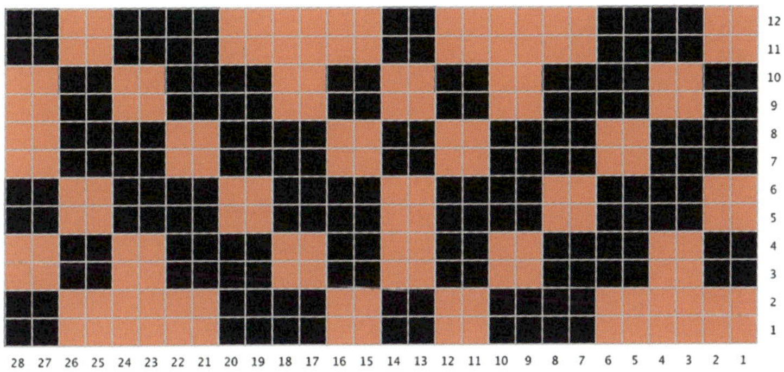

re

HF
KF1
KF2
KF3

Strickschrift B

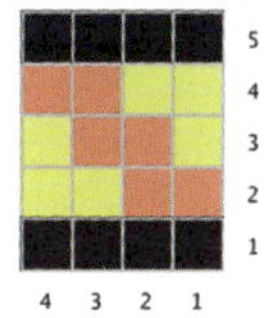

Strickschrift C

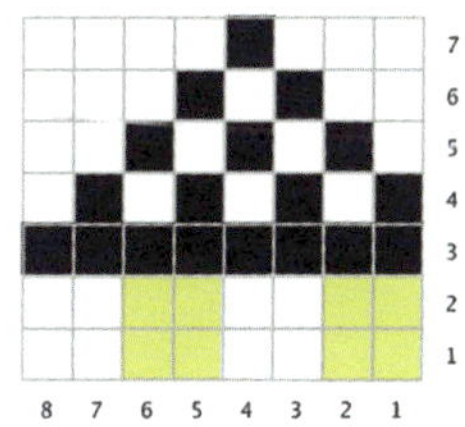

Strickschrift A2

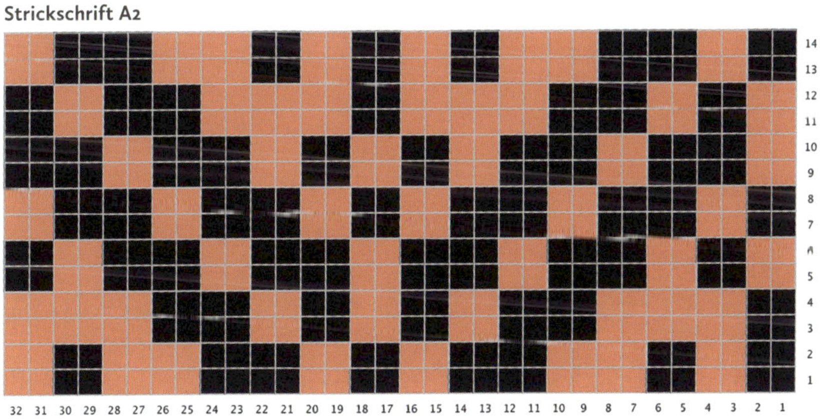

Strickschrift D

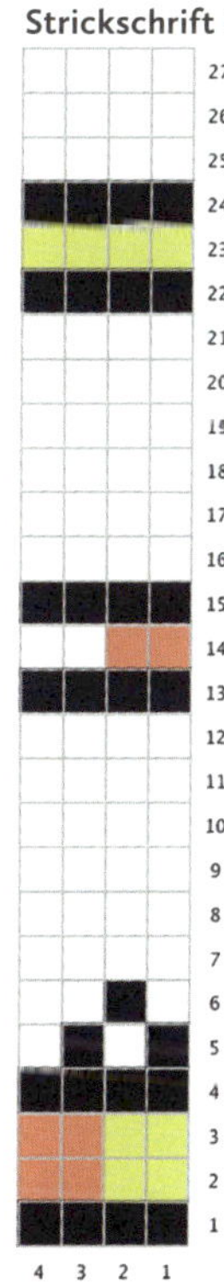

Strickschrift A3

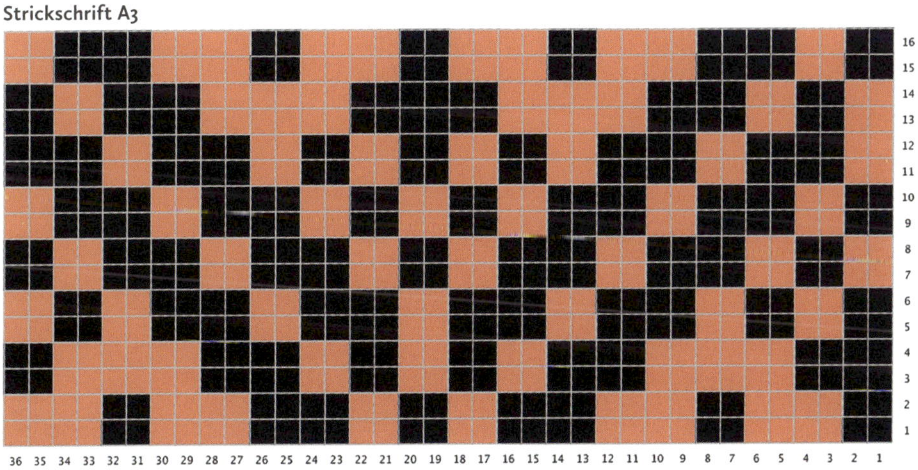

Laufaviðarvettlingar

Die Tradition der *laufaviðarvettlingar* (Blätterhandschuhe) oder Vestfirskir Handschuhe (Handschuhe aus dem Westfjord) (Auszug aus meinem Buch *Icelandic Handknits*).

Die ältesten Blätterhandschuhe in isländischen Museen stammen aus der Mitte des 19. Jahrhunderts, aber die Tradition ist wahrscheinlich viel älter. Im 17. Jahrhundert waren Blattmuster Teil alter *Sjónabækur* aus früheren Jahrhunderten (ein *Sjónabók* ist ein altes isländisches Mustermanuskript).
Es ist nicht bekannt, warum dieser Handschuhstil gerade im Westfjord beliebt war. Die Handschuhe wurden rund auf vier Nadeln gestrickt und waren, wie der Name schon sagt, mit einem Blattmuster geschmückt. Die Muster wurden nach der Anzahl Runden benannt, die es für ein Blatt brauchte, dabei wurde jede Runde zweimal gestrickt *fimmtekinn* (von fünf), *sextekinn* (sechs) und *sjötekinn* (sieben). Das liegt wahrscheinlich daran, dass die Blattmotive oft von Kreuzstichmustern stammten, bei dem ein Kästchen zu zwei Strickmaschen und zwei Reihen wurden. Ein *fimmtekinn* Blatt bedeutete also 10 Runden, ein *sextekinn* 12 Runden etc. Die Herrenhandschuhe hatten oft ein 12- oder 14-Runden-Muster, die für Frauen nur 10 oder 12 Runden.

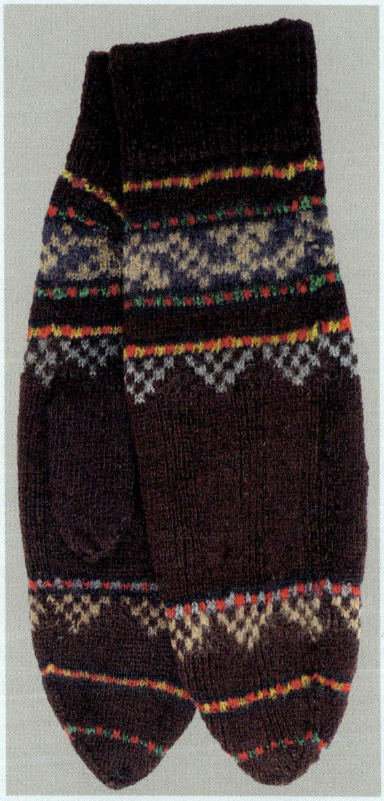

Handschuhe aus dem Textilmuseum in Blönduós, HB344

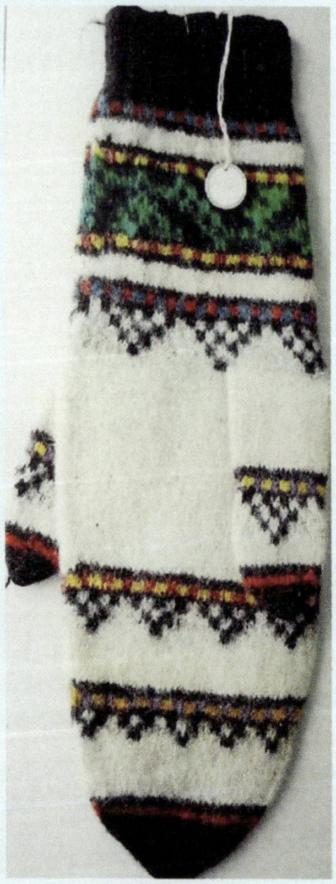

Handschuhe aus dem Isländischen Nationalmuseum (Foto Fríður Ólafsdóttir)

Die Hauptfarbe war meist die natürliche Schaffarbe wie Braun oder Weiß und das Blatt oft gelb, grün oder rot auf einem schwarzen Hintergrund. Es gab kleinere Muster namens »Würfel«, »kleines Blatt«, »Zange« oder »Spirale«, die zu beiden Seiten des großen Blattmotivs gestrickt wurden, um auf die richtige Größe des Handschuhs zu kommen. Kleinere Muster waren auch ideal, um Wollreste zu verwerten, zu Zeiten, in denen farbige Wolle nie verschwendet wurde. Die kleinen Muster schmückten auch den Daumen. Solche Handschuhe wurden auf sehr dünnen Nadeln (dünner als 1,5 mm) mit sehr feiner Wolle gestrickt. Es waren die »Sonntagshandschuhe«.

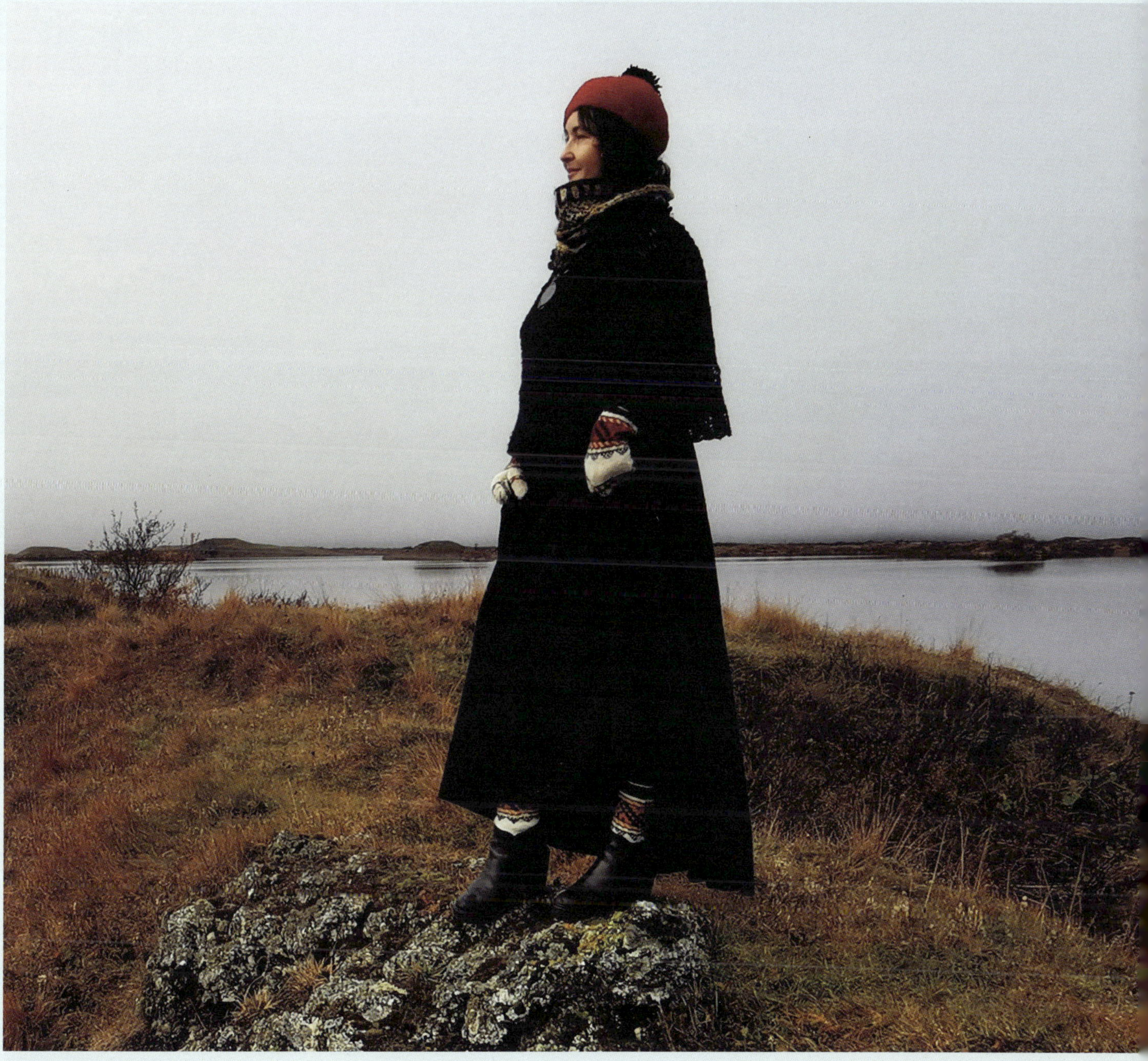

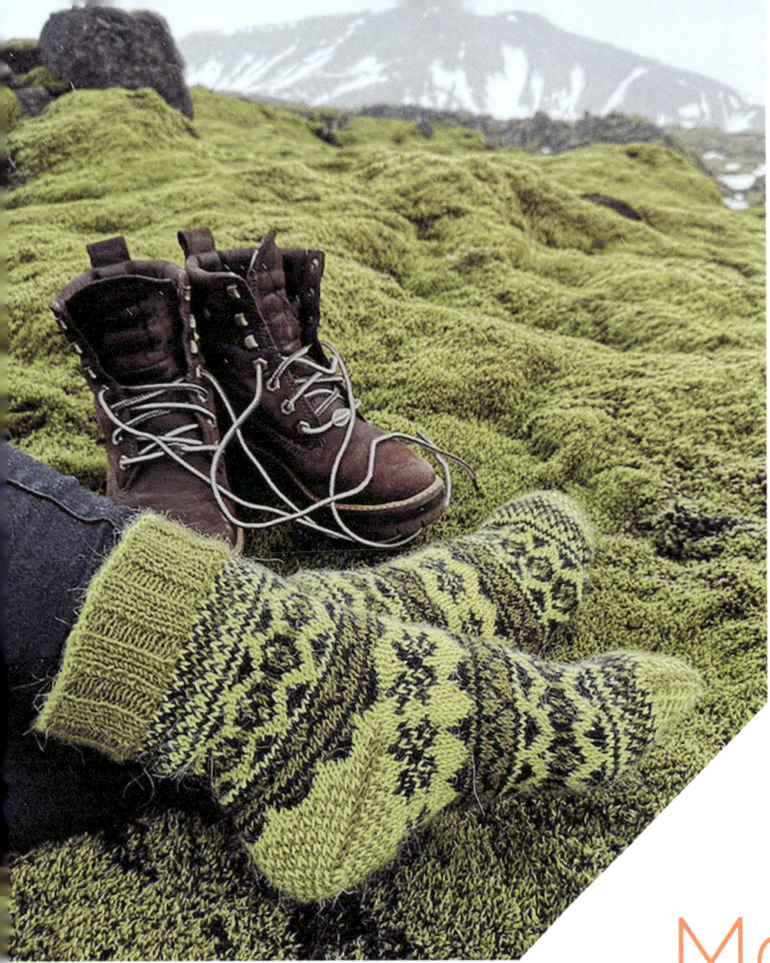

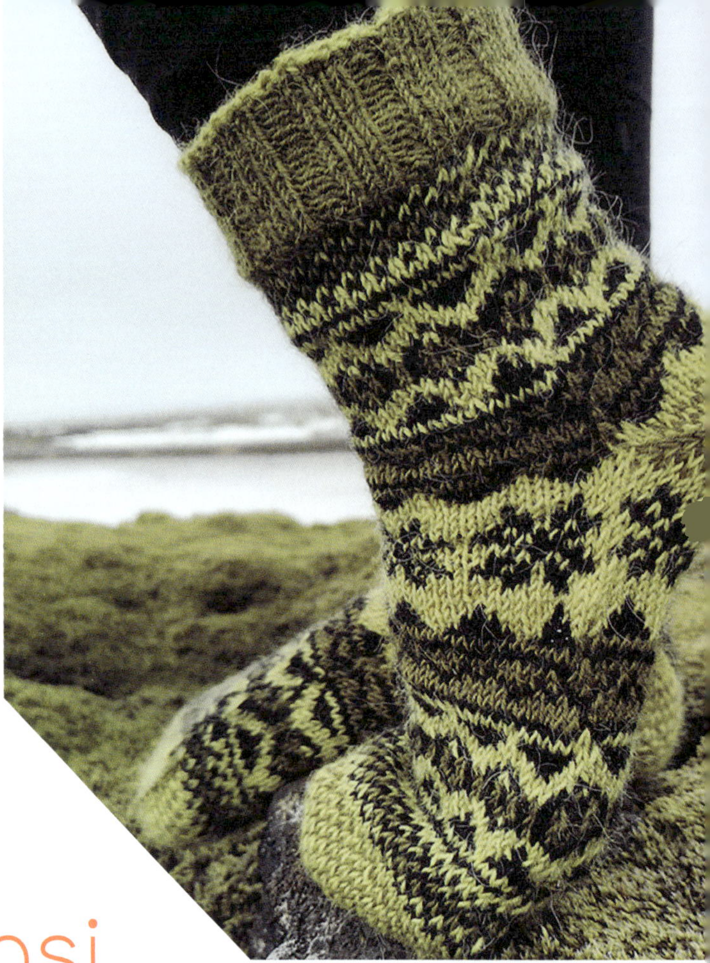

Mosi

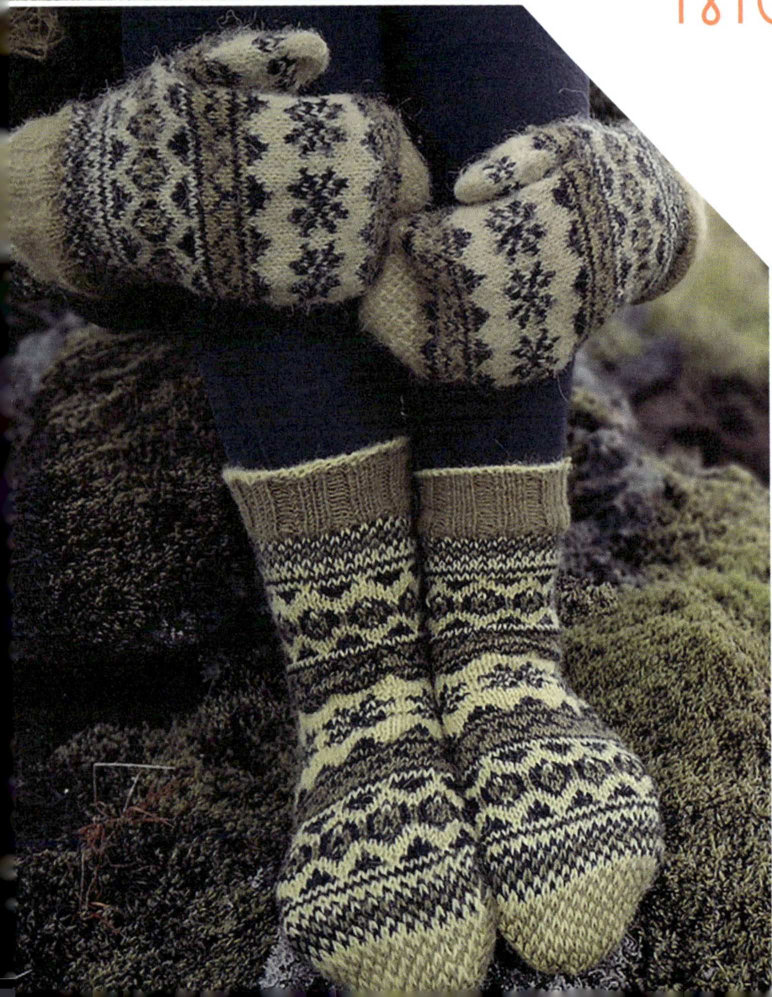

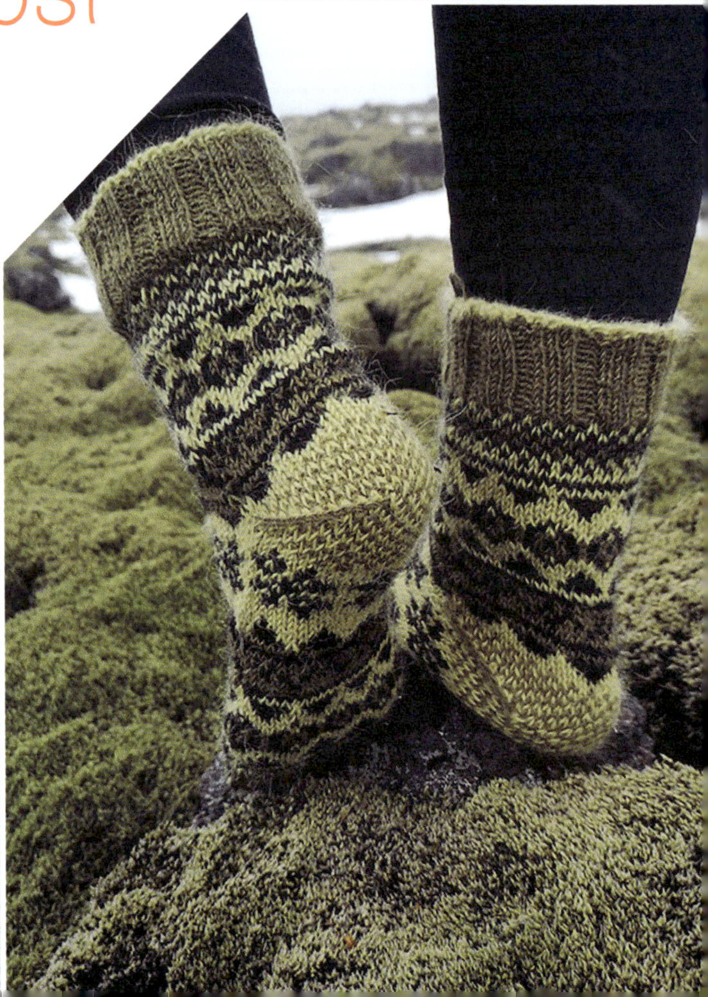

Die Mosi-Familie wächst!

Nach den Mosi-Handschuhen, der Mosi-Mütze und dem passenden Pullover habe ich die Socken dazu entworfen. Gestrickt habe ich mit meiner Katla-Wolle, der einzigen dicken Sockenwolle aus reiner isländischer Lambswool. Die kleinen Motive auf grünem Hintergrund sorgen dafür, dass das Gestrick warm ist, und erinnern an das dicke, weiche Moos (mosi auf Isländisch), das die alten isländischen Lavafelder bedeckt. Die Socken werden von oben gestrickt, mit einer nachträglichen Ferse und einer Bandspitze.

Größen: 1 (2|3|4)
Man kann weitere Größen stricken, wenn man die Nadelstärke ändert und die Länge anpasst, indem man mehr oder weniger MusterRd strickt.

Maße
Fußumfang: 21 (23|25,5|27,5) cm
Fußlänge: 19 (21|23,5|24,5) cm
Empfohlene Passform: Fußumfang 2,5 cm enger und 15% weniger in der Länge.

Maschenprobe: 10 cm = 26 M und 32 R glatt rechts auf Nadelstärke 2,5 mm

Wolle: Katla sokkaband von Hélène Magnússon: reine Schurwolle, 100% isländische Lambswool, dicke Strumpfwolle, 4-fädig, 100 g Knäuel = 220 m: Je 1 Knäuel

Verbrauchte Wollmenge:
HF Moss green: 67 (79|93|105) m
KF1 Raven black: 48 (57|67|75) m
KF2 Anis green: 73 (87|102|115) m

Nadel: 2,5 mm Rundnadel für Magicloop. Sie können auch mit einem Nadelspiel oder anders rund stricken. Passen Sie die Nadelstärke an, um die korrekte Maschenprobe zu erreichen.

Zubehör: Maschenmarkierer, Stopfnadel, Sockenbrett

Techniken: s. Kapitel Technik (S. 130):

- Nachträgliche Ferse
- Damit bei Streifen und Musterbändern keine Stufe entsteht, einen stufenlosen Farbwechsel str.
- Wenn nicht anders angegeben, M immer wie zum li Str abh.
- Einstrickmuster und Farbdominanz

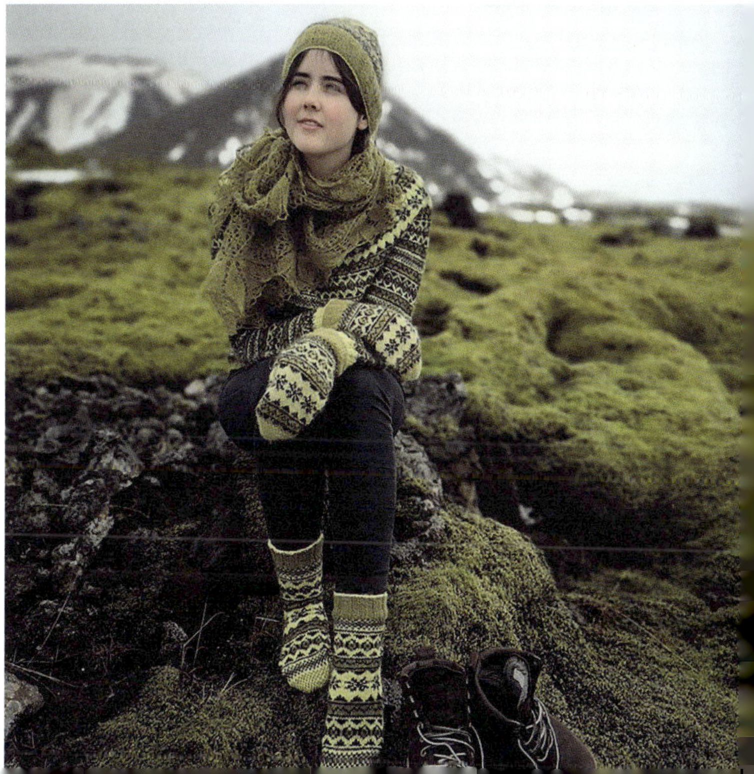

Anleitung

Bund: 50 (55|60|65) M mit KF2 anschl, noch nicht zur Rd schließen, wenden. HF dazunehmen und 1 R re, dann zur Rd schließen, RdBeg markieren und 16 (17|18|19) Rd Rippen (*3 M re, 2 M li*) str.

Nächste Rd: Mit HF wie folgt 4 (5|6|7) M zun:
Nur Größe 1: *12 M re, 1 M zun, 13 M re, 1 M zun*. *-* 2-mal wdh.
Nur Größen 2|3|4: - (11|10|9)M re, 1 M zun, eventuelle restl M re = 54 (60|66|72) M.

Dann das Einstrickmuster laut Strickschrift A mit stufenlosem Farbwechsel str.

Nächste Rd mit KF2 wie folgt die Ferse markieren: 0 (1|0|1) M re, mit einem Wollrest in Kontrastfarbe 27 (29|33|35) M re, die M zurück auf die linke Nadel schieben und wie folgt weiter mit KF2 bis RdBeg:
Nur Größe 1: 28 M re, 1 M zun, bis RdBeg re.
Nur Größe 2 und 3: bis RdBeg re.
Nur Größe 4: 37 M re, aaz, re bis 3 M vor RdBeg, 2 M re zus, 1 M re = 55 (60|66|70) M.

Fuß: Dann das Roseneinstrickmuster B2 (B1, B2, B1) stricken (10 oder 11 M wdh).
Nächste Rd mit KF2:
Nur Größe 1: 1 M re, 2 M re zus, bis RdBeg re.
Nur Größen 2|3: bis RdBeg re.
Größe 4: 1 M re, 1 M zun, 34 M re, 1 M zun, bis RdBeg re = 54 (60|66|72) M.

Dann Einstrickmuster C arbeiten:
Größe 1 Länge: Rd 23–25 und Rd 28–33 weglassen.
Größe 2 Länge: Rd 28–33 weglassen.
Größe 3 Länge: alle 40 Rd str.
Größe 4 Länge: Rd 39–40 insg 2-mal str oder bis zur gewünschten Fußlänge ab der Fersenmarkierung noch ca. 5,5 (6|7|7,5) cm fehlen. Für eine Fußlänge über Größe 4, Rd 39-40 so oft wie nötig wdh.

Nächste Rd, mit HF str und in der Rd 2 (0|2|0) M abn: Nur Größen 1 und 3: *25 (31) M re, 2 M re zus*. *-* 2-mal wdh. Größen 2 und 4: alle M re = 52 (60|64|72) M

Spitze: Wie folgt abn (beachten Sie, dass durch 3 ÜZ der RdBeg-MM um 1 M nach rechts verschoben wird; 3 ÜZ werden immer mit HF gestrickt und liegen übereinander):
Rd 1: HF 1 M re, (KF2 1 M re, HF 1 M re) bis 1 M vor RdBeg.
Rd 2: 3 ÜZ-HF, (KF2 1 M re, HF 1 M re) 11 (13|14|16)-mal, KF2 1 M re, 3 ÜZ-HF, (KF2 1 M re, HF 1 M re) bis 1 M vor nächster 3 ÜZ.
Rd 3: 3 ÜZ-HF, KF2 1 M re, (HF 1 M re, KF2 1 M re) bis 1 M vor nächster 3 ÜZ, 3 ÜZ-HF, (KF2 1 M re, HF 1 M re) bis 1 M vor nächster 3 ÜZ.
Rd 3 wdh, bis noch 20 (20|20|24) M übrig sind, letzte M KF2 1 M re.
Socke auf links wenden und mit 3 Nadeln die 10 (10|12|12) vorderen und hinteren M zusammen abk.

Ferse: Wollrest entfernen, M auf die Nadel schieben, beidseitig der Lücke je 1 M aufn = 56 (60|68|72) M, MM für RdBeg setzen.
Wie folgt abn (beachten Sie, dass durch 3 ÜZ der RdBeg-MM um 1 M nach rechts verschoben wird; 3 ÜZ werden immer mit HF gestrickt und liegen übereinander):
Rd 1: HF 1 M re, (KF2 1 M re, HF 1 M re) bis 1 M vor RdBeg.
Rd 2: 3 ÜZ-HF, (KF2 1 M re, HF 1 M re) 12 (13|15|16)-mal, KF2 1 M re, 3 ÜZ-HF, (KF2 1 M re, HF 1 M re) bis 1 M vor nächster 3 ÜZ.
Rd 3: 3 ÜZ-HF, KF2 1 M re, (HF 1 M re, KF2 1 M re) bis 1 M vor nächster 3 ÜZ, 3 ÜZ-HF, (KF2 1 M re, HF 1 M re) bis 1 M vor nächster 3 ÜZ.
Rd 3 wdh, bis noch 20 (20|24|24) M übrig sind, letzte M KF2 1 M re.
Socke auf links wenden und mit 3 Nadeln die 10 (10|12|12) vorderen und hinteren M zusammen abk.

Ausarbeiten: Fäden vernähen. Sanft von Hand in lauwarmem Wasser mit Wollwaschmittel waschen (mindestens 20 Minuten liegen lassen). Auf ein Sockenbrett ziehen und trocknen lassen.

Strickschriften

Anm. zu Strickschrift C:
Nur Größe 1 Länge: Rd 23–25 und 28–33 weglassen.
Nur Größe 2 Länge: Rd 28–33 weglassen.
Nur Größe 3 Länge: alle Rd str.
Nur Größe 4 Länge: Rd 39–40 insg 2-mal str.

Für einen längeren Fuß Rd 39–40 wdh, bis zur gewünschten Fußlänge ab der Fersenmarkierung ca. 5,5 (6|7|7,5) cm fehlen.

Strickschrift A

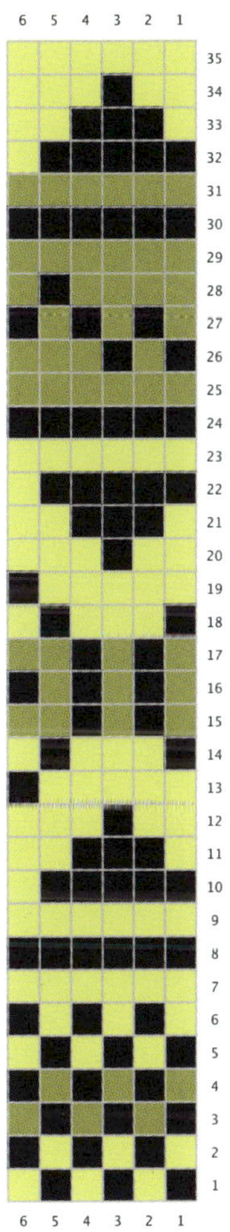

Strickschrift B1

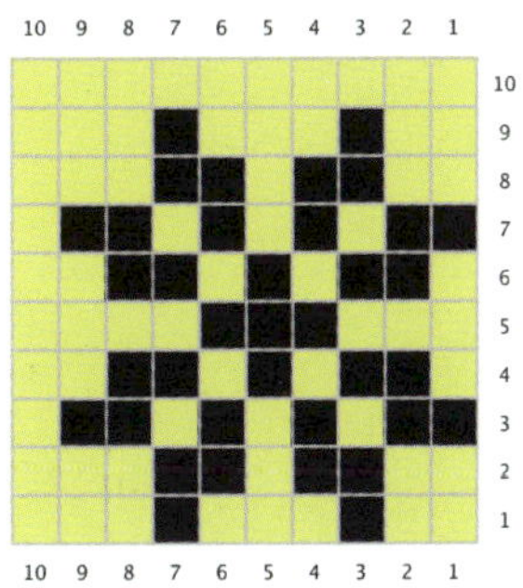

Strickschrift B2

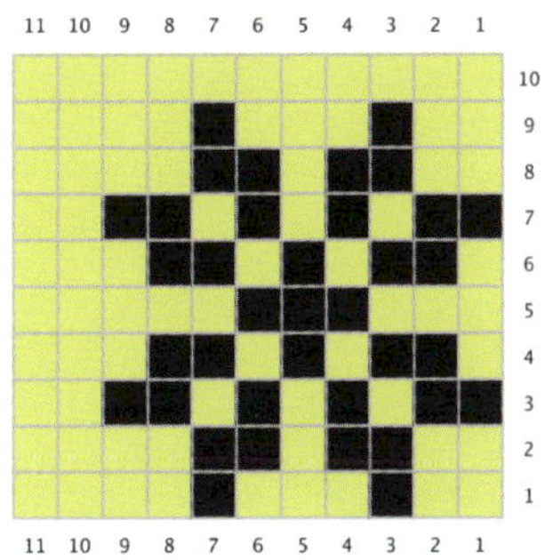

Strickschrift C

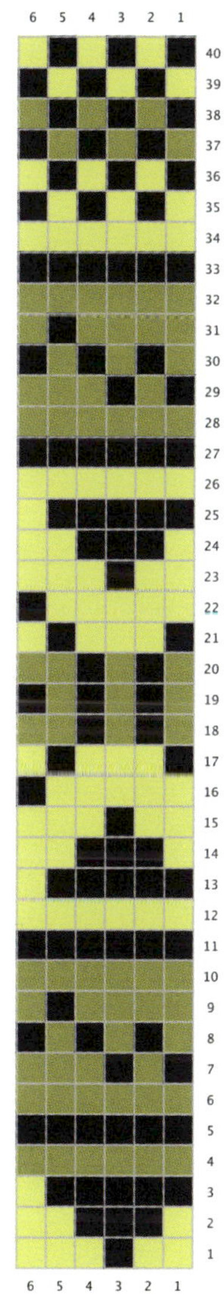

Spitze und Ferse: Nur die letzten Rd sind gezeigt und nicht alle M: s. ausgeschriebene Anleitung.

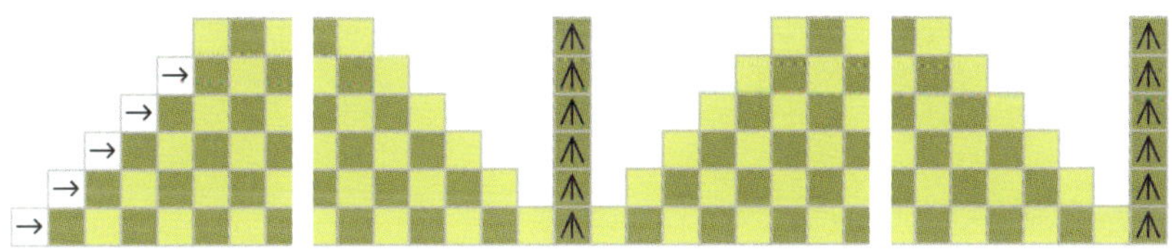

- re
- 3 M überzogen abn
- MM 1 M nach rechts verschieben (die M mit 3 ÜZ str)
- KF1
- HF
- KF2

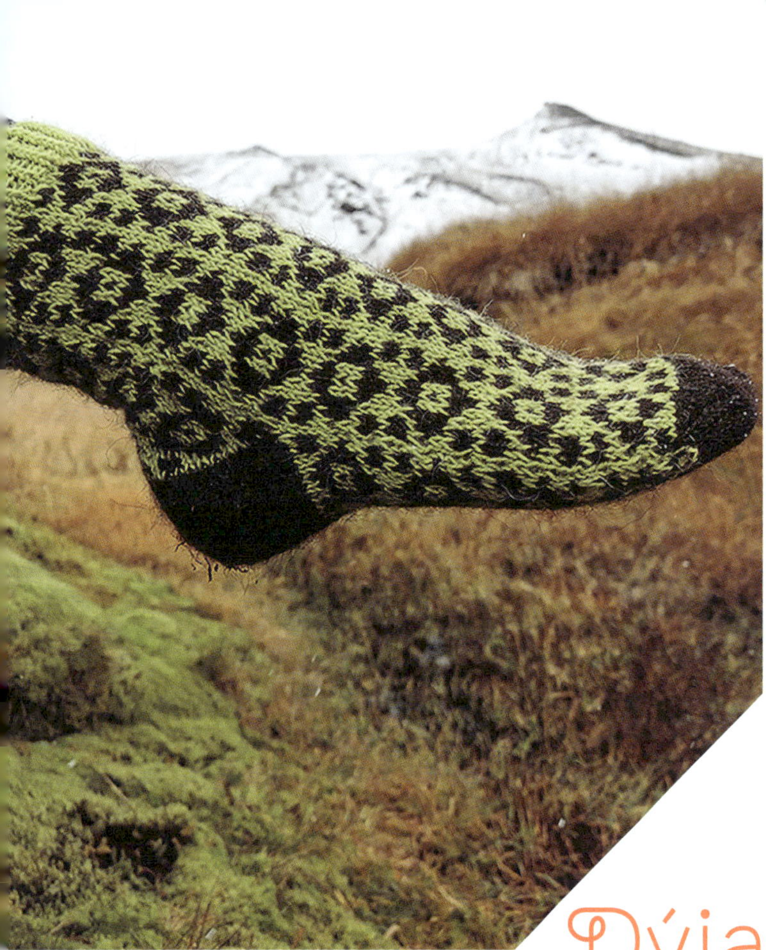

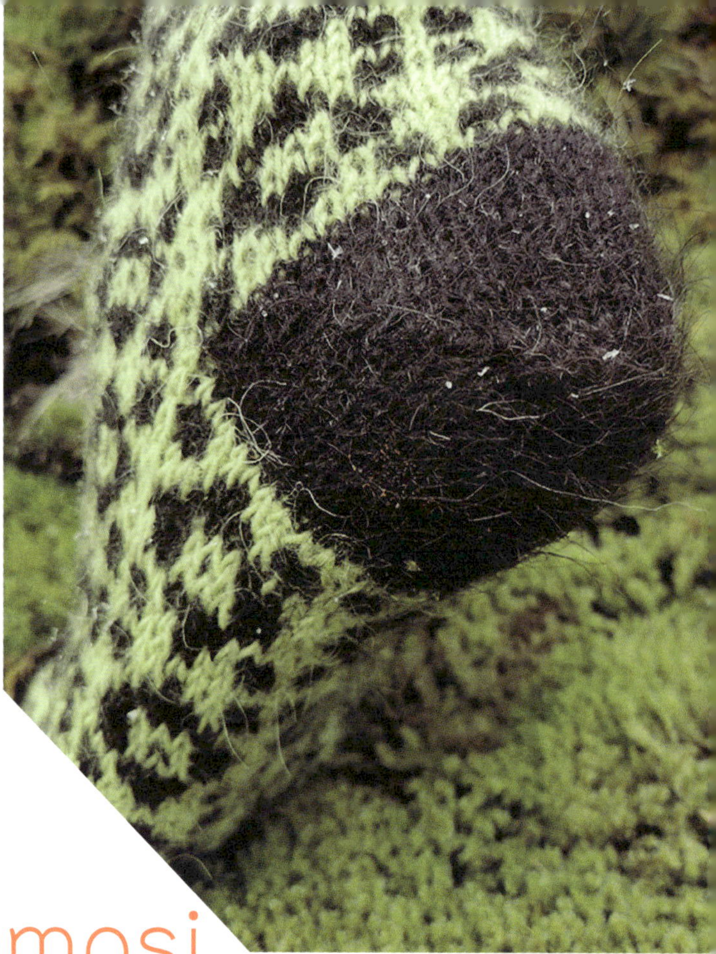

Dýjamosi

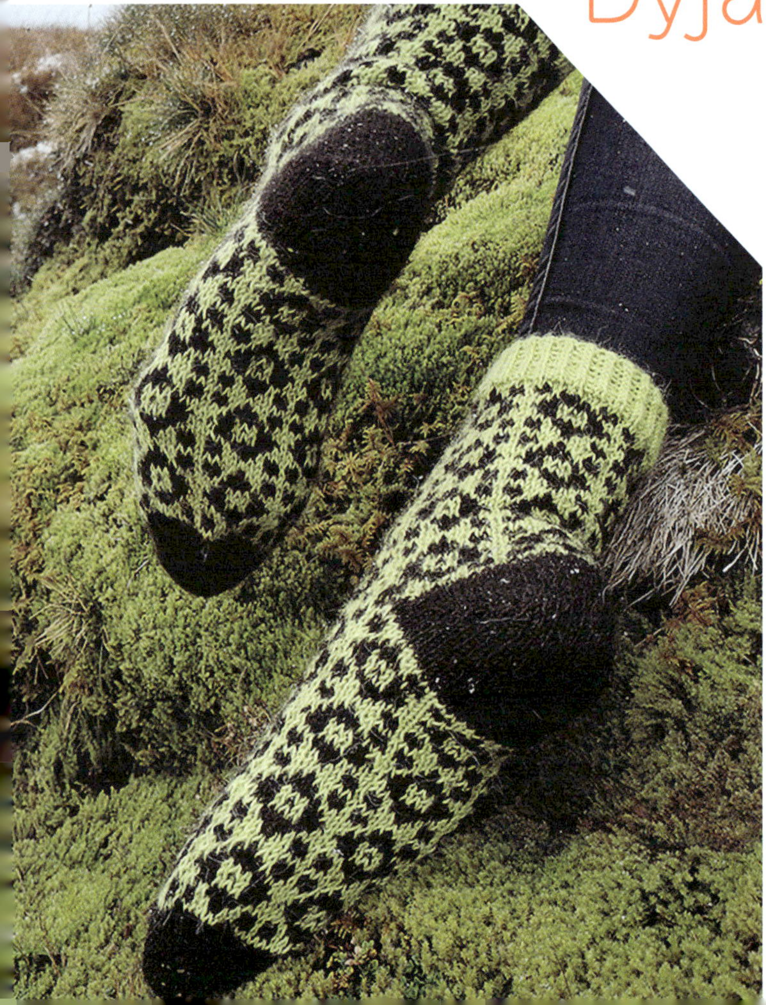

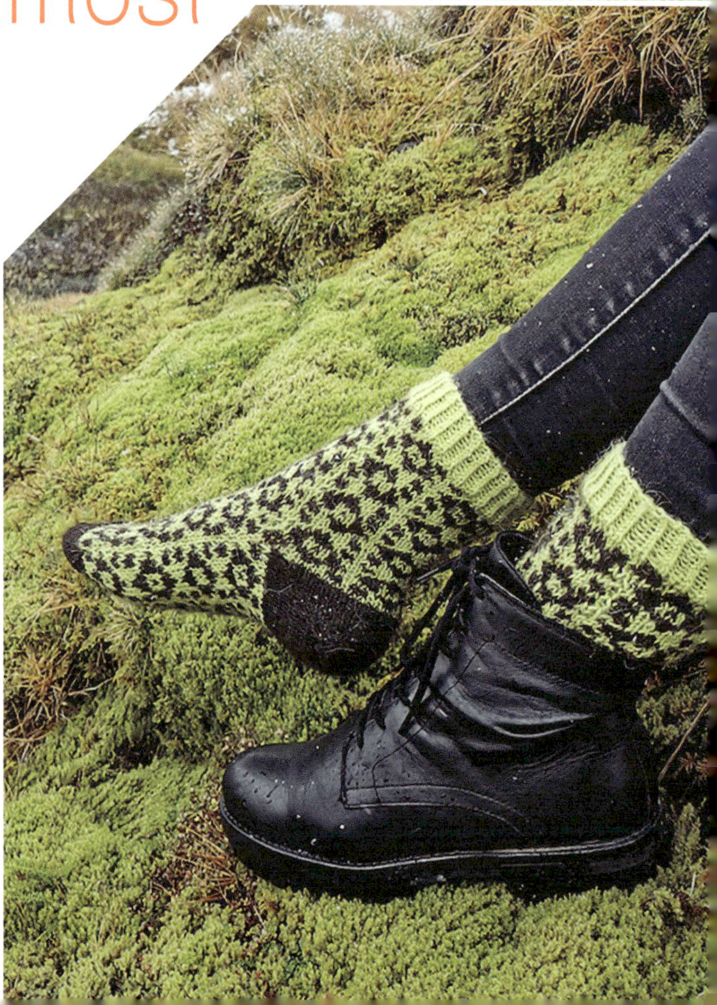

Neongrüne Punkte ...

... sind kein seltener Anblick in der isländischen Natur, so merkwürdig das auch klingen mag. Diese unglaublich kräftige Farbe enthält ein Moos namens dýjamosi (Philonotis fontana), das vor allem an Wasserläufen und Quellen wächst und die Inspiration für diese Socken ist. Wie die an das graue Lavamoos erinnernden Mosi Socken werden auch die Dýjamosi Socken von oben gestrickt, die Ferse und Spitze in einer Kontrastfarbe. Das war's aber auch schon mit den Ähnlichkeiten.
Selbst wenn die Ferse wie die in Island so weithin benutzte nachträgliche Ferse aussieht, wird sie sofort mitgestrickt. Diese manchmal »Sanduhr« genannte Ferse nutzt verkürzte Reihen, aber anders als üblich: Die Löcher werden mit einfachen Zunahmen geschlossen, wodurch sie viel einfacher zu stricken ist als eine übliche Ferse mit verkürzten Reihen. Andererseits muss man bei dieser Technik das Muster am Bein mit zwei einfarbigen Runden unterbrechen, was ich vermeiden wollte. Nach ein paar Versuchen habe ich es geschafft.
Beim Fotografieren wurde kein Moos beschädigt! Moos ist sehr empfindlich und schnell verletzt, es dauert lang, bis Fußabdrücke wieder verheilt sind.

Größen: 1 (2) für Schuhgröße 34–38 (40–44)
Man kann weitere Größen stricken, wenn man die Nadelstärke ändert und die Länge anpasst, indem man mehr oder weniger MusterRd strickt.
Gezeigt in Größe 1.

Maße
Fußumfang: 23 (27) cm
Fußlänge: 22 (26,5) cm
Empfohlene Passform: Fußumfang 2,5 cm enger und 15% weniger in der Länge.

Maschenprobe: 10 cm = 26 M und 32 R/Rd glatt rechts auf 2,5 mm

Wolle: Katla sokkaband von Hélène Magnússon: reine Schurwolle, 100% isländische Lambswool, dicke Strumpfwolle, 4-fädig, 100 g Knäuel = 112 m: 1 Knäuel in jeder Farbe

Verbrauchte Wollmenge (geschätzt):
HF: Tender green, 118 (150) m
KF: Natural black, 128 (163) m

Nadel: 2,5 mm Rundnadel für Magicloop. Sie können auch mit einem Nadelspiel oder anders rund stricken. Passen Sie die Nadelstärke an, um die korrekte Maschenprobe zu erreichen.

Zubehör: Maschenmarkierer, Stopfnadel, Sockenbretter

Techniken: s. Kapitel Technik (S. 130):
- nachträgliche Ferse
- Damit bei Streifen und Musterbändern keine Stufen entstehen, einen stufenlosen Farbwechsel str.
- Wenn nicht anders angegeben, M immer wie zum li Str abh.
- Einstrickmuster und Farbdominanz

Anleitung

Bund

Mit HF 56 (66) M locker anschl. Zur Rd schließen, MM für RdBeg setzen und 10 (11) Rd Rippen (*1 M re verschr, 1 M li*) str.

Nächste Rd: mit HF wie folgt 4 M zun: *14 (16) M re, 1 M zun*. *-* bis Rd-Ende wdh, eventuelle restl M re = 60 (70) M.

Dann das Einstrickmuster laut Strickschrift 6 (7)-mal pro Rd str und 5-mal in der Höhe.

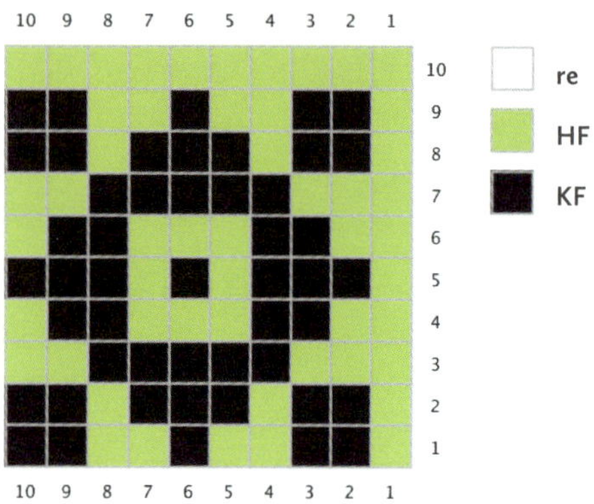

Sanduhrferse

M-Aufteilung: Die ersten 1 (8) und die letzten 30 (27) M für den Spann stilllegen, 31 (35) M insg.

Wie folgt die Ferse mit KF über die restl 29 (35) M str:

Abschnitt 1

R 1 (HinR): 29 (35) M re, wenden.
R 2: 1 M abh, bis 1 M vor RdBeg li, wenden.
R 3: 1 M abh, bis 1 M vor RdEnde re, wenden.
R 4: 1 M abh, bis 2 M vor RdBeg li, wenden.
R 5: 1 M abh, bis 2 M vor RdBeg re, wenden.
R 6: 1 M abh, bis 3 M vor RdBeg li, wenden.
R 7: 1 M abh, re bis 3 M vor RdBeg, wenden (...).

Auf diese Art weiterstricken, dabei vor dem RdBeg immer 1 M mehr stehen lassen, bis zur folgenden letzten R (HinR): 1 M abh, 10 (12) M re = 9 (11) M bis zum RdBeg, wenden.

Abschnitt 2

R 1 (RückR): 1 M abh, 10 (12) M li, den Querfaden zwischen letzter und nächster M anheben und verschränken und mit der nächsten M li zus, wenden.
R 2 (HinR): 1 M abh, 11 (13) M re, den Querfaden zwischen letzter und nächster M anheben und verschränken und mit der nächsten M re zus, wenden.
R 3: 1 M abh, 12 (14) M li, den Querfaden zwischen letzter und nächster M anheben und verschränken und mit der nächsten M li zus, wenden.
R 4: 1 M abh, 13 (15) M re, den Querfaden zwischen letzter und nächster M anheben und verschränken und mit der nächsten M re zus, wenden.
(...)

Auf diese Art weiterstricken, nach der abgehobenen M immer 1 M mehr str, bis zur folgenden letzten R (HinR): 1 M abh, 27 (33) M re (also bis 1 M vor RdBeg), den Querfaden zwischen letzter und nächster M anheben und verschränken und 2 M re zus mit der nächsten M, wenden.

Nächste R (RückR): 1 M abh, 28 (34) M li (bis RdBeg), wenden.

KF abschneiden und wie folgt 1 R re (HinR) mit HF: den Querfaden zwischen den Spann- und den Fersen-M anheben, verschränken und auf die linke Nadel heben und mit der ersten FersenM re zus, 27 (33) M re bis 1 M vor der letzten FersenM, 1 M abh, den Querfaden zwischen den Spann- und den Fersen-M anheben, verschränken und auf die linke Nadel heben, und aaz mit der aufgenommenen M.

Fuß

Weiter in Rd im Muster laut Strickschrift str. Darauf achten, dass es zum Muster am Bein passt. Das Muster 6 (7)-mal pro Rd und 4-mal in der Höhe str oder bis zur gewünschten Fußlänge noch circa 4 (5) cm fehlen, mit einer einfarbigen HF Rd enden.

Sternchenspitze

Zu KF wechseln, 1 (3) Rd re, dann in jeder Rd abn:
Rd 1: *aaz, 13 (12)M re*. *-* 4 (5)-mal.
Rd 2: *aaz, 12 (11)M re*. *-* 4 (5)-mal. (...)
Auf diese Art weiterstricken und jeweils eine M weniger nach dem aaz str, bis noch 8 (10) M übrig sind.
Faden abschneiden und durch die verbleibenden M ziehen.

Ausarbeiten

Fäden vernähen. Sanft von Hand in lauwarmem Wasser mit Wollwaschmittel waschen (mindestens 20 Minuten liegen lassen). Auf ein Sockenbrett ziehen und trocknen lassen.

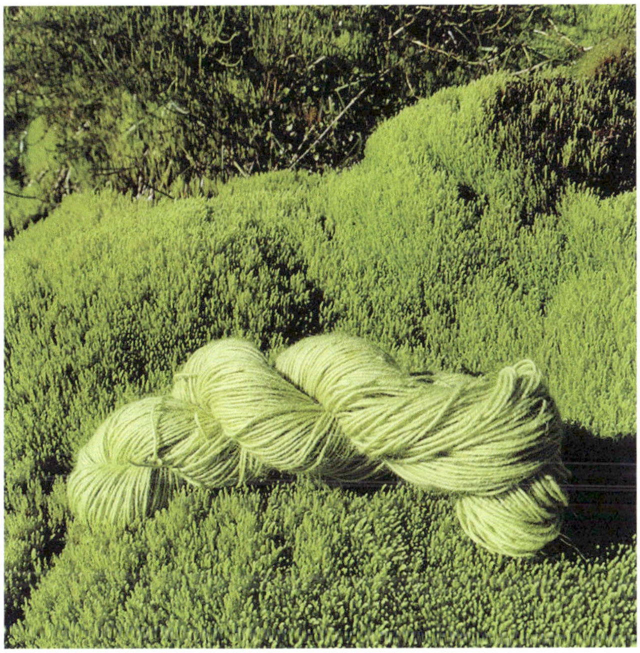

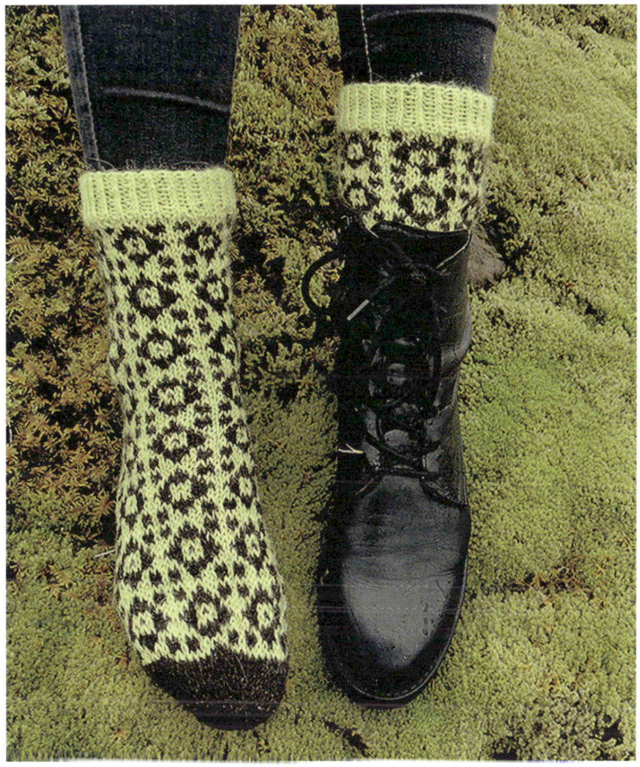

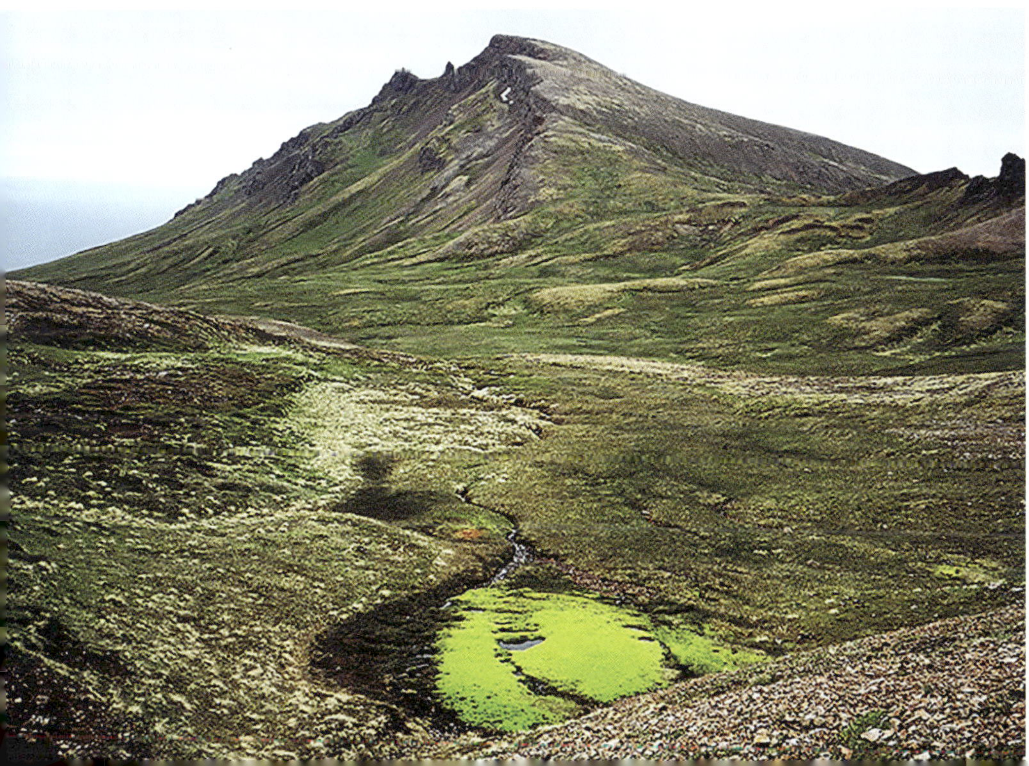

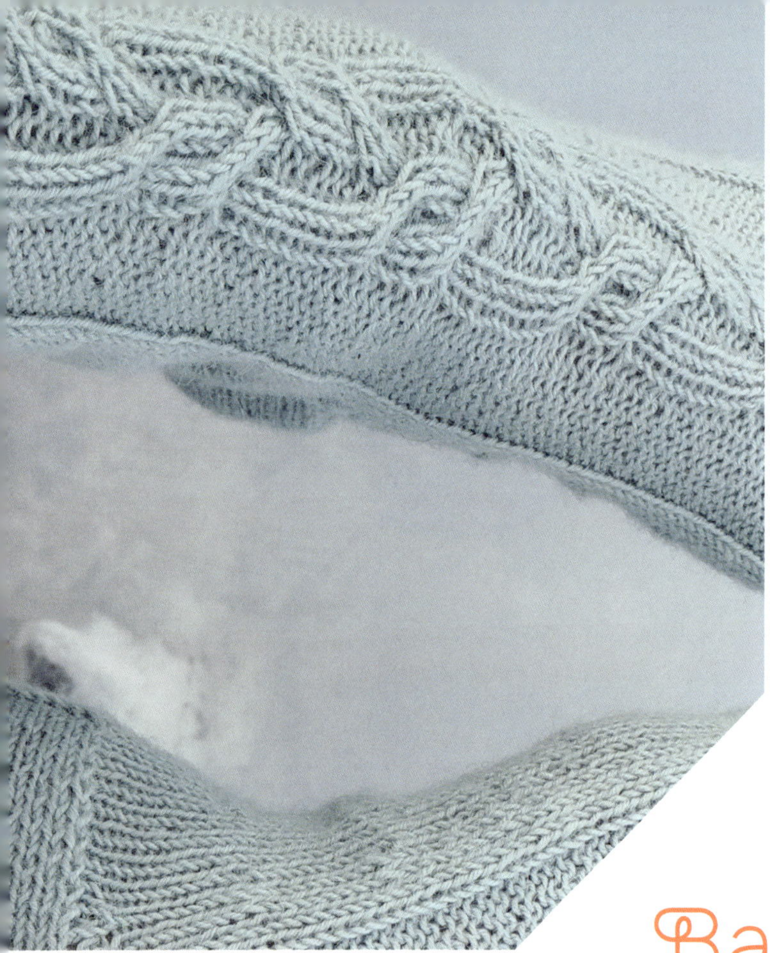

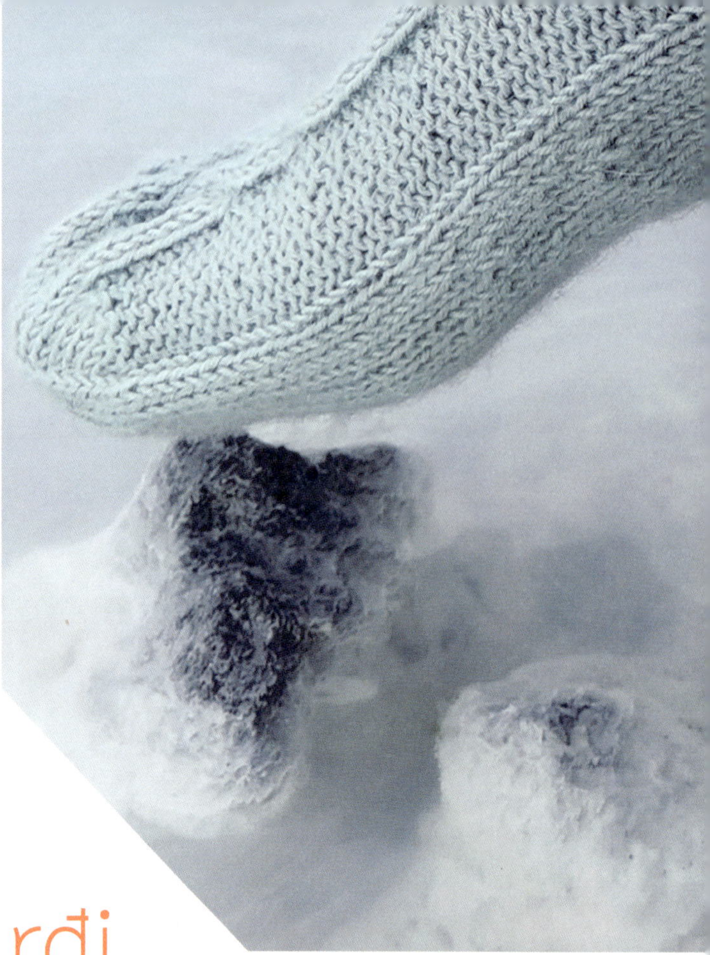

Barđi

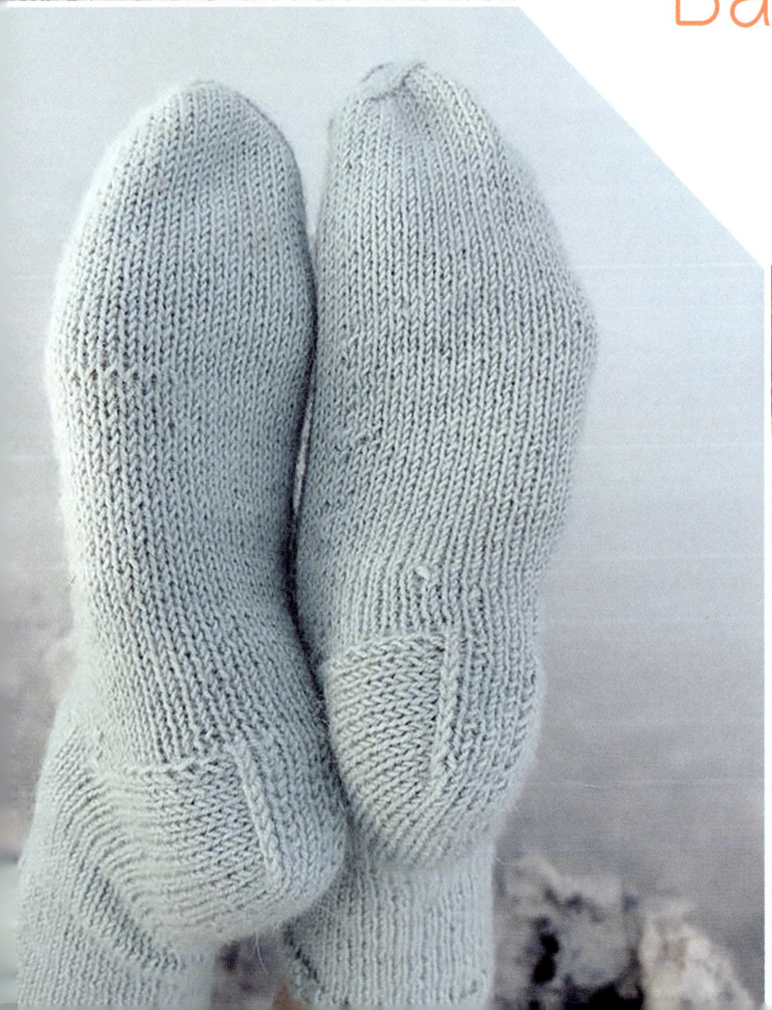

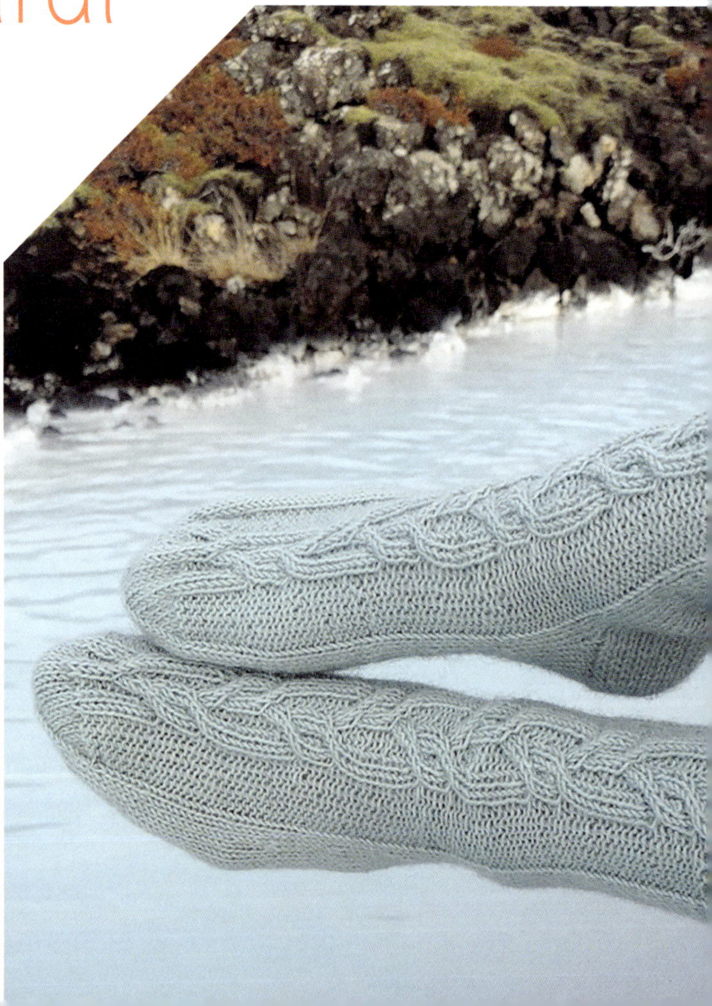

Die Barði Socken ...

... sind ein einfacher und schlichter Entwurf mit einem kleinen Trick: der kurzen linken Masche. Die Socken werden glatt links von oben gestrickt, das Zopfmuster verläuft vorn über die Socke und erinnert an die Lavafluten des Katla-Ausbruchs von 1918. Die Socken haben eine eckige Käppchenferse (auf Island Halldóras Ferse genannt) und eine Bandspitze. Wie man es manchmal bei alten Strümpfen sieht, wurden an der Sohle verkürzte Reihen ergänzt, sodass der Spann kürzer ist und die Socken bequemer sind. Die Barði Socken sind ursprünglich in meinem »Icelandic Yarn Club 1« erschienen.

Größen: 1|2 (3|4|5) passend für Fußumfang ca. 20,5|22 (23|24,5|25,5) cm

Maße

Fußumfang vor dem Spannen: 17,5|19 (21|22,5|24) cm
Länge des Beins bis zum Beginn der Fersenwand: 14 cm
Fußlänge: lässt sich anpassen.
Empfohlene Passform: Fußumfang 2–3 cm enger und 0,5 cm weniger in der Länge.

Maschenprobe: 26 M und 32 R = 10 cm glatt rechts

Wolle: Katla Sokkaband from Hélène Magnússon, reine Schurwolle, 100% isländische Lambswool, dicke Strumpfwolle, 4-fädig, 100 g Knäuel = 220 m: Askja blue 1|1 (1|2|2) Knäuel

Verbrauchte Wollmenge: 154|172 (195|215|236) m

Nadel: 2,5 mm Rundnadel für Magicloop. Sie können auch mit einem Nadelspiel oder anders rund stricken. Passen Sie die Nadelstärke an, damit Sie die korrekte Maschenprobe erreichen.

Zubehör: Stopfnadel, Maschenmarkierer, Sockenbrett

Techniken: s. Kapitel Technik (S. 130):

- Kurze, li M
- Alternativ norwegische li M

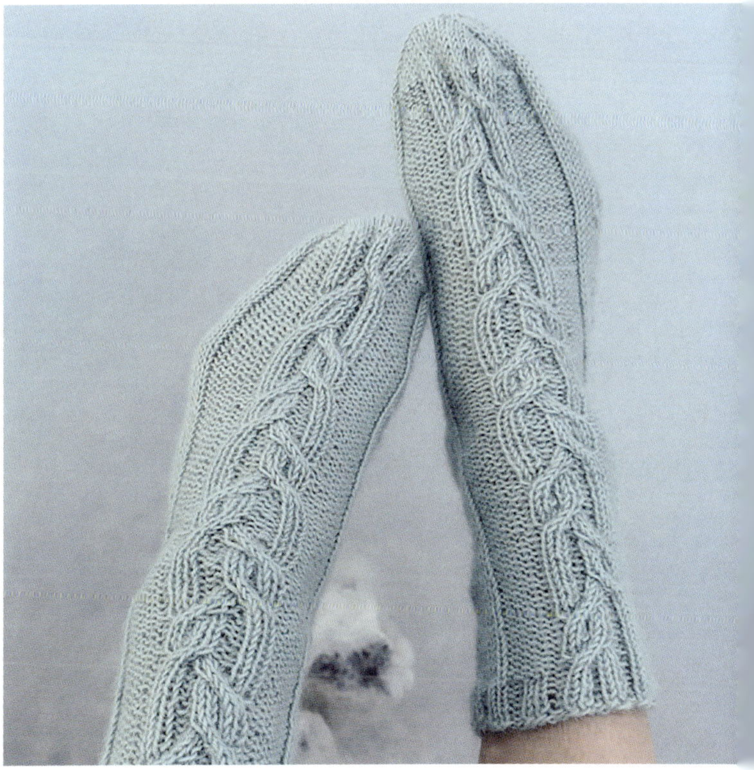

Anleitung

Bund: 44|48 (52|56|60) M locker anschl (auf zwei Nadeln: wenn alle M angeschlagen sind, eine Nadel entfernen; die M sind locker, aber gleichmäßig). Zur Rd schließen, MM für RdBeg setzen und 6 Rd Rippen (*2 M li, 2 M re*) str.

Kurze, li M bei den Rippen:
Rd 1: 2 M li, 2 M re, *1 kurze li M, 1 M li, 2 M re*.
Rd 2: *1 kurze li M verschr, 1 M li, 2 M re*.
Rd 2 wdh.

Bein: Die ersten 22 M glatt li str. Die restl M re (Anm: in der 1. Rd, die kurzen li M der vorangegangenen Rd verschr str, damit sie wieder richtig auf der Nadel liegen). Die Rd beginnt vorn am Zopfmuster.

Nach der Strickschrift oder der ausgeschriebenen Anleitung str. Beachten Sie, dass alle li M, die einer re M folgen, immer kurz gearbeitet werden und in der nächsten R verschr.
Rd 1–20 bis zur Spitze str, aber gleichzeitig, wenn der Bund 14 cm oder die gewünschte Länge misst, die Ferse str.

Ferse

Fersenwand: Nächste Rd: weiter im Zopfmuster str, bis 0|1 (2|3|4) M vor RdBeg, wenden und 16|18 (20|22|24) R über 22|24 (26|28|30) M glatt rechts str, dabei die erste M immer abh (mit einer re R enden).

Käppchen

R 1 (RückR): 13|14 (15|16|17) M li, 2 M li zus, wenden.
R 2 (HinR): 1 M wie zum li Str abh, 4 M re, aaz, wenden.
R 3: 1 M wie zum Li Str mit Faden vor der Arbeit abh, 4 M li, 2 M li zus, wenden.
R 2 und 3 wdh, bis 6 M übrig sind (mit einer HinR enden).
Weiter in Rd str.

Zwickel

Rd 1: 8|9 (10|11|12) M seitlich aus der Fersenwand aufn, 2 M aus der Lücke aufn, 22,24 (26,28,30) SpannM aufn (dabei weiter im Zopfmuster str), 2 M aus der Lücke aufn, 8|9 (10|11|12) M seitlich aus der anderen Fersenwand aufn, 3 M re bis zum neuen RdBeg (hintere Mitte) und MM setzen = 48|52 (56|60|64) M
Rd 2: 10|11 (12|13|14) M re, aaz, 1 M re, 22|24 (26|28|30) SpannM str, 1 M re, 2 M re zus, bis RdBeg re = 46|50 (54|58|62) M.
Rd 3: Alle M re.
Rd 4: 9|10 (11|12|13) M re, aaz, 1 M re, 22|24 (26|28|30) SpannM str, 1 M re, 2 M re zus, bis RdBeg re = 44|48 (52|56|60) M.

Fuß: 7|8 (9|10|11) Rd str (mit Zopfmuster auf dem Spann).
Verkürzte Sohlen-R: 10|11 (12|13|14) M re, wenden, U, 20|22 (24|26|28) M li, wenden, U.
Weiter in Rd str: bis zum ersten U re, 2 M re zus (U und nächste M), bis 1 M vor dem nächsten U re, aaz (M und U), bis RdBeg re.
* 7|8 (9|10|11) Rd str, dann die verkürzte Sohlen-R und die folgende Rd* 2-mal wdh.
Weiter im Muster str, bis noch 2|2,5 (2,5|3|3) cm zur ganzen Fußlänge fehlen.

Spitze: Ab jetzt wird oben kein Zopfmuster mehr gestrickt. MM für RdBeg entfernen und stattdessen wie folgt 2 seitliche MM setzen: 11|12 (13|14|15) M re, MM setzen, 22|24 (26|28|30) M re, MM setzen. Dann in jeder Rd wdh: *1 M re, aaz, bis 3 M vor MM re, 2 M re zus, 1 M re*. *-* 2-mal (= 4 M abn pro Rd) bis 8|8 (10|10|10) M übrig sind.
Faden abschneiden und durch die restlichen M ziehen.

Ausarbeiten: Fäden vernähen. Sanft von Hand in lauwarmem Wasser mit Wollwaschmittel waschen (mindestens 20 Minuten liegen lassen). Auf ein Sockenbrett ziehen und trocknen lassen.

Strickschrift

Beachten Sie, dass alle li M, die einer re M folgen, immer kurz gearbeitet werden und in der nächsten R verschr.

Strickschrift ausgeschrieben:
Rd 1: 6 M li, 2 M re, 2 M li, 2 M re, 2 M li, 2 M re, 6 M re, bis RdBeg re.
Rd 2: 6 M li, 2 M re, 2 M li, 2 M re, 2/2RC, 6 M li, bis RdBeg re.
Rd 3: 6 M li, 2 M re, 2 M li, 6 M re, 6 M li, bis RdBeg re.
Rd 4: 6 M li, 2 M re, 2 M li, 2/2RPC, 2 M re, 6 M li, bis RdBeg re.
Rd 5, 6 und 7: wie Rd 1.
Rd 8 bis 10: wie Rd 2 bis 4.
Rd 11: 6 M li, 6 M re, 2 M li, 2 M re, 6 M li, bis RdBeg re.
Rd 12: 6 M li, 2/2LC, 2 M re, 2 M li, 2 M re, 6 M li, bis RdBeg re.
Rd 13: wie Rd 11.
Rd 14: 6 M li, 2 M re, 2/2LPC, 2 M li, 2 M re, 6 M li, bis RdBeg re.
Rd 15|16 und 17: wie Rd 1.
Rd 18 bis 20: wie Rd 12 bis 14.

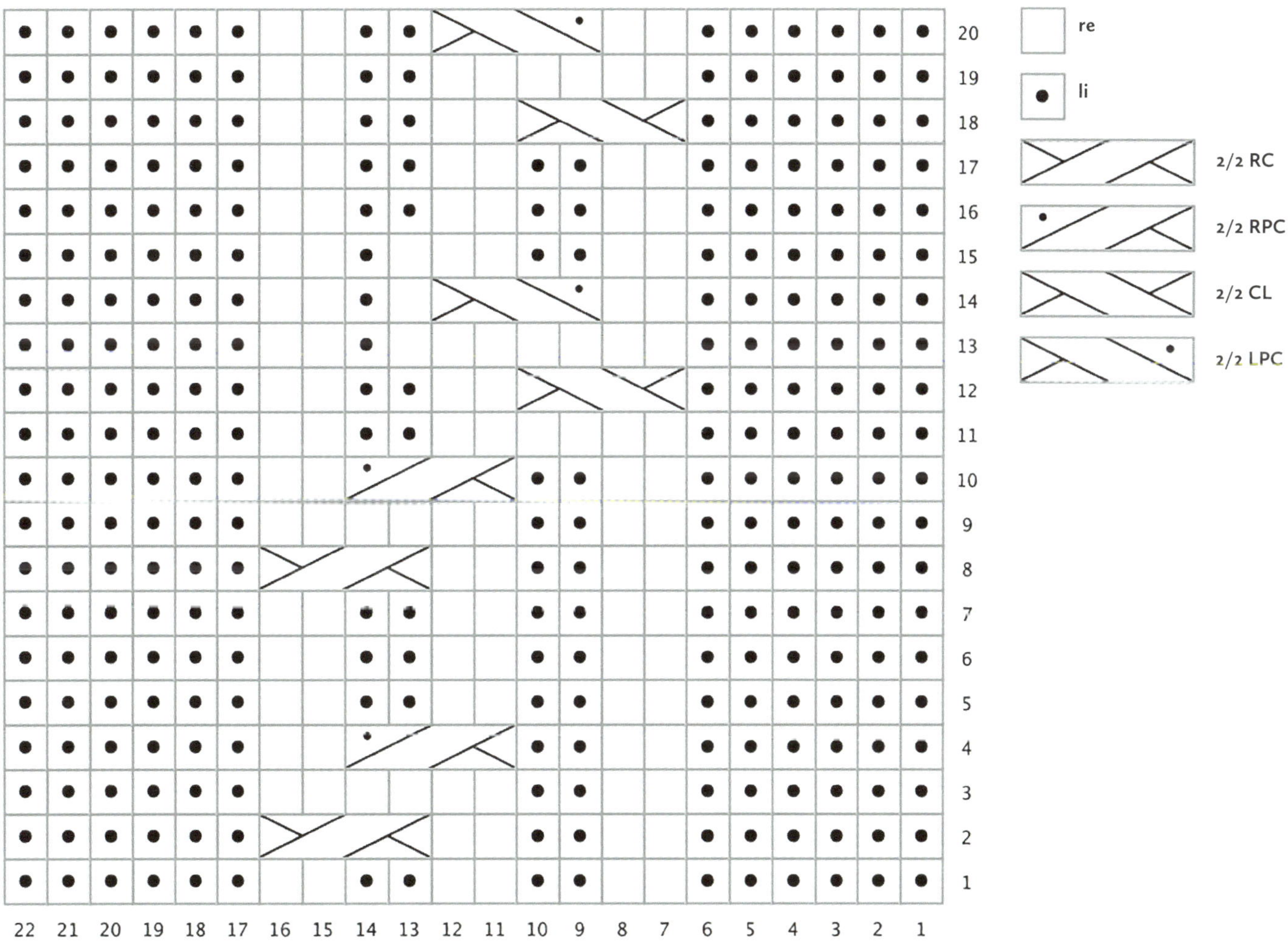

2/2 RC: 2 M auf der Zopfndl hinter die Arbeit legen, 2 M re, 2 M re von der Zopfndl.
2/2 RPC: 2 M auf der Zopfndl hinter die Arbeit legen, 2 M re, 2 M li von der Zopfndl .
2/2 CL: 2 M auf der Zopfndl vor die Arbeit legen, 2 M re, 2 M re von der Zopfndl.
2/2 LPC: 2 M auf der Zopfndl vor die Arbeit legen, 2 M li, 2 M re von der Zopfndl.

Katlas Geschichte

Aus dem Buch *Íslenzkar þjóðsögur og æfintýri* (Isländische Volkssagen und -märchen) von Jón Arnason, 1862.

Im Kloster Þykkvabæjarklaustur in der Nähe von Álftaver lebte einmal ein Abt, der eine Haushälterin namens Katla hatte. Sie war eine große, übellaunige Frau.

Es hieß, Katla wäre eine Hexe. Sie besaß eine Zauberhose, mit der jeder, der sie trug, so schnell wie der Wind laufen konnte, ohne jemals müde zu werden. Viele hatten Angst vor Katla und gingen ihr aus dem Weg. Sogar der Abt selbst hatte genug von der rüpelhaften Art des alten Weibs.

Der Abt hatte einen Schäfer, der hieß Barði. Der arme Kerl bekam oft die volle Wucht Katlas Wut ab, wenn ein Schaf verloren ging. Eines Herbsttages machten sich der Abt und Katla auf den Weg zu einem Besuch, hatten jedoch vor, am selben Abend zum Kloster zurückzureiten. Katla bestand darauf, dass die Schafe zusammengetrieben würden und bei ihrer Rückkehr bereit zum Melken in ihrem Pferch standen. Barði ging los und suchte die Herde, aber die Schafe waren nicht zu finden. Verzweifelt zog er Katlas Hose an, lief los und hörte nicht auf zu rennen, bis er jedes einzelne Schaf gefunden und nach Hause gebracht hatte.

Als Katla zurückkam, wusste sie sofort, dass Barði ihre Hose benutzt hatte. Sie wurde so wütend, dass sie den armen Schäfer schnappte und in einem großen Fass Molke neben dem Haupteingang ertränkte, die Leiche ließ sie darin. Jeder fragte sich, was aus dem Schäferjungen geworden war. Die Zeit verging und der Sommer kam, die Molke im Fass wurde weniger. Wenn Katla an das Fass ging, hörten die Leute, wie sie murmelte: »Bald wird Barði auftauchen.« Als der Hexe klar wurde, dass ihr schreckliches Geheimnis bald entdeckt würde, zog sie ihre Hose an und flüchtete vom Kloster nach Norden zum Mýrdal Gletscher. Als sie dort ankam, stürzte sie sich in eine Schlucht, die seitdem Katlaschlucht heißt. Kurze Zeit später brach Wasser aus dem Gletscher und überflutete die gesamte Südküste. Und so erhielt der berüchtigte, aktive Vulkan, der unter dem Gletscher lauert, den Namen Katla. Seitdem glauben die Menschen, dass die Gletscherläufe des Mýrdal Gletschers das böse Werk des fiesen Trolls Katla sind.

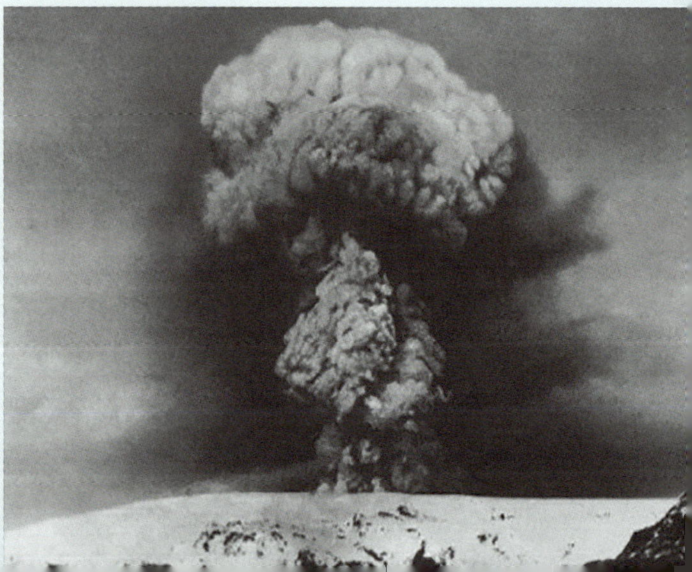

Katlas Ausbruch 1918.

»Halldóras Ferse«

Halldóras Ferse ist eigentlich eine deutsche, eckige oder holländische Ferse. Der Name kommt von Halldóra Bjarnadóttir (1873–1981), die vor allem für ihre Arbeit für die Bildung und Kultur von Frauen und der Förderung der Textilindustrie im letzten Jahrhundert bekannt ist. Sie hat mehrere Innovationen ins Bildungssystem eingebracht, wie den Handarbeits- und Kunstunterricht, der als unnötig galt, weil man das angeblich zu Hause lernte.

Halldóra wollte der Öffentlichkeit zeigen, was Frauen zu Hause taten, wie jeder Haushalt eigentlich eine Miniaturindustrie war, wo aus Wolle Kleidung entstand.

Halldóra lernte diese eckige Ferse nicht in Deutschland oder Holland kennen, sondern von einem Paar schottischer Strümpfe, das Halldór Þorsteinsson aus England mitgebracht und ihr geschenkt hatte. Es heißt, sie habe die Strümpfe aufgezogen, um herauszufinden, wie sie gestrickt waren. Sie fand das eine viel bessere Methode als die nachträgliche Ferse, die damals bei den für den Export massenproduzierten Strümpfen viel benutzt wurde. Sie begann diese Technik überall im Land zu unterrichten und legte Regeln für Wollstärke, Form und Maschenzahl fest. Seitdem heißt die Ferse in Island Halldóras Ferse.

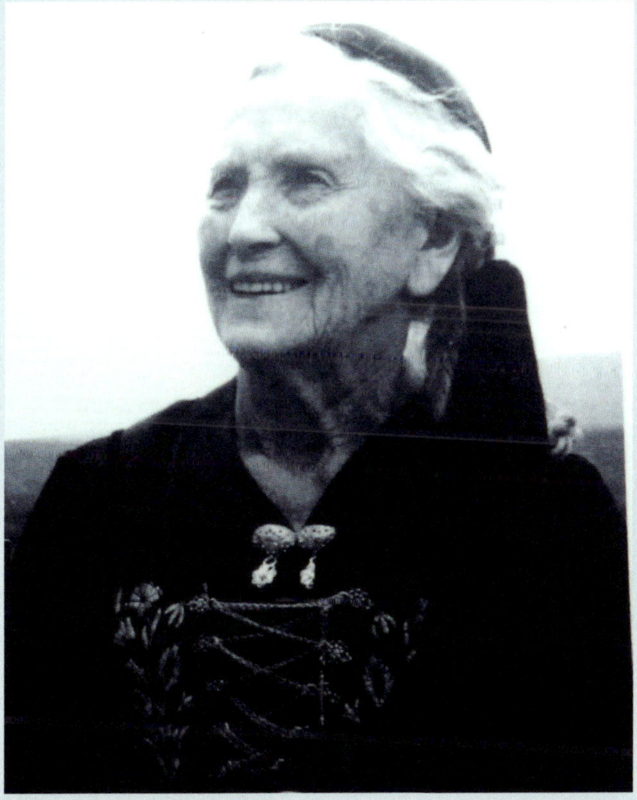

Halldóra Bjarnadóttir, 91 Jahre, Textilmuseum in Blönduós

Rechts: Viele dieser Strümpfe sind in den schwierigen Jahren 1930–1940 entstanden und wurden zusammen mit vielen Pullovern und Socken in einem Laden für Fischereibedarf in Reykjavík verkauft. Die benutzte Wolle war »tog und Wolle zusammen« (eine Mischung aus Frühjahrs- und Winterwolle), vierfach gefaltet, aber nicht verzwirnt. Sie galten als gute Strümpfe, die lange hielten

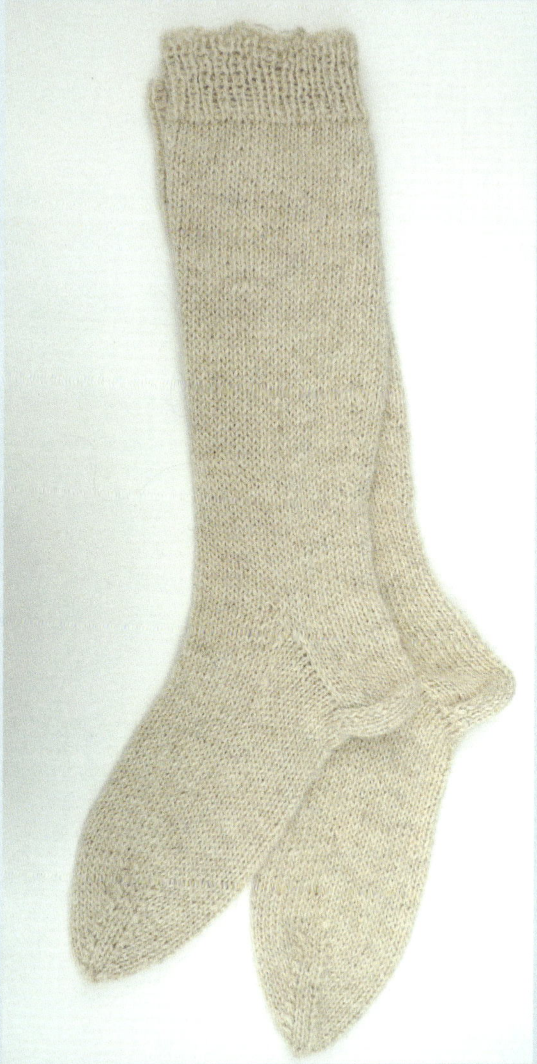

Strümpfe für die Massenproduktion, Textilmuseum in Blönduós, HB238

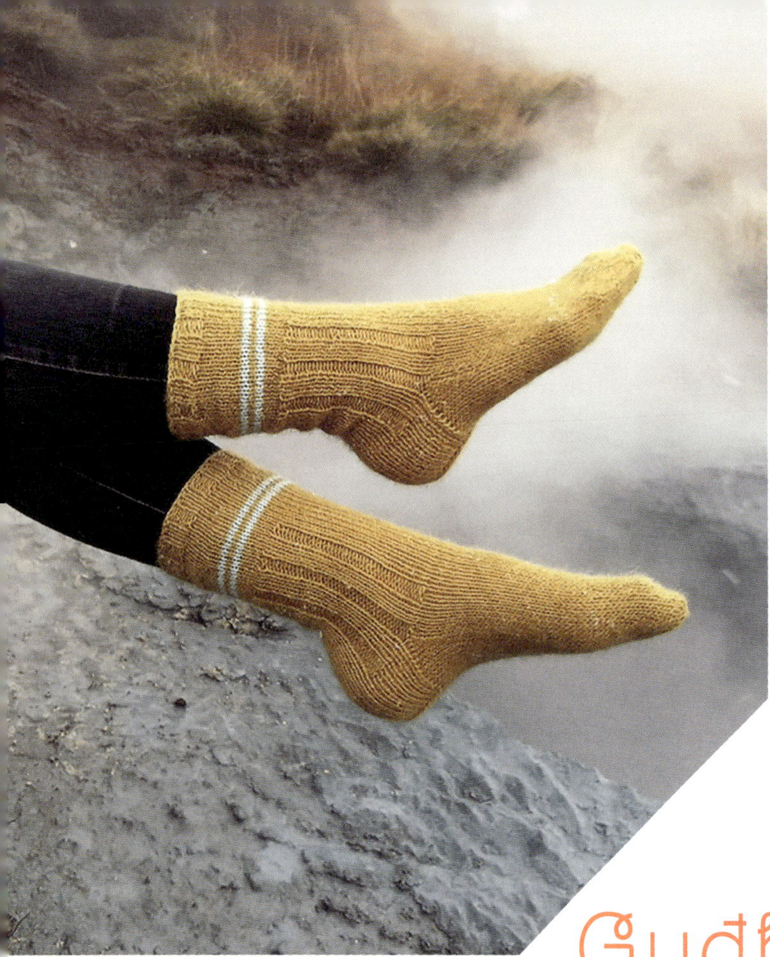
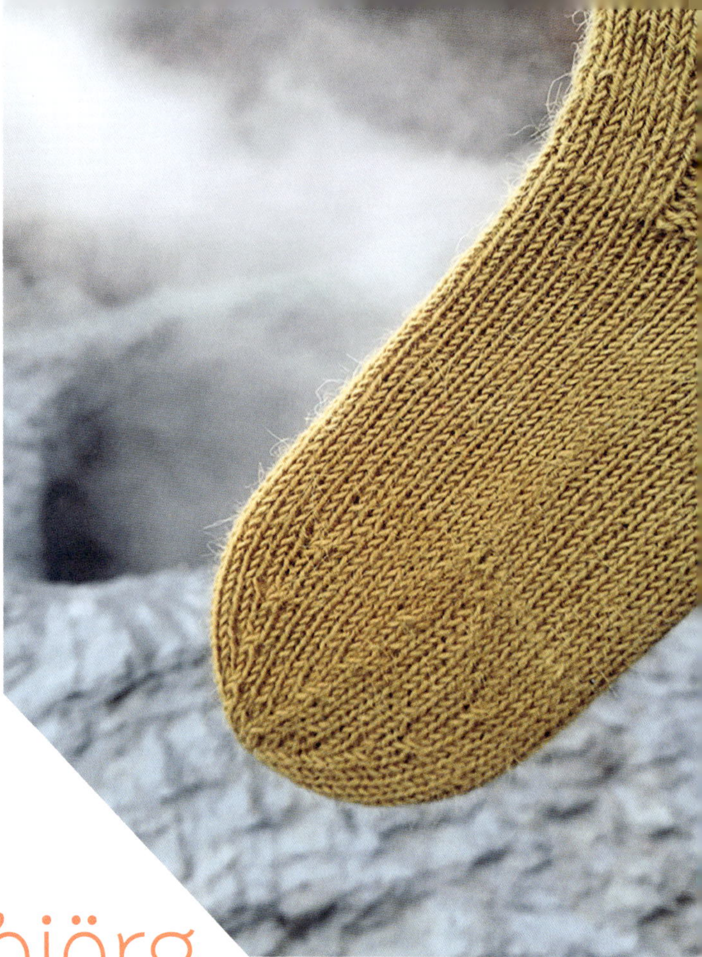

Guðbjörg

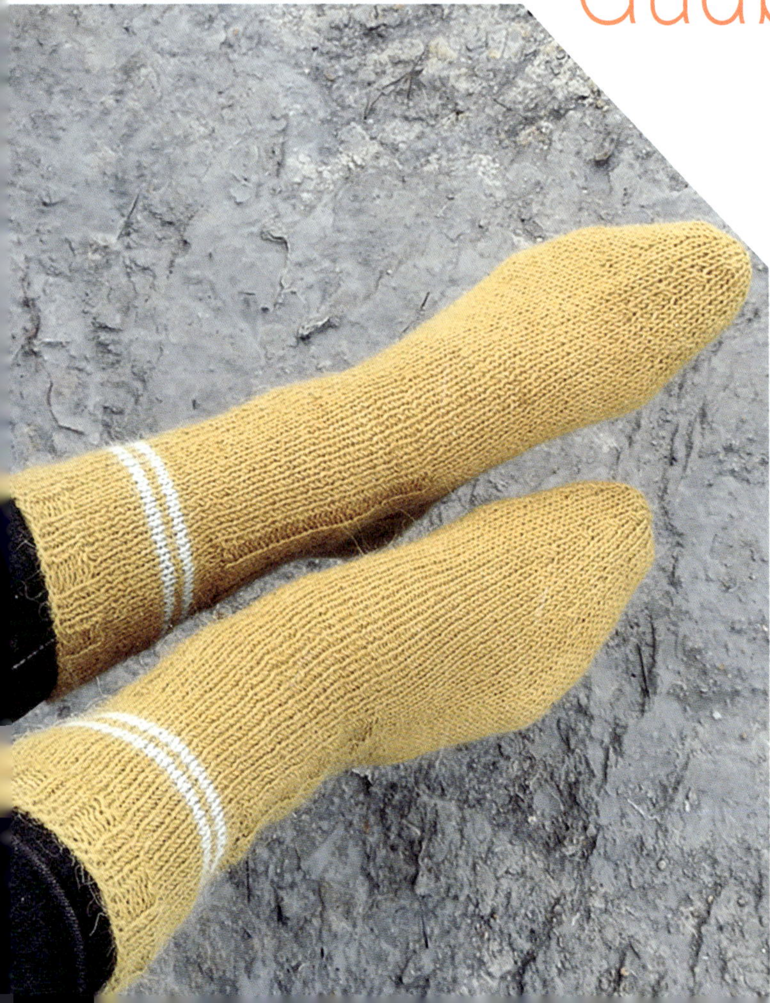
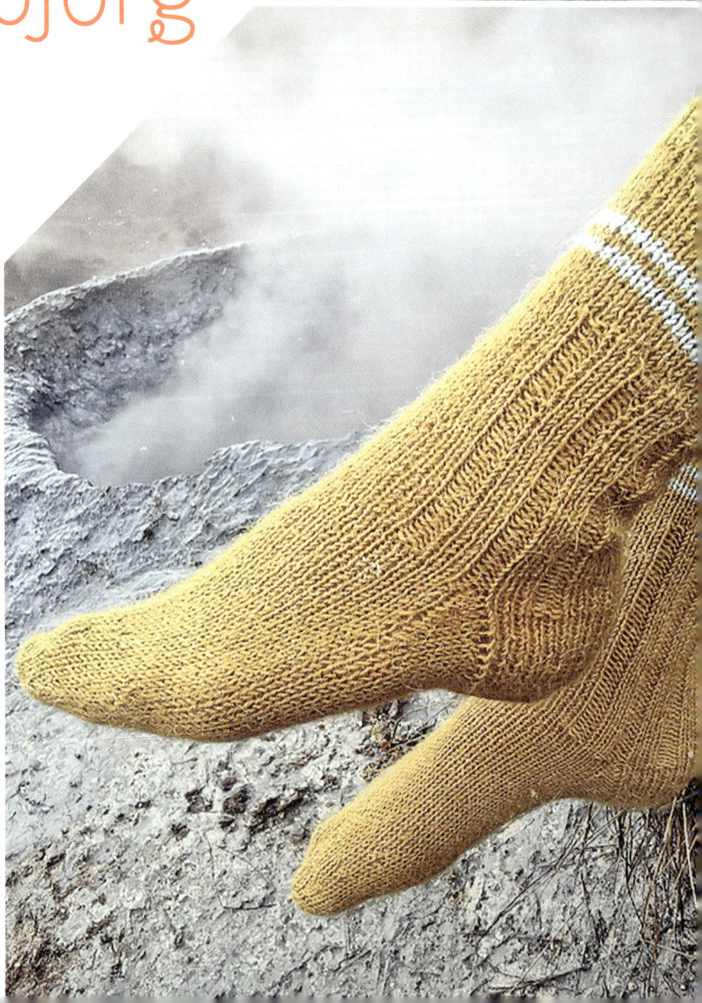

Die Guðbjörg Socken …

… sind von einem Paar Kniestrümpfe im Textilmuseum in Blönduós inspiriert. Die Strümpfe wurden von Guðbjörg Baldvinsdóttir gestrickt, und auch wenn sich im Archiv keine Daten dazu befinden, so konnte ich sie zurückführen auf das Ende des 19. und den Beginn des 20. Jahrhunderts. Ich glaube, sie entstanden irgendwann zwischen 1875 und 1909.

Diese Herrenstrümpfe waren für den Sonntag gedacht, gestrickt auf sehr dünnen Nadeln mit sehr weichem, handgesponnenen þel (Thel), dem weichen Unterfell des Islandschafs. Sie waren sehr schlicht, einfarbig mit nur ein paar blauen Streifen unterm Bund und linken Maschen seitlich am Bein. Diese cleveren Linien sind mehr als bloßer Schmuck, sie machten die Strümpfe elastisch, sodass man die Wade nicht formen musste. Sie wurden von oben mit einer nachträglichen Ferse und einer Sternchenspitze gestrickt.

Die Guðbjörg Socken, die ich entworfen habe, sind viel lockerer gestrickt und haben eine modernere, kürzere Länge. Ganz im Sinne Halldóra Bjarnadóttirs habe ich die Ferse durch eine Käppchenferse ersetzt. Sie hatte die Technik von einem Paar schottischer Strümpfe gelernt und sie überall in Island unterrichtet, wo sie seitdem Halldóras Ferse heißt.

Größen: 1 (2|3|4) 5|6 passend für 20 (21,5|23,5|24,5) 27|28,5 cm Fußumfang
Man kann weitere Größen stricken, wenn man die Nadelstärke ändert und die Länge anpasst, indem man mehr oder weniger einfarbige Rd strickt. Gezeigt in Größe 2.

Maße
Fußumfang: 17,5 (19|21|22,5) 24,5|26 cm
Empfohlene Passform: Fußumfang 2,5 cm enger.
Fußlänge, lässt sich anpassen: 19,5 (22|23,5|26,5)27,5|30,5 cm

Maschenprobe: 10 cm = 26 M und 32 Rd glatt rechts auf Nadelstärke 2,5 mm

Wolle: Katla sokkaband von Hélène Magnússon: reine Schurwolle, 100% isländische Lambswool, dicke Strumpfwolle, 4-fädig, 100 g Knäuel = 220 m: HF 1 (1|1|2) 2|2 Knäuel, KF 1 Knäuel

Verbrauchte Wollmenge (geschätzt):
HF: Palagonite ochre, 165 (194|220|253) 278|310 m
KF: Askja blue, ein paar Meter

Nadel: 2,5 mm Rundnadel für Magicloop. Sie können auch mit einem Nadelspiel oder anders rund stricken. Passen Sie die Nadelstärke an, um die korrekte Maschenprobe zu erreichen.

Zubehör: Maschenmarkierer, Stopfnadel, Sockenbrett

Techniken: s. Kapitel Technik (S. 130):
› Darauf achten, einen stufenlosen Farbwechsel zu stricken.
› Wenn nicht anders angegeben, M immer wie zum li Str abh.

Anleitung

Bund

Mit HF 45 (50|55|60) 65|70 M auf zwei Nadeln anschlagen. Wenn alle M angeschlagen sind, eine Nadel entfernen. Zur Rd schließen und RdBeg markieren und 8 (9|9|10) 10|10 Rd Rippen 3 x 2 (*3 M re, 2 M li*) str. Nächste Rd re und nur Größen 1|3 und 5:1 M irgendwo zun.
= 46 (50|56|60) 66|70 M

Bein

11 (12|12|13) 13|13 Rd str, dann Streifen mit stufenlosem Farbwechsel str: 2 Rd mit KF, 2 Rd mit HF, 2 Rd mit KF. Weiter mit HF, 7 Rd re, dann das Rippenmuster (s. unten) ca. 12 cm oder bis das Bein die gewünschte Länge misst, str.

Vertikales Streifenmuster

Maschenaufteilung: 1 M li, 3 M re, 2 M li, 11 (13|16|18) 21|23 M re, 2 M li, 3 M re, 2 M li, 3 M re, 2 M li, 11 (13|16|18) 21|23 M re, 2 M li, 3 M re, 1 M li.
Alle folgenden Rd: re M re und li M li str.

Halldóras Ferse

Fersenwand

R 1: wenden, 1 M mit Faden vorn abh, 22 (24|27|29) 32|34 M li.
R 2: wenden, 1 M abh, 2 (24|27|29) 32|34 M re.
R 1 und 2 10 (11|12|13) 14|15-mal str = insg 20 (22|24|26) 28|30 R.

Käppchen

R 1 (RückR): 1 M mit Faden vorn abh, 12 (13|15|16) 17|18 M li, 2 M li zus, wenden.
R 2: 1 M abh, 4 (4|5|5) 4|4 M re, aaz, wenden.
R 3: 1 M mit Faden vorn abh, 4 (4|5|5) 4|4 M li, 2 M li zus, wenden.
R 2 und 3 wdh, bis 6 (6|7|7) 6|6 M übrig sind. In Rd weiterstr.

Zwickel

Rd 1: 6 (6|7|7) 6|6 M re, 10 (11|12|13) 14|15 M aus der Fersenwand aufn, 2 M aus der Lücke aufn, MM setzen, 23 (25|28|30) 33|35 SpannM re, MM setzen, 2 M aus der Lücke aufn, 10 (11|12|13) 14|15 M aus der Fersenwand aufn, MM setzen für neuen RdBeg = 53 (57|62|67) 71|75 M
Rd 2: Bis 2 M vor dem nächsten MM re, aaz, SpannM bis zum nächsten MM re, MM, 2 M re zus, bis RdBeg re = 51 (55|60|65) 69|73 M.
Rd 3: alle M re.
Rd 2–3 noch 3-mal wdh = 45 (49|54|59) 63|67 M.

Fuß

Weiterstr, bis der Fuß 13 (15,5|17|20) 21|24 cm oder 6,5 cm weniger als die gewünschte Länge misst.

Runde Spitze

Maschenaufteilung: 1 Rd re und nur in Größen 1|3|4|6 wie folgt abn: *13 (-|7|17) -|14 M re, 2 M re zus*. *-* 3 (-|6|3) -4-mal, restl M re = 42 (49|49|56) 63|63 M.
Abn Rd 1: *5 M re, 2 M re zus* = 36 (42|42|48) 54|54 M.
5 Rd re.
Abn Rd 2: *4 M re, 2 M re zus* = 30 (35|35|40) 45|45 M.
4 Rd re.
Abn Rd 3: *3 M re, 2 M re zus* = 24 (28|28|32) 36|36 M.
3 Rd re.
Abn Rd 4: *2 M re, 2 M re zus* = 18 (21|21|24) 27|27 M.
2 Rd re.
Abn Rd 5: *1 M re, 2 M re zus* = 12 (14|14|16) 18|18 M.
1 Rd re.
Abn Rd 6: *2 M re zus* = 6 (7|7|8) 9|9 M. Faden abschneiden und durch die übrigen M ziehen.

Ausarbeiten: Fäden vernähen. Sanft von Hand in lauwarmem Wasser mit Wollwaschmittel waschen (mindestens 20 Minuten liegen lassen). Auf Sockenbrett ziehen und trocknen lassen.

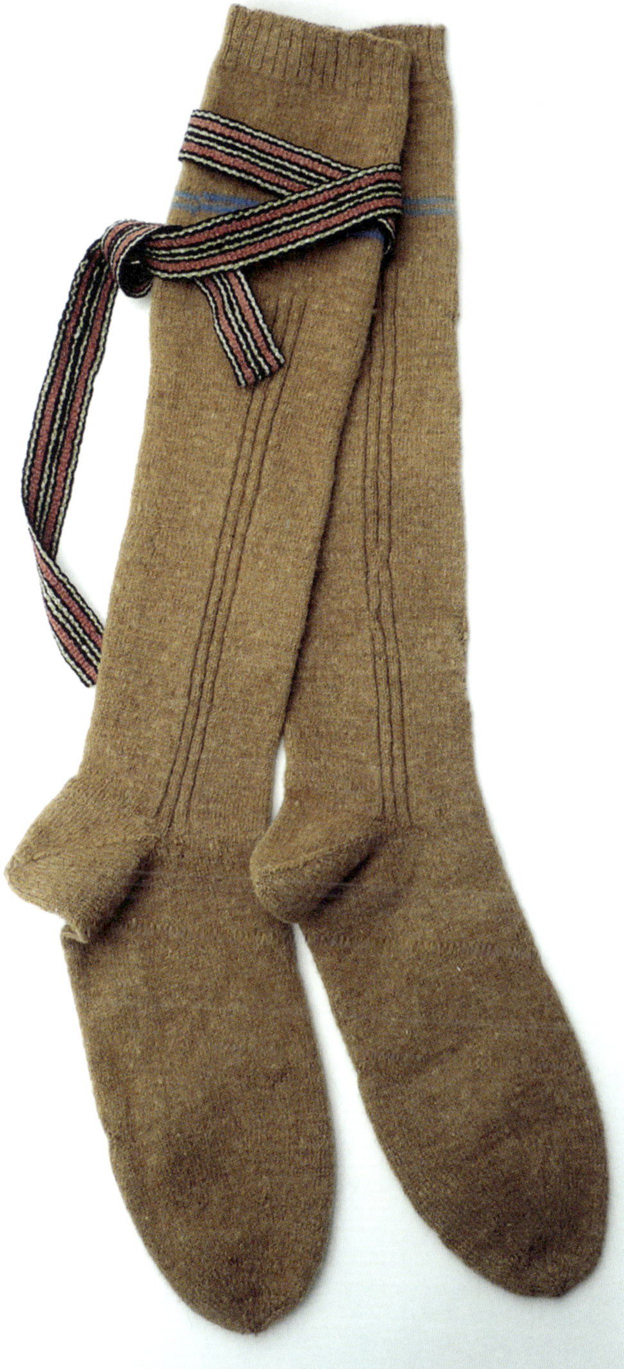

Herrenstrümpfe gestrickt aus handgesponnenem þel von Guðbjörg Baldvinsdóttir. Textilmuseum, Blönduós, HIS776

Blumen Sockenbrett von Tribe Yarns (www.tribeyarns.com)

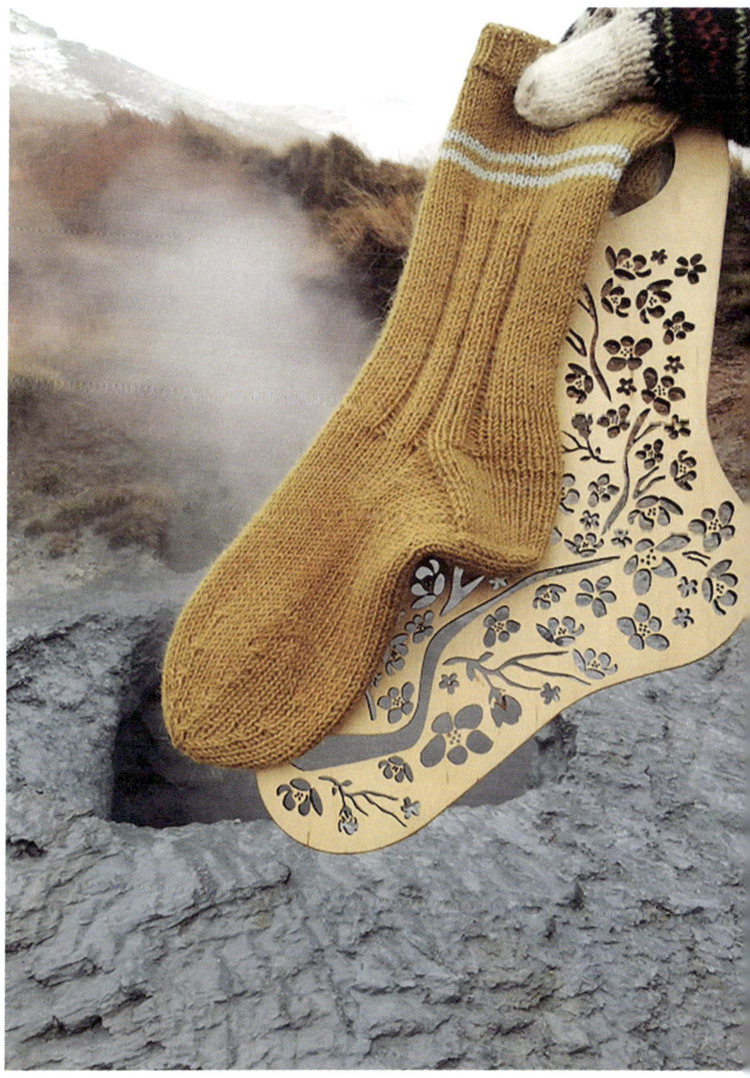

Strümpfe und Erinnerungen

Es ist faszinierend und ergreifend, wie ein einfaches Paar Strümpfe einen Teil der Alltagsgeschichte enthüllen und die harten Lebensbedingungen vieler Isländer am Ende des 19. und zu Beginn des 20. Jahrhunderts aufzeigen kann.
Laut Archiv des Textilmuseums wurden die Strümpfe von Guðbjörg Baldvinsdóttir gestrickt und dem Museum von Jóhanna Sigurlaug Valdimarsdóttir geschenkt. Wie so oft gibt es keinen Anhaltspunkt, wann die Strümpfe gestrickt wurden oder auch wieso man sie dem Museum gegeben hat.
Wer waren diese Frauen, aus welchem Jahrhundert stammten sie? Es gibt viele Frauen mit demselben Namen, also suchte ich als Erstes eine Verbindung zwischen Guðbjörg und Sigurlaug. Wegen eines Fehlers in einer der ersten Unterlagen, die ich las, dauerte es eine Weile, bis ich mit Sicherheit wusste, dass Guðbjörg tatsächlich Sigurlaugs Großmutter gewesen war, die sie jedoch nie kennengelernt hatte.

Über Guðbjörg wissen wir nur wenig. Sie wurde1857 geboren und befand sich 1860 in Níðukoti, Breiðabóltaðarsókn, (Gemeinde Húnavatnasýsla, Nordisland), vielleicht war sie als Pflegekind dort hingeschickt worden. Sie heiratete Jón Sigfússon (1860–932) und lebte als Hausfrau auf dem Bauernhof Forsæludal. Ungewöhnlich für diese Zeit hatte das Paar nur ein Kind, eine Tochter namens Sígriður Helga, geboren 1887. Guðbjörg war bei der Geburt 30 Jahre alt. Die Kindersterblichkeit war damals sehr hoch, und es ist nicht unwahrscheinlich, dass sie mehr Kinder hatte, die entweder bei der Geburt oder sehr früh starben. Das Leben muss hart gewesen sein, und 1890 wurde die kleine Sigríður, damals drei Jahre alt, als Pflegekind auf den Bauernhof Hnjúki Undirfellssókn (Gemeinde Húnavatnasýsla) geschickt. Das war damals nicht ungewöhnlich, man hoffte auf ein besseres Leben für die Kinder. Guðbjörg starb 1909, mit 51, was selbst für damalige Verhältnisse jung war, Sigríður war 21. Ich möchte glauben, dass Guðjörg die Strümpfe für ihren Mann Jón gestrickt hat und dass Sigríður sie geerbt und als Erinnerung an ihre Mutter und auch für ihren eigenen Wert in Ehren gehalten hat. Feine Strümpfe aus handgesponnenem þel waren damals wirklich wertvoll.

Sigríður heiratete 1930 Valdimar Jóhannsson (1888–1975). Sie lebten in Blönduós und bekamen vier Kinder: Sigfús Bergmann (1911–1997), Helga Sigríður (1913–1993), Jónína Guðrún (1916–2020) und Jóhanna Sigurlaug (1915–2000), die die Strümpfe dem Museum übergab. Ich erfuhr mehr über Sigurlaug und konnte mit ihrem Sohn Kristinn Snævar und ihrer Schwiegertochter, Jóna Björg Sætran, sprechen.

Sigurlaug kam bis zum Alter von sechs Jahren als Pflegekind zu Snjólaug Baldvinsdóttir und Kristin Einarsson, einem Sattler. Dann kehrte sie für eine Weile in ihr Elternhaus zurück. Sie fing schon früh an zu arbeiten. Mit acht Jahren wurde sie aufs Land geschickt, um für ihr Essen zu arbeiten, aber mit elf musste sie ihren Lebensunterhalt verdienen. Damals mussten viele Kinder, die heute in der Grundschule sind, für Essen und Unterkunft arbeiten.
Zu den alltäglichen Aufgaben eines jungen Mädchens gehörte es, die Pferde zu treiben, die Kühe zu hüten, das Feuer mit *tað* zu füttern, (Holz war selten, und das Feuer brannte mit Briketts aus getrockneten Tierexkrementen), die Asche zurück in den Kuhstall zu bringen, Wasser zu holen, sich um die Kinder auf dem Bauernhof zu kümmern. »Es war sinnlos, über einen langen Arbeitstag zu jammern oder über nasse Kleider, die über lange Zeit am Körper trockneten, selbst wenn wir im Haus waren, weil man keine trockenen Kleider anziehen konnte. Die Hauptsache war, genug zu essen zu bekommen«, erzählte Sigurlaug.

Sigurlaug arbeitete sehr hart für eine Ausbildung, und mit 18 kam sie auf die Frauenschule in Blönduós (die wurde 1923 gegründet und war bis zu ihrer Schließung 1978 eine Hauswirtschaftsschule), die sie ein Jahr später, im Frühjahr 1934, abschloss. Danach arbeitete sie in Reykjavík bei verschiedenen älteren Leuten zu Hause als Dienstmädchen, Köchin und nähte auch. Zu dieser Zeit war es einfach, eine Stelle zu bekommen, und »Mädchen aus dem Norden wurden wegen ihres Fleißes und ihrer Gewissenhaftigkeit gesucht«, sagte sie. 1939 erkrankte sie jedoch ernsthaft an Tuberkulose und musste ins Krankenhaus von Vífilsstaðir. Sie gehörte zu den wenigen, die sich komplett erholten, aber sie hatte danach Schwierigkeiten, eine Stelle zu finden, weil die Leute Angst hatten, sich anzustecken. 1941 heiratete Sigurlaug Jóni Sumarliðason (1915–1986) aus Blönduós, sie wurde Hausfrau und bekam fünf Kinder.

Ihr jüngster Sohn, Kristinn Snævar (geboren 1952), erinnert sich an ein Paar besonders feiner Strümpfe, das niemand tragen durfte. Er hatte nicht gewusst, dass seine Mutter dem Museum ein Paar Strümpfe gegeben hatte, aber es überraschte ihn nicht. Sie behielt auch andere alte Dinge (ein paar weiche Lederschuhe, eine Peitsche, einen Stuhl), weil sie glaubte, dass die für zukünftige Generationen einen emotionalen Wert hätten. Sie musste die Strümpfe von ihrer Mutter Sigríður (die 1973 gestorben war) bekommen und gedacht haben, dass sie in ein Museum gehörten. Sigurlaug selbst starb 2000. Aber sie hatte recht, was die Erinnerungen anging, die in einem alten Paar Strümpfe stecken, und wie wertvoll sie sind.

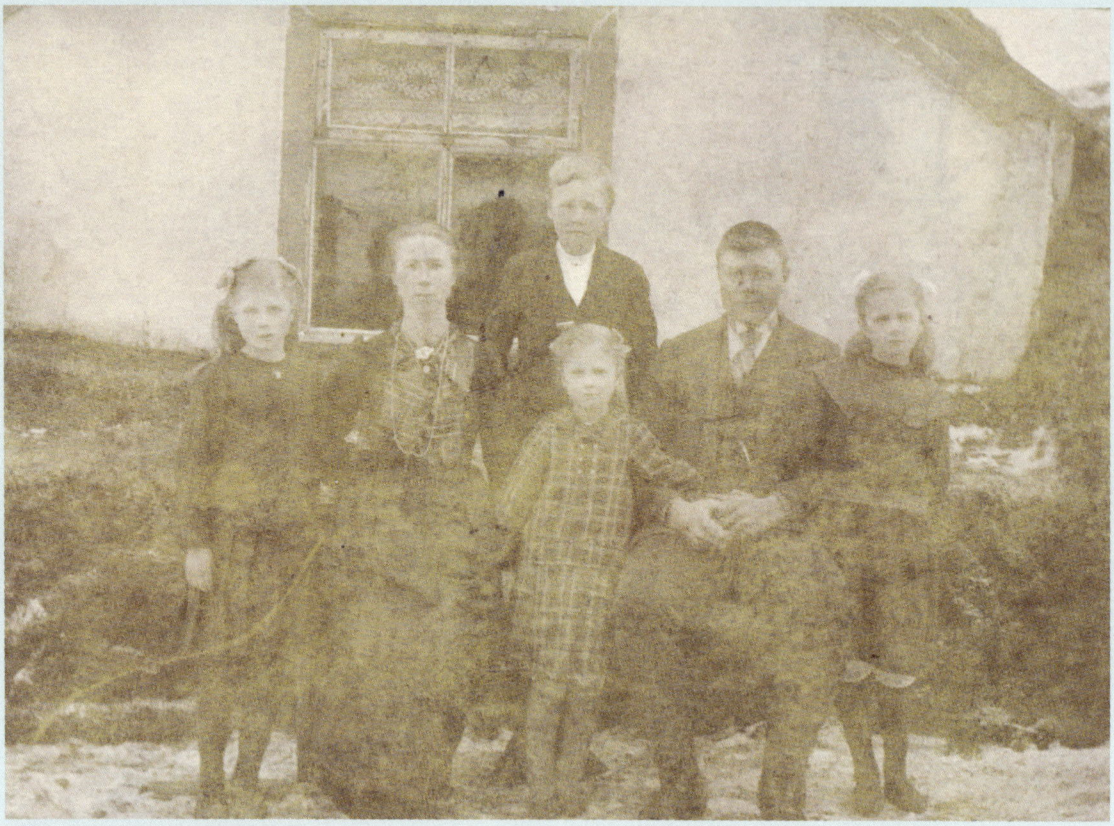

Valdimar Jóhannsson (1888–1975), Sigríður Jónsdóttir (1887–1973), Jóhanna Sigurlaug (1915–2000), Jónína Guðrún (1916–2020), Helga Sigríður (1913–1993), Sigfús Bergmann (1911–1997), fotografiert im Zentrum von Blönduós. Unbekannter Fotograf.

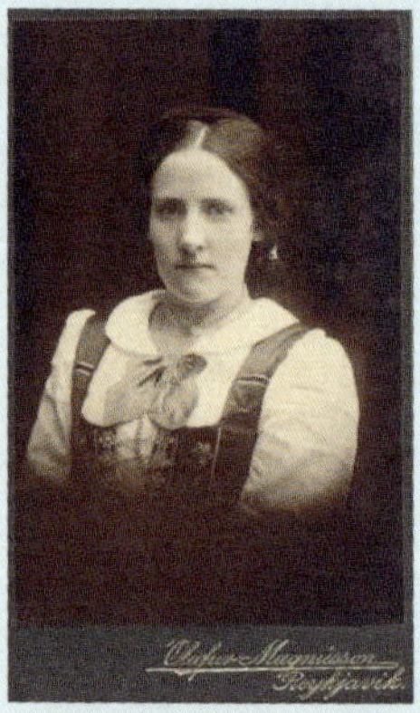

Hier abgebildet mit Genehmigung von Héraðaazjalasafn Austur-Húnavatnssýslu Foto von Sigríður Helga Fotograf Ólafur Magnússon (1889–1954), abgebildet mit Genehmigung von Héraðaazjalasafn Skagfirðinga

Hauptquellen

Héraðaazjalasafn Austur-Húnavatnssýslu (1966), Objekt 04873
Héraðaazjalasafn Skagfirðinga (1947), IS HSk N0017-H-H-EH337
Íslensk erfðagreining ehf. und Friðrik Skúlason ehf., Íslendingabók
Morgunblaðið, 7. Oktober 2000, *Minningargrein um Johönnu Sigurlaug Valdimarsdóttur*
Ögmundur Helgason, Skagfirðingabók, *Nokkrir Eldjárnsniðja*, 28. Jahrgang 2002, 1. tölublað (01.01.02002), Reykjavík: Sögufélag Skagfirðinga, 1966

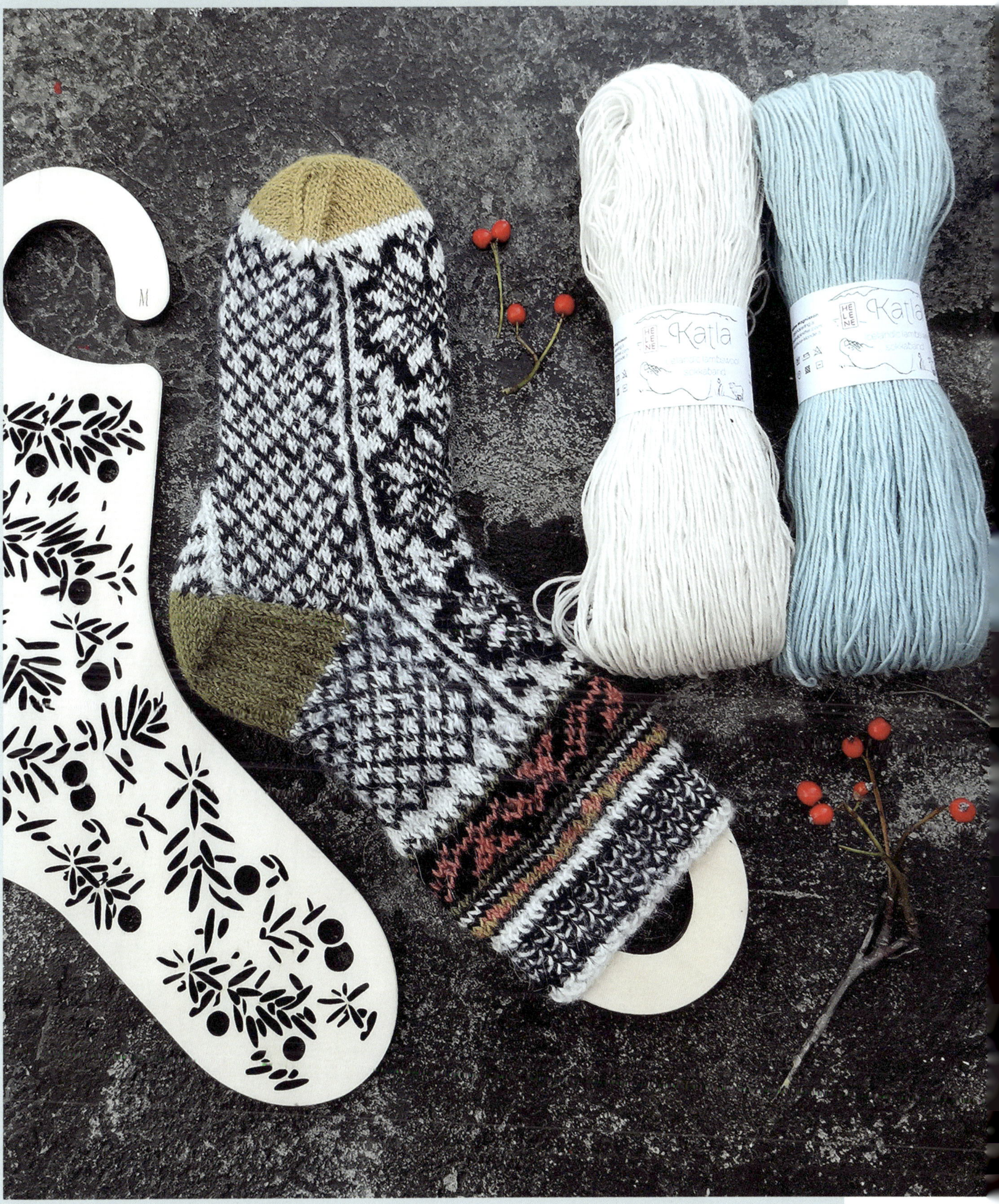
Katla
Katla

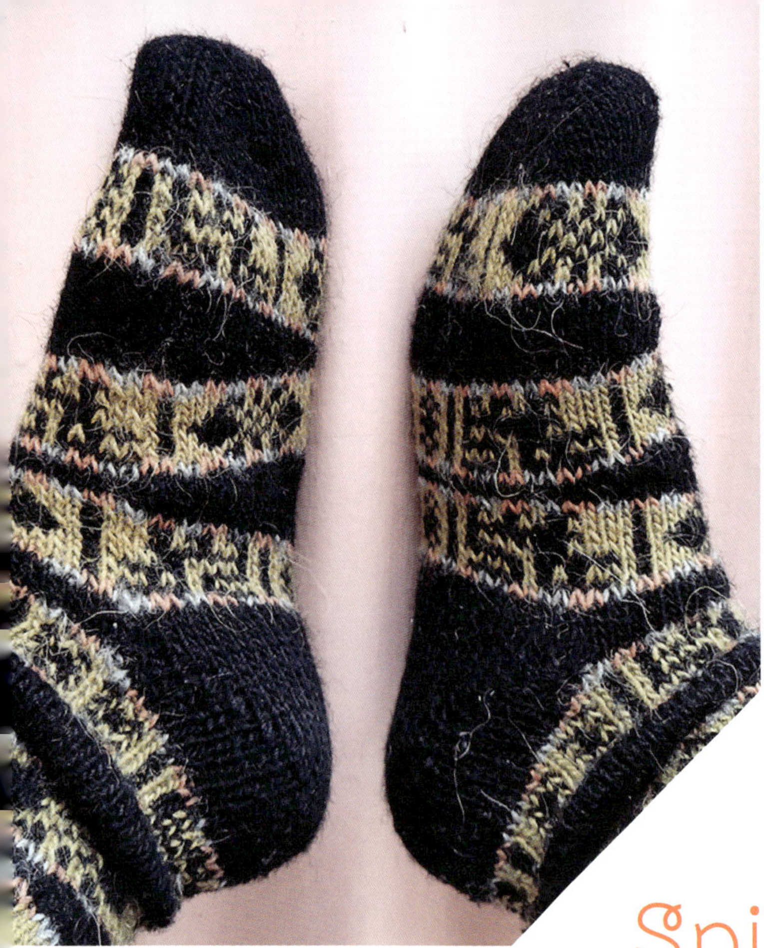

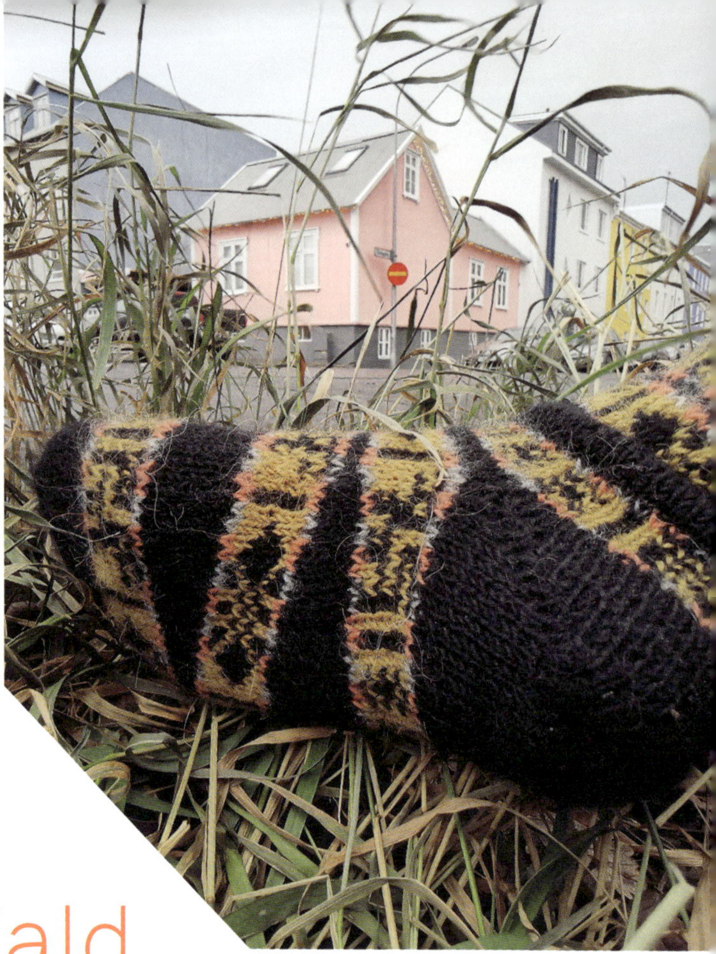

Spjald

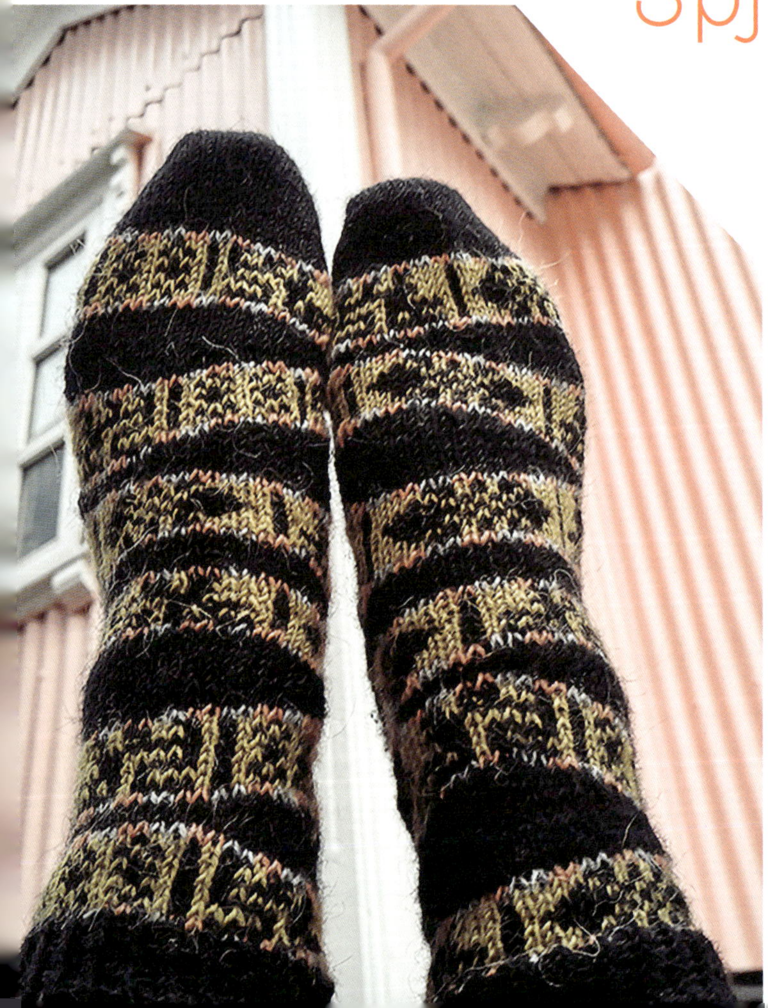

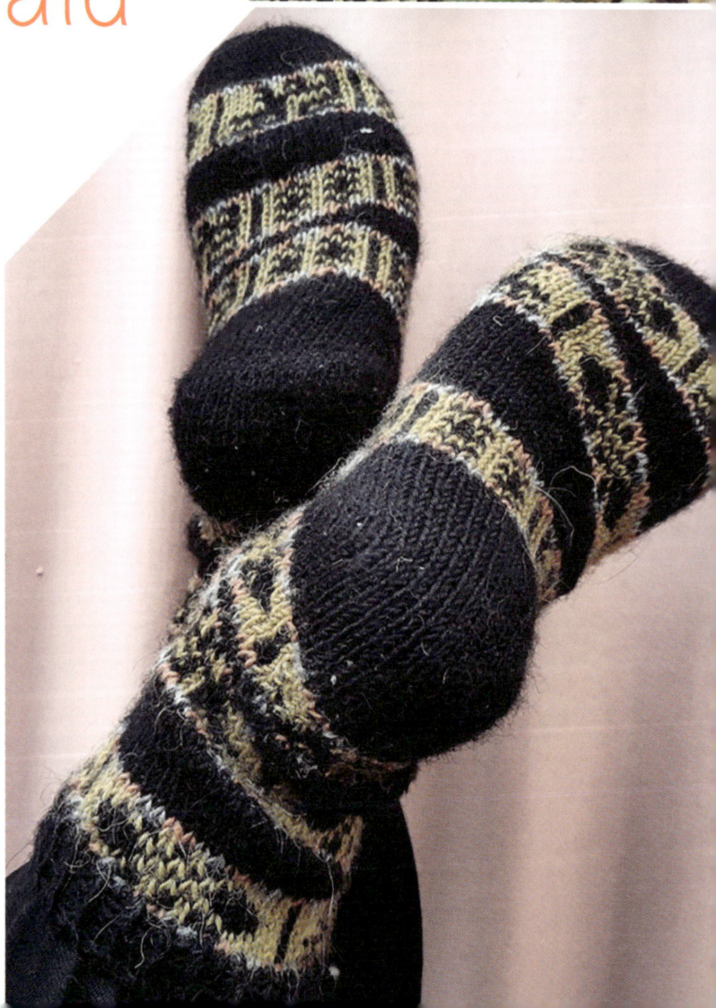

Alte isländische Strümpfe ...

... waren oft schlicht mit wenig Schmuck, abgesehen von ein paar bunten Streifen oder vertikalen Linien aus linken Maschen. Wenn man überhaupt Verzierungen bei traditionellen Beinkleidern findet, dann meist an den Strumpfbändern, die lange Strümpfe oben hielten. Diese Bänder waren oft aus Brettchenweberei, sehr bunt und mit allen möglichen Motiven in komplizierter Brokattechnik verziert.
Sie wurden über oder unter dem Knie ums Bein gebunden.
Mit dieser Idee habe ich bei den Spjald Socken (spjald bedeutet Brettchen) gespielt.
Musterbänder wechseln sich mit verkürzten Reihen ab, um die Illusion von um Bein und Fuß gewickelten Webbändern zu erzeugen. Um sie noch auffallender zu machen, sind die Strümpfe nicht symmetrisch und die Motive auf den Bändern nicht geordnet.
Abgesehen von diesem visuellen Effekt, hat die Konstruktion nichts mit traditionellen isländischen Socken zu tun: Man beginnt mit dem magischen Anschlag an der Spitze und strickt eine Bumerangferse.
Allerdings werden die verkürzten Reihen am Bein und an der Ferse wie auf Island üblich mit Umschlägen gestrickt.

Größen: 1 (2|3|4) 5|6 passend für 18,5 (20|21,5|23) 24,5|26 cm Fußumfang.

Maße
Fußumfang: 18,5 (20|21,5|23) 24,5|26 cm
Fußlänge: 20,5 (22|24|25,5) 28|30,5 cm
Empfohlene Passform: Exakter Fußumfang und 15% weniger in der Länge. Gezeigt in Größe 2.

Maschenprobe: 10 cm = 26 M und 32 R glatt rechts auf Nadelstärke 2,5 mm

Wolle: Katla sokkaband von Hélène Magnússon: reine Schurwolle, 100% isländische Lambswool, dicke Strumpfwolle, 4-fädig, 100 g Knäuel = 220 m: 1 Knäuel in jeder Farbe

Verbrauchte Wollmenge (geschätzt):
HF, Raven black: 100 (113|126|140) 156|175 m
KF1, Palagonite ochre: 72 (80|88|96) 104|116 m
KF2 Arctic coral & KF3 Natural grey: 12 (14|15|16) 18|20 m

Nadel: 2,5 mm Rundnadel für Magicloop. Sie können auch mit einem Nadelspiel oder anders rund stricken. Passen Sie die Nadelstärke an, um die korrekte Maschenprobe zu erreichen.

Zubehör: Maschenmarkierer, Stopfnadel, Sockenbrett

Techniken: s. Kapitel Technik (S. 130):
- Verkürzte R mit Umschlag
- Stufenloser Farbwechsel
- Bumerangferse mit Umschlag
- Türkischer Anschlag

- Einstrickmuster und Elastizität: Bei diesem Muster ist es wichtig, dass die Einstrickmuster dehnbar bleiben, damit man die Socken leicht anziehen kann. Achten Sie auf lockere Spannfäden. Es kann helfen, die Socke auf links zu wenden und so zu stricken, dann sind die Spannfäden außen. Verkreuzen Sie die Fäden alle drei bis fünf M, damit sie nicht zu lang werden. Sie können die Bänder am Bein auch mit einer etwas dickeren Nadel stricken.

Anleitung

Spitze: Im türkischen Anschlag und mit HF 20 M anschl (10 Schlingen um 2 zusammengehaltene Nadeln legen und sie von jeder Nadel abstricken = 20 M). 10 M auf der vorderen Nadel und 10 M auf der hinteren. MM für RdBeg setzen, in Rd str und in jeder 2. Rd wie folgt zun:
Rd 1: alle M re.
Rd 2: Zun-Rd (4 M zun): *1 M re, 1 M zunR, bis 1 M vor Nadelende re, 1 M zunL, 1 M re*. *-* 2-mal wdh.
Diese 2 Rd insg 3 (4|5|6) 8|9-mal str = 32 (36|40|44) 52|56 M.
Dann genauso in jeder Rd zun 4 (4|4|4) 3|3-mal = 48 (52|56|60) 64|68 M.

Fuß: Das 1. Musterband im Einstrickmuster mit stufenlosem Farbwechsel str (9 Rd) nach Strickschrift A oder B, je nach Größe. Das blau umrandete Muster so oft wie in der Strickschrift angegeben str.

- Rechtes Bein: mit M 1 beg, bis zum Ende str (die letzten 4 M so oft wie angegeben wdh).
- Linkes Bein: mit M 15 beg, bis zum Ende str (die letzten 4 M so oft wie angegeben wdh), dann M 1–14 str.

Keil aus verkürzten R 1 (2 bis 10 Rd): 1 Rd re mit HF, dann wie folgt verkürzte R str: wenden, U, 39 (42|45|48) 51|54 M li, wenden, U, *bis 5 M (4 M und 1 U) vor der Lücke re, wenden, U, bis 5 M vor der Lücke li, wenden, U*.
- 3-mal wdh, weiter in Rd str (ca. anderthalb Rd), dabei alle Lücken schließen.

TIPPS: Lücken schließen: Die ersten 4 U mit der M auf der anderen Seite der Lücke re zus und aaz die letzten 4 U mit der M auf der anderen Seite der Lücke.

Anders gesagt: Bis 1 M (U) vor der nächsten Lücke re, *2 M re zus, 3 M re*. *-* 4-mal wdh, bis 1 M vor der nächsten Lücke re, *aaz, 3 M re*. *-* 4-mal wdh, bis RdBeg re.

Dann das 2. Musterband (9 Rd) nach Strickschrift A oder B, je nach Größe str:
Rechtes Bein: mit M 13 beg, bis zum Ende str, dann M 1–12 str.
Linkes Bein: mit M 6 beg, bis zum Ende str, dann M 1–5 str.

Keil aus verkürzten R 2 (2 bis 10 Rd): 1 Rd re mit HF, dann wie folgt verkürzte R str: 9 (10|11|12) 12|12 M re, wenden, U, 9 (10|11|12) 12|12 M li, wenden, U.
* bis 1 M vor der nächsten Lücke (U) re, 2 M re zus (U und nächste M), 3 M re, wenden, U, bis zum nächsten U li, aali (U und nächste M), 3 M li, wenden, U*. *-* 3-mal wdh.
Dann weiter in Rd str, dabei alle Lücken schließen:
Bis 1 M vor der nächsten Lücke re, 2 M re zus (U und M), bis 1 M vor der nächsten Lücke re, aaz (M und U), bis RdBeg re.

Das 3. Musterband (9 Rd) nach Strickschrift A oder B, je nach Größe str:

- Rechtes Bein: mit M 13 beg, bis zum Ende str, dann M 1–12 str.
- Linkes Bein: mit M 38 beg, bis zum Ende str, dann M 1–36 str.

Mit HF 1 (2|4|6) 8|12 Rd str oder bis zur gewünschten Fußlänge 4,5 (5,5|5|6) 7|7,5 cm fehlen.

Bumerangferse

Abschnitt 1

R 1 (HinR):

- Rechter Fuß: Bis 1 M vor RdEnde re, wenden.
- Linker Fuß: 23 (25|27|29) 31|33 M re, wenden.

Ab jetzt werden beide Füße gleich gestrickt.
R 2 (RückR): U, 22 (24|26|28) 30|32 M li wenden.
R 3: U, bis 2 M (die 2 M und U) vor der Lücke re, wenden.
R 4: U, bis 2 M (die 2 M und U) vor der Lücke li, wenden.
R 3 und 4,5 (6|7|8) 9|10-mal wdh, bis 12 M in der Mitte übrig sind: Die letzte R 4 ist U, 12 M li, wenden.

Abschnitt 2

R 1: U, 12 M re, 2 M re zus (U und die M auf der anderen Seite der Lücke), wenden.
R 2: U, 13 M li, aali (U und die M auf der anderen Seite der Lücke), wenden.
R 3: U, bis 2 M (2 U) vor der Lücke re, 3 M re zus (2 U und die M auf der anderen Seite der Lücke), wenden.
R 4: U, bis 2 M (2 U) vor der Lücke li, aaali (2 U und die M auf der anderen Seite der Lücke), wenden.
R 3 und 4 wdh, bis alle Lücken an der Ferse geschlossen wurden, dann wenden, U.

Bein: weiter in Rd re: bis zum nächsten U re, 2 M re zus, bis 1 M vor der nächsten Lücke re, aaz = RdBeg.

Das 4. Musterband (9 Rd) nach Strickschrift A oder B, je nach Größe str:

- Rechtes und linkes Bein: mit M 22 beg, bis zum Ende str, dann M 1–21 str.

Wie beim Fuß den Keil aus verkürzten R 1 str.

Das 5. Musterband (9 Rd) nach Strickschrift A oder B je nach Größe str:

- Rechtes Bein: mit M 30 beg, bis zum Ende str, dann M 1–29 str.
- Linkes Bein: mit M 1 beg, bis zum Ende str. Wie beim Fuß den Keil aus verkürzten R 2 str.

Das 6. Musterband (9 Rd) nach Strickschrift A oder B, je nach Größe str:

- Rechtes Bein: mit M 8 beg, bis zum Ende str, dann M 1–7 str.
- Linkes Bein: mit M 13 beg, bis zum Ende str, dann M 1–11 str.

1 Rd re mit HF.

Bund: 7 (7|8|8) 8|8 Rd Rippen (*1 M re verschr, 1 M li*) str. Wie folgt locker abk: Im Rippenmuster bleiben (re M re und li M li str) 1 M str, * 1 M str, die linke Nadel in die 2. M auf der rechten Nadel einstechen und 2 M re zus*.

Ausarbeiten

Fäden vernähen. Sanft von Hand in lauwarmem Wasser mit Wollwaschmittel waschen (mindestens 20 Minuten liegen lassen). Auf ein Sockenbrett ziehen und trocknen lassen.

Strickschriften

Anm: Größe 3 kann man laut Strickschrift A oder Strickschrift B stricken.

Strickschrift A: Größen 1 (2|3)

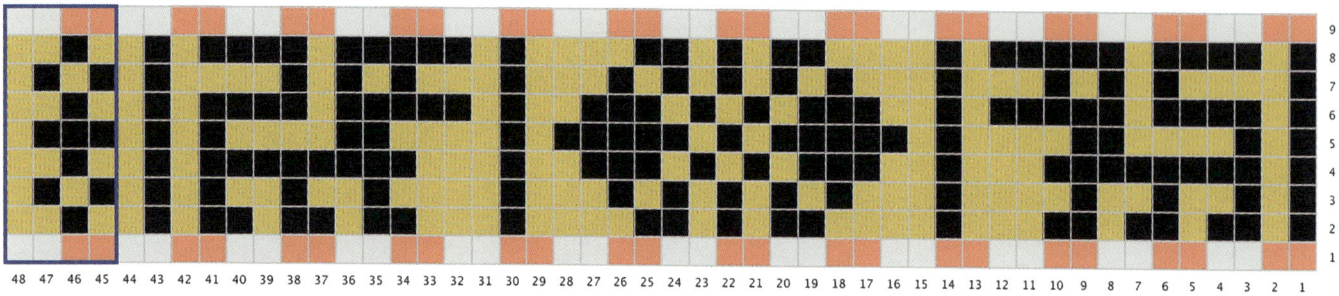

1 (2|3)-mal str

- re
- wdh
- HF
- KF1
- KF2
- KF3

Strickschrift B: Größen (3|4) 5|6

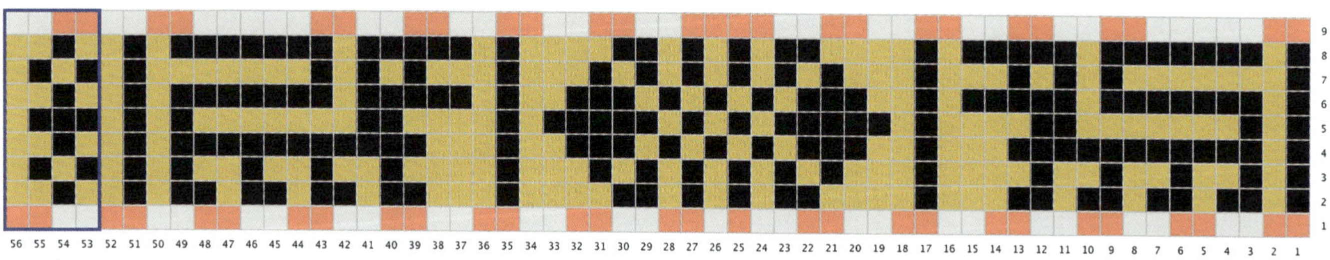

(1|2) 3|4-mal str

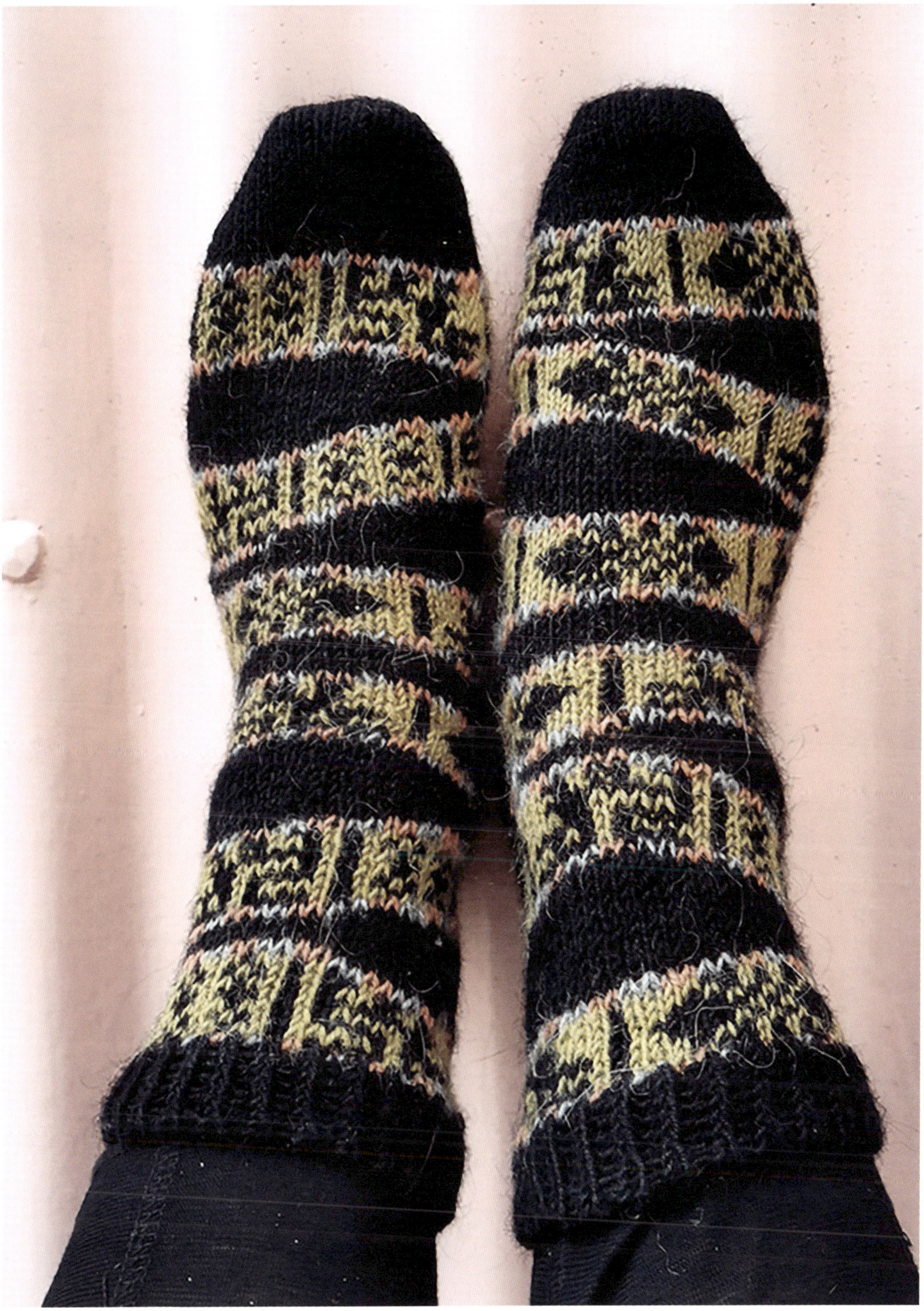

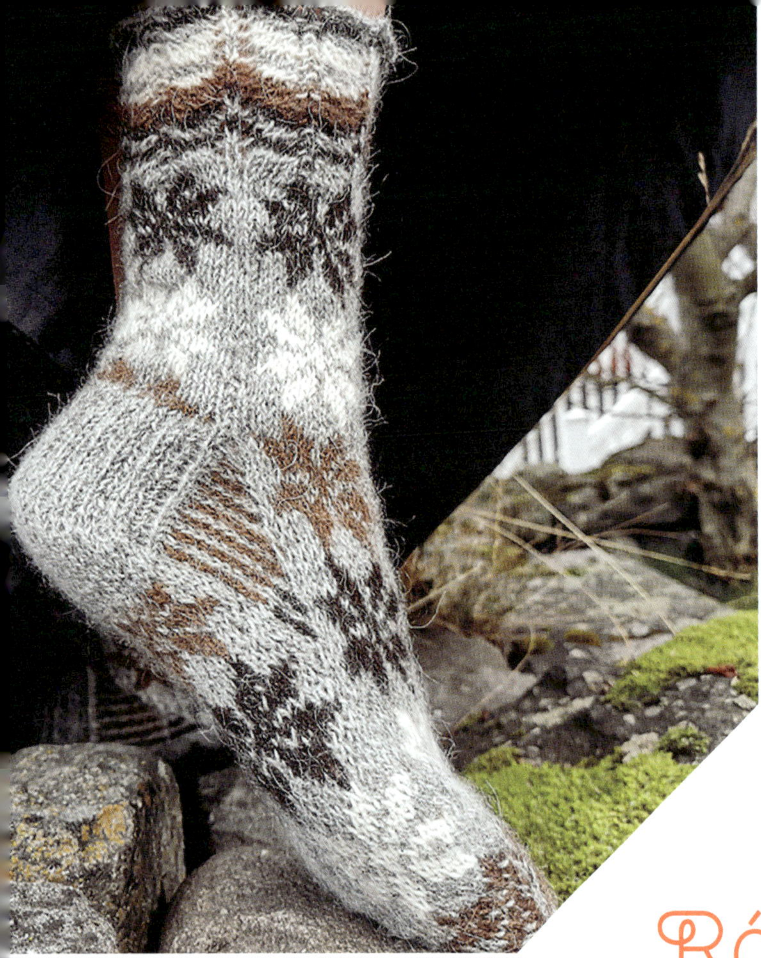

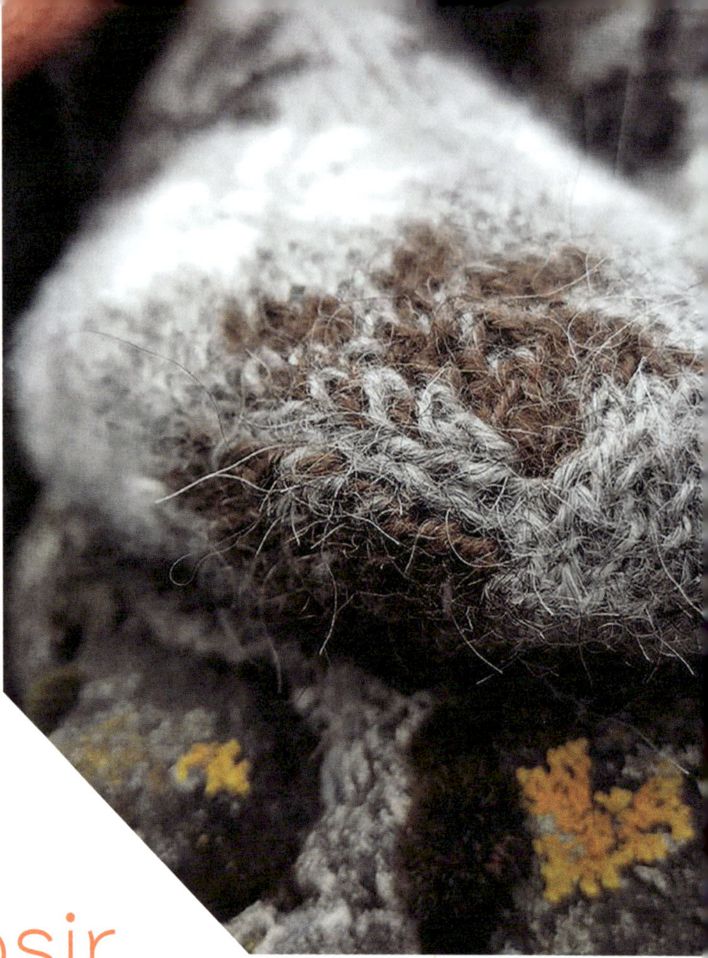

Rósir

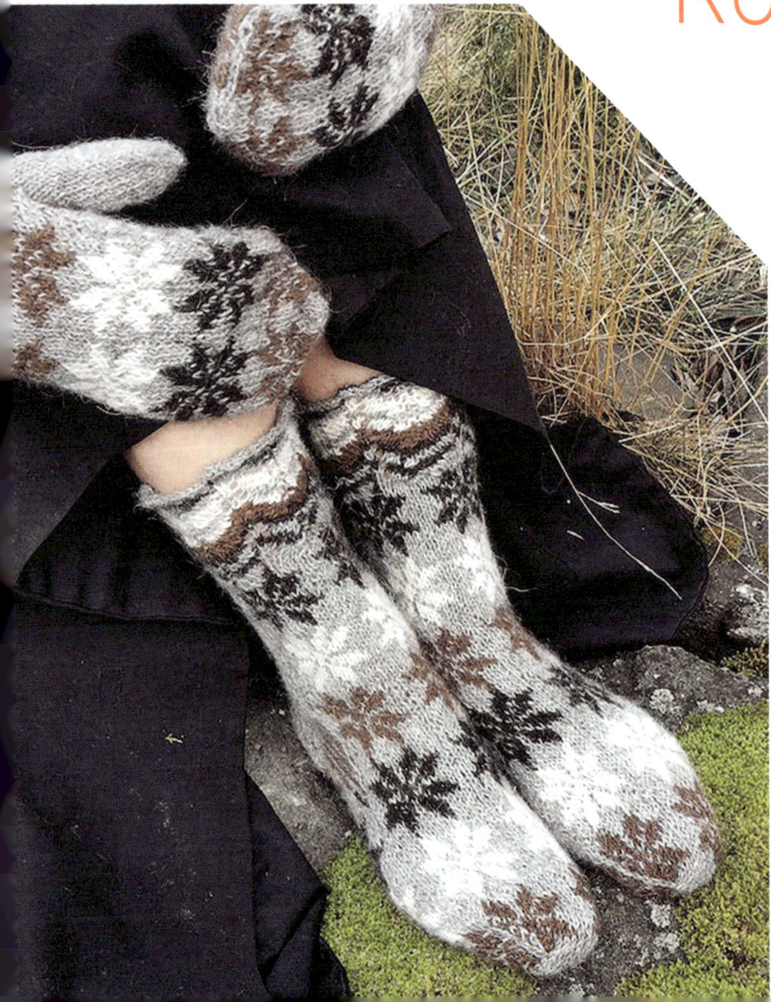

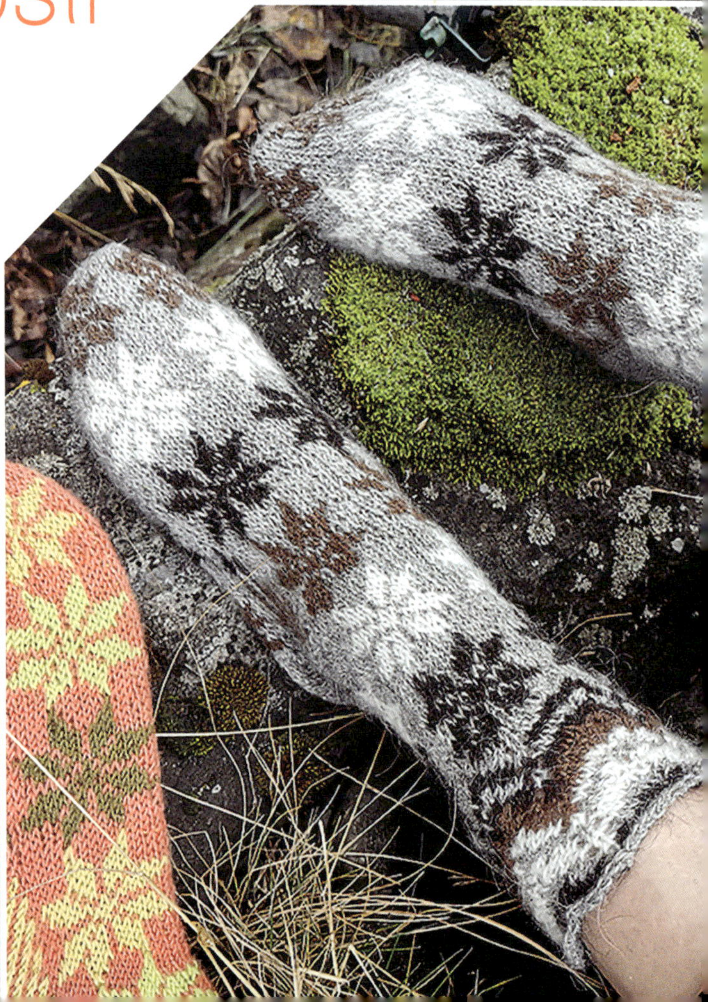

Die Rósir Socken …

… passen zu meinen Rósir Handschuhen, einer Anleitung für Sockenwolle, die ich 2014 veröffentlicht habe. Ein Paar Handschuhe im Textilmuseum in Blönduós hat beide inspiriert.
Solche Handschuhe waren beliebt und wurden oft mit der feinen, handgesponnenen isländischen Wolle in zwei Farben gestrickt, weiß und schwarz oder weiß und braun. Aus mehreren natürlichen Wollfarben oder auch Farben, die von der isländischen Natur inspiriert sind, haben die Rósir ein erfrischend modernes Flair. Genau wie die Rósir Socken mit ihrem einfachen Rosenmuster, den auffällig gestreiften Zwickeln und dem eleganten Spitzenbund. Sie werden in Runden von der Spitze aus mit Einstrickmuster, einer Bandspitze und einer verstärkten Ferse gestrickt.
Die Anleitung bietet auch die Chance, Ihre Stricktechnik zu verbessern und mit langen Spannfäden umzugehen. Dafür zeige ich zwei Methoden, davon eine weniger bekannte namens »Leiterjacquard«.

Größen: 1 (2|3|4) für Fußumfang 22,5 (24|25,5|27) cm. Gezeigt in Größe 2 (die grauen Socken sind etwas kürzer als in der Anleitung angegeben) und 3 (korallenfarbene Socken)

Maße
Fußumfang: 21,5 (23|24,5|26) cm
Fußlänge (lässt sich anpassen): 20,5 (24|25,5|28) cm
Empfohlene Passform: Fußumfang 1 cm enger und 5% weniger in der Länge.

Maschenprobe: 10 cm = 26 M und 32 R glatt rechts auf Nadelstärke 2,5 mm

Wolle: Katla Sokkaband von Hélène Magnússon: reine Schurwolle, 100% isländische Lambswool, dicke Strumpfwolle, 4-fädig, 100 g Knäuel = 220 m: HF 1 (1|1|2) Knäuel; KF 1 Knäuel in jeder Farbe

Verbrauchte Wollmenge (geschätzt):
HF: 137 (160|185|210) m
KF1: 47 (47|48|50) m
KF2: 56 (57|58|60) m
KF3: 44 (44|44|45) m

Gezeigte Farbkombinationen:
Größe 2: HF/KF1/KF2/KF3: Natural grey/ Natural brown/ Natural white/ Natural black
Größe 3: HF/KF1/KF2/KF3: Arctic coral/ Anis green/ Tender green/ Moss green

Nadel: 2,5 mm Rundnadel für Magicloop. Sie können auch mit einem Nadelspiel oder anders rund stricken. Passen Sie die Nadelstärke an, um die korrekte Maschenprobe zu erreichen.

Zubehör: Stopfnadel, Maschenmarkierer, Sockenbrett zum Spannen

Techniken: s. Kapitel Technik (S. 130):
- Türkischer Anschlag
- Wenn nicht anders angegeben, M immer wie zum li Stricken abh.
- Einstrickmuster, Farbdominanz und Spannfäden verkreuzen: Verkreuzen Sie die KF-Fäden alle 5 M, um lange Spannfäden zu vermeiden. Achten Sie darauf, nicht in jeder Runde an derselben Stelle zu verkreuzen,

sonst sieht man es auf der Vorderseite. Achten Sie vor allem darauf, die Farbdominanz nicht zu ändern, wenn Sie die Spannfäden verkreuzen, dann immer in dieselbe Richtung, und entkreuzen Sie sie danach.

› Leiterjacquard: Ich habe diese Method am Bein genutzt.

Anleitung

Spitze: Im türkischen Anschlag und HF 16 (18|20|22) M anschl 8 (9|10|11) Schlingen um 2 zusammengehaltene Nadeln legen und sie von jeder Nadel abstricken = 8 (9|10|11) M auf der vorderen Nadel und 8 (9|10|11) M auf der hinteren.
MM für RdBeg setzen und Seite markieren. 1 Rd re mit HF, dann mit dem Einstrickmuster nach Strickschrift A (A|B|B) beg: Das Muster 2-mal pro Rd str und wie in der Strickschrift angegeben zun.
Die Spalten 15 und 30 der Strickschrift A in Größe 1 weglassen und Spalten 17 und 34 der Strickschrift B in Größe 3. Nach allen Zun = 56 (60|64|68) M, je 28 (30|32|34) M auf der vorderen und hinteren Nadel.

Fuß: Weiter im Rosenmuster der Strickschrift A (A|B|B) str. Das Muster 2-mal pro Rd str und über die Rd hinweg wie angegeben die Farben wechseln: KF1, KF2, KF3.

Wenn der Fuß ca. 11 (13,5|15|16,5) cm misst oder bis zur gewünschten Fußlänge noch 9,5 (10|10,5|11,5) cm fehlen, mit den Zwickel-Zun beginnen.

Zwickel: Weiter im Rosenmuster nach Strickschrift A/B str, für den Zwickel zun und dabei vertikale 1-M-Streifen mit HF und der jeweiligen KF str (oder nur HF in einer einfarbigen Rd zwischen den Rosen, Strickschrift E). Jede Zun ergänzt einen vertikalen Streifen im Zwickel.
Maschenaufteilung (Rd 1 der Strickschrift E): weiter im Rosenmuster 28 (30|32|34) SpannM bis zum seitlichen MM str, MM, HF 1 M re, 1 M zunR mit HF, MM setzen, 27 (29|31|33) hintere M im Rosenmuster bis RdBeg str, MM setzen, 1 M zunL mit HF, RdBeg-MM = 58 (62|66|70) M.
Nächste ZunRd (Rd 2 der Strickschrift E): *28 (30|32|34) SpannM im Rosenmuster bis zum seitlichen MM, MM, HF 1 M re, 1 M zunR-KF, HF 1 M re, MM, 27 (29|31|33) M hinten im Rosenmuster bis zum nächsten MM str, HF 1 M re, 1 M zunL-KF, RdBeg-MM*.

Weiter zwischen den beiden MM wie folgt seitlich zun (Rd 3 bis 14 (15|16|17) der Strickschrift E): *28 (30|32|34) SpannM im Rosenmuster bis zum seitlichen MM str, MM, HF 1 M re, 1 M zunR (mit KF oder HF), ZwickelM mit 1 M-vertikalen Streifen str, bis zum nächsten MM, 27 (29|31|33) hintere M im Rosenmuster bis zum nächsten MM str, ZwickelM mit 1 M-vertikalen Streifen bis zum RdBeg str, 1 M zunL (mit KF oder HF), RdBeg-MM*.
- 12 (13|14|15)-mal insg.
= 14 (15|16|17) M insg beidseitig für den Zwickel zugen, Gesamtmaschenzahl: 84 (90|96|102) M.
Ferse: Wenden, weiter mit HF (KF nicht abschneiden).
Käppchen: Wie folgt verkürzte R str:
R 1 (RückR): 1 M abh, 40 (43|46|49) M li, wenden.
R 2 (HinR): U, 26 (28|30|32) M re, wenden.
R 3: U, 25 (27|29|31) M li, bis 2 M (U und M) vor der Lücke li, wenden.
R 4: U, 24 (26|28|30) bis 2 M (U und M) vor der Lücke re, wenden.
R 5: U, bis 2 M (U und M) vor der Lücke li, wenden.
R 6: U, bis 2 M (U und M) vor der Lücke re, wenden.
R 5–6 noch 6 (7|7|8)-mal wdh, bis 10 (10|12|12) M in der Mitte übrig sind (letzte R 6: U, 10 (10|12|12) M re, wenden).
Nächste R (RückR): U, 10 (10|12|12 M li), *aali* 9 (10|10|11)-mal dabei alle Lücken schließen, wenden.
Nächste R (HinR): 1 M abh, bis 1 M vor der nächsten Lücke re, *2 M re zus* 9 (10|10|11)-mal dabei alle Lücken schließen, wenden.

Fersenwand:
R 1 (RückR): 1 M abh, 26 (28|30|32) M li, 2 M li zus, wenden. 1 M abgen.
R 2 (HinR): *1 M abh, 1 M re* 13 (14|15|16)-mal, 1 M abh, aaz, wenden. 1 M abgen.
R 1–2 wdh, bis alle FersenM gestrickt wurden. Nach der letzten R 2 nicht wenden = wieder 56 (60|64|68) M.

Bein: Damit die Socken leicht anzuziehen sind, ist es wichtig, dass das Einstrickmuster am Bein sehr dehnbar bleibt. Ich habe hier die Leiterjacquard-Technik genutzt. Man kann auch eine etwas dickere Nadel nehmen.

Weiter in Rd re im Rosenmuster der Strickschrift A (A|B|B) str, bis das Bein ca. 10 (11|11,5|12) cm ab der Fersenwand oder die gewünschte Länge misst.

Spitzenbund: 1 Rd re mit HF, in Größe 1 1 M abn und in Größen 3 (4) 1 (2) M zun = 55 (60|65|70) M.
Dann das Spitzenmuster nach Strickschrift C (D|C|D) oder nach der ausgeschriebenen Anleitung str: das 11 (12|13|14)-M-Muster 5-mal pro Rd str und die Farben wie in der Strickschrift angegeben wechseln.
Spalten 3 und 13 der Strickschrift D in Größe 2 weglassen und Spalten 3 und 11 der Strickschrift C in Größe 3.
Am Ende der Strickschrift mit HF abk.

Ausarbeiten: Fäden vernähen. Sanft von Hand in lauwarmem Wasser mit Wollwaschmittel waschen (mindestens 20 Minuten liegen lassen). Auf Sockenbrett ziehen und trocknen lassen.

Strickschriften

Strickschrift A: Größen 1 und 2

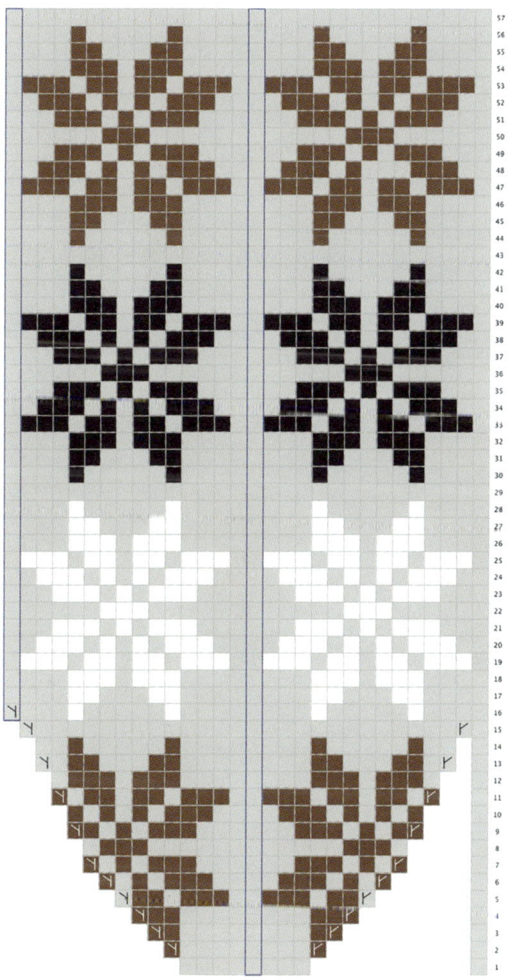

Spalten 15 und 30 in Größe 1 weglassen

Strickschrift B: Größen 3 und 4

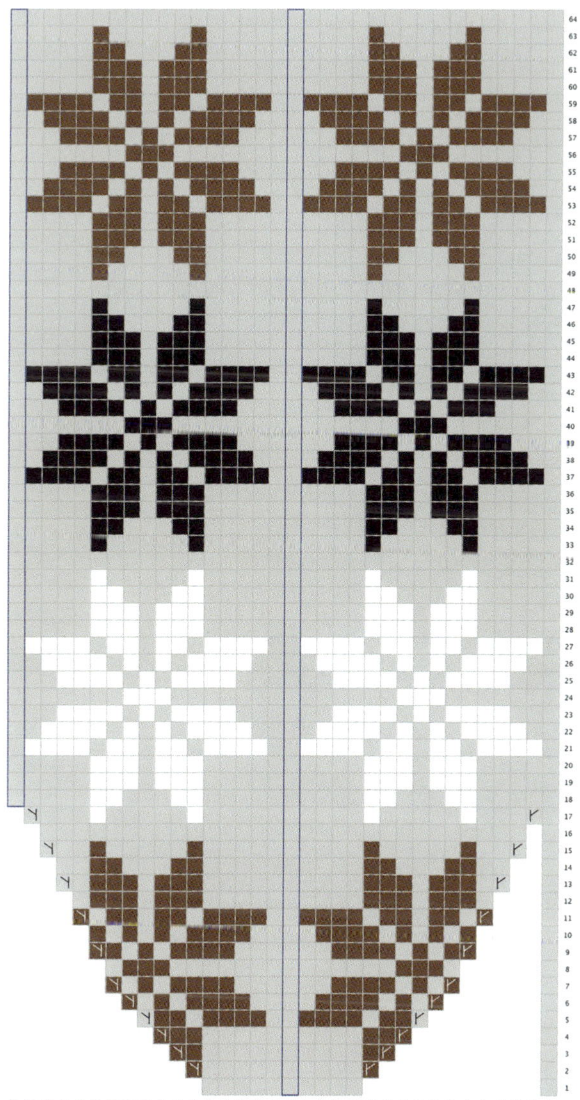

Spalten 17 und 34 in Größe 3 weglassen

- re
- li
- U
- 2 M re zus
- aaz
- 1 M zunR
- 1 M zunL
- wegzulassende Spalten

- HF
- KF1
- KF2
- KF3

Strickschrift E (Zwickel)

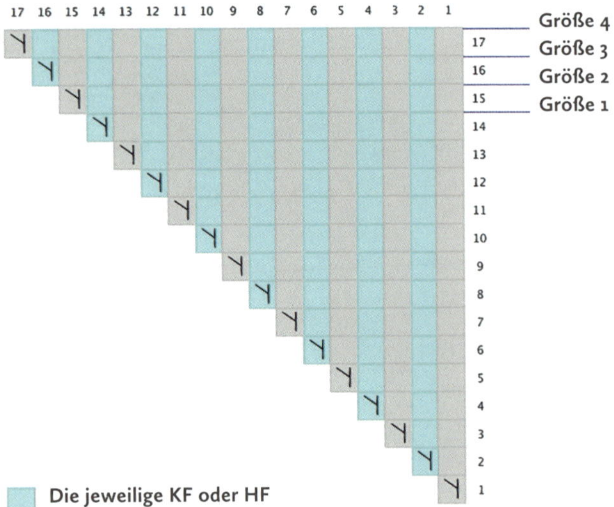

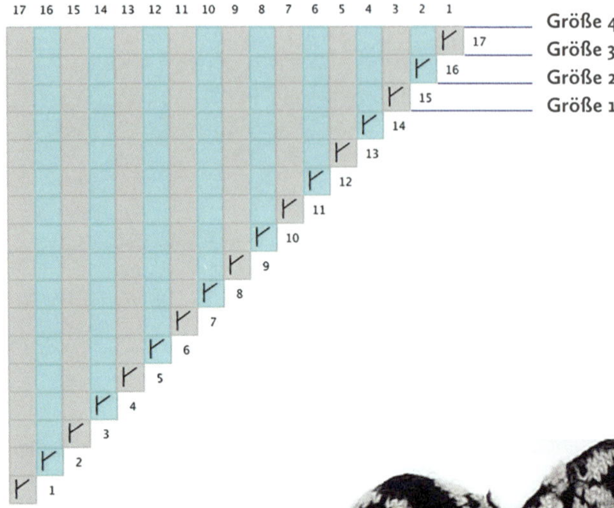

Die jeweilige KF oder HF in einer einfarbigen Rd

Strickschrift C: Größen 1 und 3

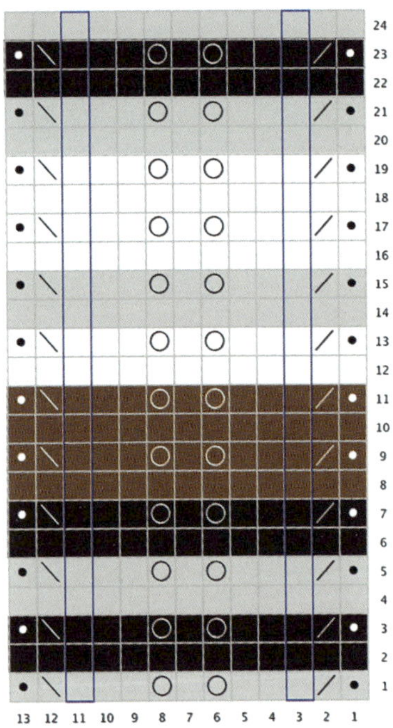

Spalten 3 und 11 in Größe 1 weglassen

Strickschrift D: Größen 2 und 4

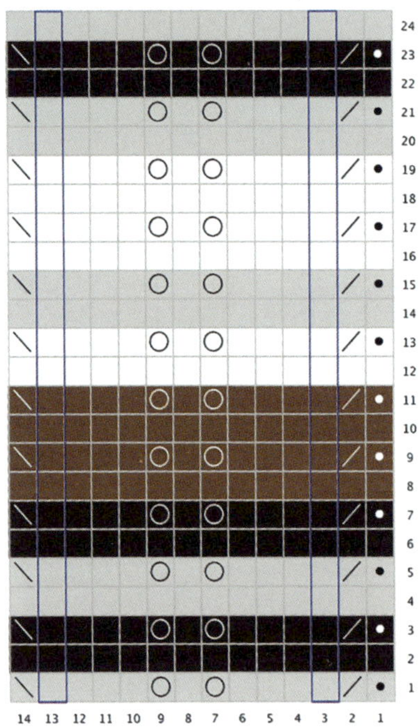

Spalten 3 und 13 in Größe 2 weglassen

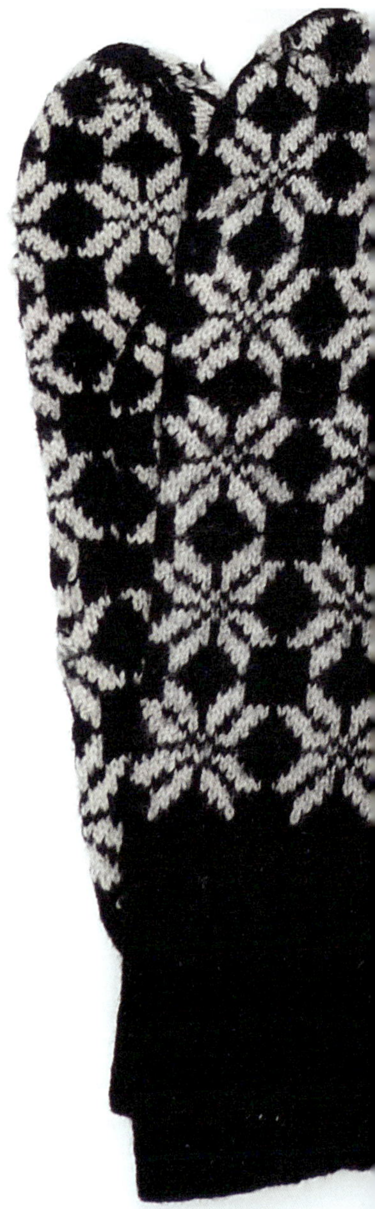

Handschuhe im nordischen Stil, Textilmuseum in Blönduós, HIS362

Strickschrift C und D, ausgeschriebene Anleitung

Rd 1 und alle ungeraden Rd:

Größe 1: 1 M li, 2 M re zus, 2 M re, U, 1 M re, U, 2 M re, aaz, 1 M li (11 M).

Größe 2: 1 M li, 2 M re zus, 3 M re, U, 1 M re, U, 3 M re, aaz (12 M).

Größe 3: 1 M li, 2 M re zus, 3 M re, U, 1 M re, U, 3 M re, aaz, 1 M li (13 M).

Größe 4: 1 M li, 2 M re zus, 4 M re, U, 1 M re, U, 4 M re, aaz (14 M).

Rd 2 und alle geraden Rd (Alle Größen): alle M re .

Das dänische Handelsmonopol in Island

Das 1602 eingerichtete dänische Handelsmonopol blieb in unterschiedlichen Formen für fast zwei Jahrhunderte erhalten, genauer gesagt 184 Jahre, bis es zum Jahreswechsel 1787, am 1. Januar, zu Ende ging.
Im Laufe der Jahre kontrollierten verschiedene Kaufmannsvereinigungen die 20 bis 25 ausgewiesenen Handelsposten in Island und teilten sie gegen eine feste Pacht unter sich auf.
Während Island von Dänemark einen beträchtlichen gesellschaftlichen und politischen Schutz erhielt, versäumte es Dänemark jedoch, seine abgelegene Insel wirtschaftlich zu schützen.

Das Monopol wurde bei den Isländern immer unbeliebter, besonders zur Zeit der *Hörmangar*, einer Vereinigung kleiner Händler in Kopenhagen, die von 1743 bis 1758 an der Macht waren.

Als Skúli Magnússon 1749 als allererster Isländer *landfógeti* (Landvogt) wurde, hieß es:

»Alle waren verwundert, weil vorher niemand gedacht hätte, dass so ein böser Teufel wie der Landvogt jemals Isländer sein könnte.«

Skúli hatte oft Streit, sowohl mit anderen Amtsträgern und Herrschern als auch mit Händlern, besonders den *Hörmangar*, und arbeitete sein ganzes Leben daran, das Monopol zu beenden und die Situation der Armen zu verbessern.

Das Handelsmonopol wurde von Jón J. Aðils in seinem Buch *Einokunarverzlun Dana á íslandi 1602–1787*, veröffentlicht 1919, eingehend untersucht. Doch erst 1971 wurde es in Island weithin bekannt. Im Folgenden gebe ich viele Ausschnitte wieder. Ich finde es wichtig, diese wertvollen Quellen in anderen Sprachen zugänglich zu machen.

Jón J. Aðils verweist darauf, dass es zwei Arten von Strickwaren für den Export gab:

»*Prjónlesið* oder *prjónasaumurinn* wie es genannt wurde (Stricken), war in zwei Kategorien eingeteilt, *eingirnisles* (einfädige Strickwaren) und *tvígirnisles* (zweifädige Strickwaren). *Eingirnisles*, auch *púlsles* oder *duggarales* genannt, wurden aus grober, einfädiger Wolle gemacht und *tvígirnisles*, auch *smáles*, *tvíbandsles* oder *tvinnabandsles* genannt, aus einer dünnen Wolle.«

Die feinsten Strickwaren, *smáles*, umfassten in der ersten Hälfte des 18. Jahrhunderts:

»Verschiedene Handschuhe [...] sowie *hosur* (Rippen? *Rullehoser*), *karlmannssokkar* (Herrenstrümpfe), *kvennsokkar* (Damenstrümpfe), *drengjasokkar* (Jungenstrümpfe), *barnasokkar* (Babystümpfe). [...] Vor allem die älteren Leute gaben sich Mühe, um feine Strickwaren herzustellen, sie benutzten sehr gute Wolle und achteten sehr auf die Ausarbeitung, da es keinen festen Preis dafür gab, dieser ergab sich auf dem Markt, und sie verkauften sich oft gut.«

Es entstanden Qualitätsstandards:

»Auf dem Markt wurde genau festgelegt, wie die Strickwaren sein sollten, damit sie als gut und akzeptiert galten. Strümpfe mussten einfarbig sein, weiß, schwarz, naturbraun oder grau, aber ohne Streifen, gut gestrickt und gefilzt, einen dänischen alin [Anm: eine Maßeinheit] lang und die Weite entsprechend, wohlgeformt um den Fuß, den Knöcheln und die Wade.«

Was die Quantität angeht, so meint Jón J. Aðils:

»Man muss sich nur die Handelsberichte, so fehlerhaft sie auch sein mögen, ansehen, um herauszufinden, was in Island während der Zeit des Handelsmonopols gestrickt wurde.«

Für das Jahr 1624 wird berichtet, dass 72.230 Paar Strümpfe und 12.232 Paar Handschuhe exportiert wurden, 21.694 Paar Strümpfe 1630 und 21.708 im Jahr 1655. Zu Anfang des 18. Jahrhunderts stieg die Strickwarenproduktion stark an, mit durchschnittlich 197.128 Paaren *duggarasokkar* – groben Strümpfen – und 45.089 feineren Strickwaren, die von 1733 bis 1742 jährlich exportiert wurden.
Die Zahl stieg schließlich bis auf durchschnittlich 185.440 Paar Strümpfe und 71.974 Paar Handschuhe jährlich von 1764 bis 1773 (*Almenna verzlunarfélagsins* – Freie Kaufmannsvereinigung) und 146.398 Paar Strümpfe und 103.082 Paar Handschuhe jährlich von 1774 bis 1783 (*Konungsverzluninn síðari* – Königlicher Handel, zweiter). Das waren ziemlich viele Strickwaren für eine Bevölkerung von nicht mal 46–47.000 Menschen.

Durch eine höhere Produktion fielen jedoch die Preise, besonders während der Zeit der *Hörmangar* (1743 bis 1758):

»So fiel der Preis für feine, naturbraue Strümpfe, die auf dem Markt zu Zeiten der *lausakaupmanna* (Freie Kaufmannsvereinigung) für 30 fiskar [Anm: eine örtliche, auf Fisch basierende Währung] verkauft wurden, auf 15 fiskar zur Zeit der Hörmangar. Der Wert blauer Herrenstrümpfe, der bei 48 fiskar lag, halbierte sich in den Tagen der *Hörmangar*. [...]. Daher hörten viele auf, sie zu stricken. [...]
Duggarales, die gröberen Strickwaren, waren viel häufiger als die feineren und auch viel einfacher zu verkaufen, sowohl im In- wie im Ausland, obwohl sie bei Weitem nicht so viel einbrachten. *Duggarales* umfasste nur *duggarasokkar* (Strümpfe) und *duggaravettlingar* (Handschuhe). Die Strümpfe wurden ursprünglich für 4 fiskar verkauft und die Handschuhe für 1 ½ fiskar, aber später entsprachen drei Handschuhe einem Strumpf. Zu Beginn des 18. Jahrhunderts fingen Isländer an, viel mehr Handschuhe als Strümpfe zu stricken, und Händler waren sehr unzufrieden, sodass es den Isländern schließlich verboten wurde, mehr Handschuhe als ein Fünftel der Gesamtanzahl Strümpfe zu stricken, und dabei blieb es.«

In diesen Zeiten des Merkantilismus wollten dänische Kaufleute natürlich die Strickwaren billig einkaufen, um sie mit größtmöglichem Profit zu verkaufen. Das führte zu endlosem Streit und Beschwerden über die Qualität.

»Händler fanden sich unfair behandelt, wenn die Strickwaren nicht mit 50% Profit in Kopenhagen verkauft wurden. Daher verhielten sie sich schlecht und kritisierten die Handelsware schnell. [...] Kaufleute beschwerten sich immer rascher darüber, wie schlampig Isländer beim Weben und Stricken waren. So beschwerte sich zum Beispiel Hans Nansen Jr. im Winter 1690/1691, dass in letzter Zeit so schlecht gewebt und gestrickt wurde, dass man nichts ins Ausland bringen konnte, und der König schrieb den Vögten und dem Landvogt deswegen am 28. März 1691 mit der Bitte, sich darum zu kümmern und eine Lösung zu finden.

Diese schickten im Sommer einen Vorschlag an das Althing, in den *sýslumenn* vorschrieb, gestrickte Beispiele für gute und wertvolle Strümpfe und Handschuhe anzufertigen, die den Leuten als Modell dienen sollten, und dass alle Strickwaren, die nicht gut genug waren, zukünftig konfisziert und unter den Armen verteilt werden sollten. [...] Das funktionierte allerdings nicht, denn 10 Jahre später musste der König abermals eingreifen und die Isländer darauf drängen, ihre Strickfähigkeiten zu verbessern. Drei Jahre später heißt es in Unterlagen von Kaufleuten und anderen, dass die Qualität der groben *duggarales* in den letzten Jahren so stark abgesunken war, dass es schwierig war, sie in Dänemark, Hamburg oder den Niederlanden zu verkaufen, während das vorher nie ein Problem gewesen war, und dass Händler zuletzt ungefähr 250 rd. [Anm: Währung] mit 12.000 Paar Strümpfen verloren hatten, die sie nach England verkaufen mussten.«

Deswegen waren Sockenbretter so wichtig und deswegen machte sich Skúli Magnússon die Mühe, die Strickanleitung für Strümpfe zu notieren (s. S. 82), als er *landfógeti* wurde. Das waren die Strümpfe, die für den Export bestimmt waren, und es war sehr wichtig, dass sie in Größe und Passform dem Standard entsprachen, damit sie den besten Preis erzielten.

Natürlich gab es große Qualitätsunterschiede, die stark davon abhingen, wo in Island gestrickt wurde. Es ist belegt, dass während des Monopols und danach, das ganze 19. Jahrhundert hindurch, die beste Qualität aus dem Osten und Norden Islands kam:

»Im Osten Islands waren sie immer, wie sie sein sollten, und wurden in der Regel zum höchsten Preis ins Ausland verkauft, im Norden waren die Hälfte der *duggarasokkar* (grobe Strümpfe) akzeptabel, aber im Süden und Westen Islands entsprachen die Strümpfe nur selten dem Standard oder waren ›*takstagengir*‹ (steuerpflichtig), wie man es nannte, obwohl die besseren immer noch zu irgendeinem Preis gekauft wurden, da man keine Wahl hatte.

1771 teilte die *Verzlunarfélagsstjórnin* (Handelskammer) die *duggara* Strümpfe aus den südlichen, westlichen und nördlichen Handelshäfen Islands in zwei Kategorien ein, besser und schlechter, und sie wurden in Kopenhagen auf Auktionen verkauft. Für die besseren konnte man 11 ½ –17 sk. [Anm: örtliche Schilling] für ein Paar bekommen, aber 7 ½ –12 ¼ sk. für die schlechteren. Strümpfe aus den östlichen Handelshäfen wurden extra gehandelt, weil sie so einen guten Ruf hatten, und tatsächlich alle für 19–20 sk verkauft.«

Die Preise hingen auch stark davon ab, wo verkauft wurde. Zum Beispiel:

»1786, [...] wurden grobe Strümpfe aus Höfðakaupstaður für 22 sk verkauft. Aber in anderen Handelshäfen gingen die meisten für 15–16 sk weg. Es war auch üblich, im selben Handelshafen starke Qualitätsunterschiede zu finden. So wurden zum Beispiel feine Strümpfe aus Eyjafjörður mal zu 11 unterschiedlichen Preisen in Kopenhagen verkauft, von 7 sk. bis zu 54 sk. und Pullover für 10 unterschiedliche Preise von 28 sk. bis zu 2 rd. 24 sk.«

Skúli Magnússon, der als Teenager für einen dänischen Kaufmann gearbeitet hatte, bevor er an der Universität in Kopenhagen studierte, war sich der Marktpraxis sehr bewusst:

»Als [er] *sýslumaður* (Vogt) in Skagafjörður war, hatte er die Gewohnheit, die Strümpfe, die er einsammelte, in drei Gruppen aufzuteilen. Die besten schickte er nach Búðakaupstaður und verkaufte sie dort für gutes Geld. Die ›steuerpflichtigen‹ wurden auf dem Markt verkauft, der unter seiner Aufsicht stand, Hofsóskaupstaður. Und den Rest verkaufte er für fiska in Hafnarfjörður, weil die Händler dort weniger Wert auf die Qualität legten.«

Da die Isländer trotz allem nur wenig Profit mit dem Stricken erzielten, schloss Jón J. Aðils:

»Es scheint offensichtlich, dass Gutsherren nur deswegen stricken ließen, weil sie ihren Arbeitern im Winter keine andere Arbeit geben konnten und sie ohnehin auf dem Hof behalten mussten, und auch die Kinder und die Alten, die sonst für nichts gut waren, konnte man dafür einsetzen.«

Auch nachdem das Monopol beendet worden war, beschränkte sich der Handel auf das dänische Reich, und erst 1855 erhielten die Isländer das Recht, mit allen Nationen zu handeln.

Dänemark blieb allerdings in diesem Jahrhundert Hauptabnehmer für isländische Strickwaren. Es wurde auch immer mehr unverarbeitete Wolle exportiert und von den Dänen nach Schweden und später nach Großbritannien weiterverkauft: zwischen 500 und 800 Tonnen jährlichen von 1840 bis 1855, 700 bis 900 Tonnen in den Jahren nach 1870, ab 1900 stieg die Menge bis auf 1200 Tonnen 1913 an.

Strickwaren, besonders Strümpfe, waren in den ersten Jahrzehnten des Jahrhunderts noch ein wichtiger Exportartikel, doch ihr Teil am Wert der Wollexporte sank bis auf ein Viertel in den 1850ern, einem Sechstel in den 1860ern und nach den 1870ern auf nur noch 3% und danach noch weniger. Der Preis für handgestrickte Waren im Wettbewerb mit der ausländischen Industrieproduktion fiel heftig, während der Wollpreis stark anstieg.

Laut Berichten *(Skýrslur um landshagi)* über die isländische Wirtschaft von 1849 bis 1872 waren die Exporte von Strickstrümpfen immer noch ziemlich hoch, wenn auch über die Jahre stark schwankend von 48.764 exportierten Paaren 1866 bis zu über dem Doppelten, 106.339 Paaren 1869. Diese Zahl geht jedoch mit weniger Pullovern und Handschuhen einher, sodass sie keinen generellen Anstieg von Strickwarenexporten darstellen.

Die Strickwaren stammten fast ausschließlich aus dem Norden und Osten Islands: 1869 zum Beispiel von insgesamt 77.908 Paaren grober und feiner Strümpfe kamen 77.795 von dort (nur drei Paar aus dem Süden) und von insgesamt 28.431 Socken 28.341 (nur zehn aus dem Süden). Im Süden und Westen fuhren die Männer, Bauern wie Arbeiter, im Winter zur See zum Fischen, was für die Frauen und Kinder mehr Arbeit und weniger Zeit zum Stricken über das für sie selbst Nötige hinaus bedeutete. Wohingegen im Norden und Osten üblicherweise alle Familienmitglieder im Winter zu Hause waren und für den Export stricken konnten, selbst wenn nicht viel damit zu verdienen war.

Auch wenn die allgemeine Entwicklung zum Export von weniger Strickwaren und mehr unverarbeiteter Wolle führt, so sind die Ursachen für die stark schwankenden Zahlen dieser Zeit sicherlich die unaufhörlichen Härten, die das Land quälten, von schlechtem Wetter bis hin zu Schafskrankheiten, wodurch die Bevölkerung nicht anwuchs. Wie es in den Berichten heißt:

»Ein Blick in diese Berichte genügt, um festzustellen, dass die Bevölkerung bis 1787, als der königliche Handel abgeschafft wurde, stark und stetig abnahm, doch kaum dass die Bevölkerung wieder wächst, kommt ein harter Winter, Mängel, ein Vulkanausbruch oder eine Seuche und Menschen sterben, sodass die Leute glauben und erzählen, dass, sobald die Bevölkerung bis auf 50.000 anwächst, ein Todesengel über das Land fliegt.«

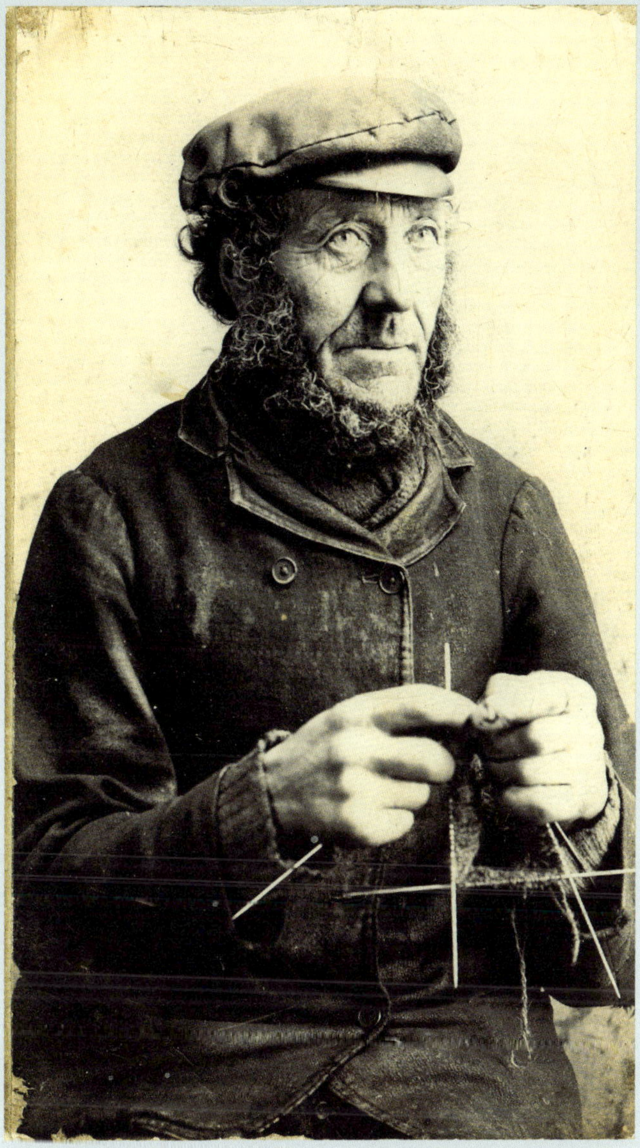

Foto von Ólafur Jónsson »gossari« (1834–1907) im Isländischen Nationalmuseum, Mms-27346. Aðfangabók Þjóðminjasafnsins, Mannamyndasafn Nr: 25505-28521 (1969–1974)

Hauptquellen

Helgi Skúli Kjartansson und Halldór Bjarnason, »Fríhöndlun og frelsi. Tímabilið 1830-1914« in Helgi Skúli Kjartansson, Helgi Þorláksson, Gísli Gunnarsson, Anna Agnarsdóttir, Halldór Bjarnason, *Líftaug landsins – saga íslenskrar utanlandsverslunar 900–2010*, 2. Band, Reykjavík, Skrudda, 2017, S. 55

Jón J. Aðils, *Einonkunarverzlun Dana á íslandi 1602–1787*, Reykjavík, 1971

Skýrslur um landshagi á Íslandi, 1. Band, Kopenhagen, Hið íslenska bókmenntafélag, 1858

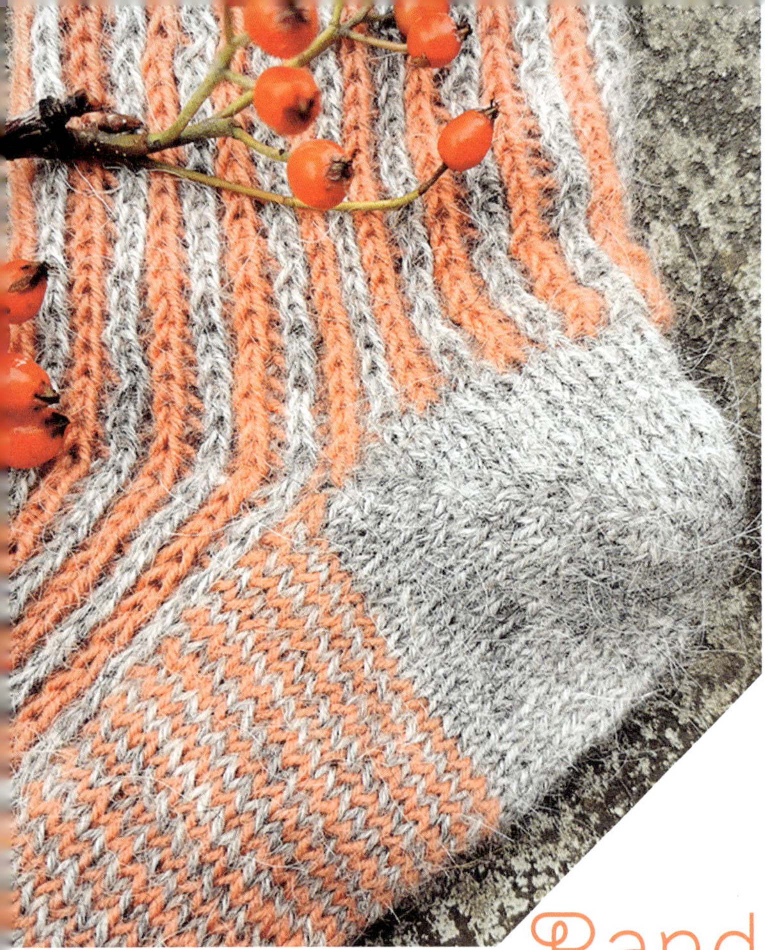

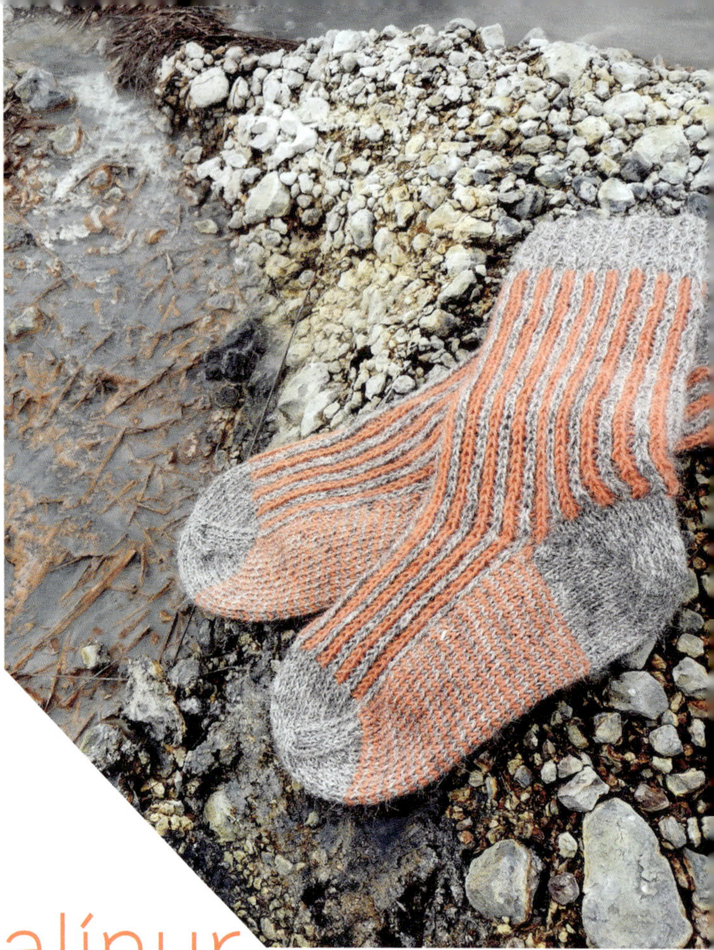

Randalínur

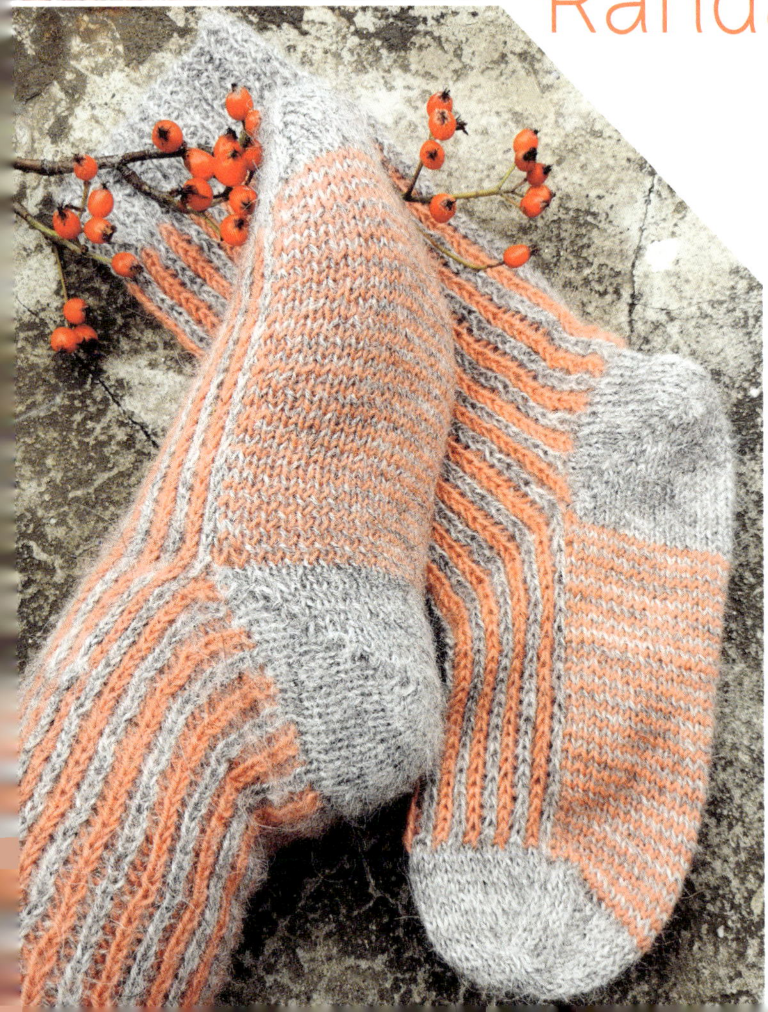

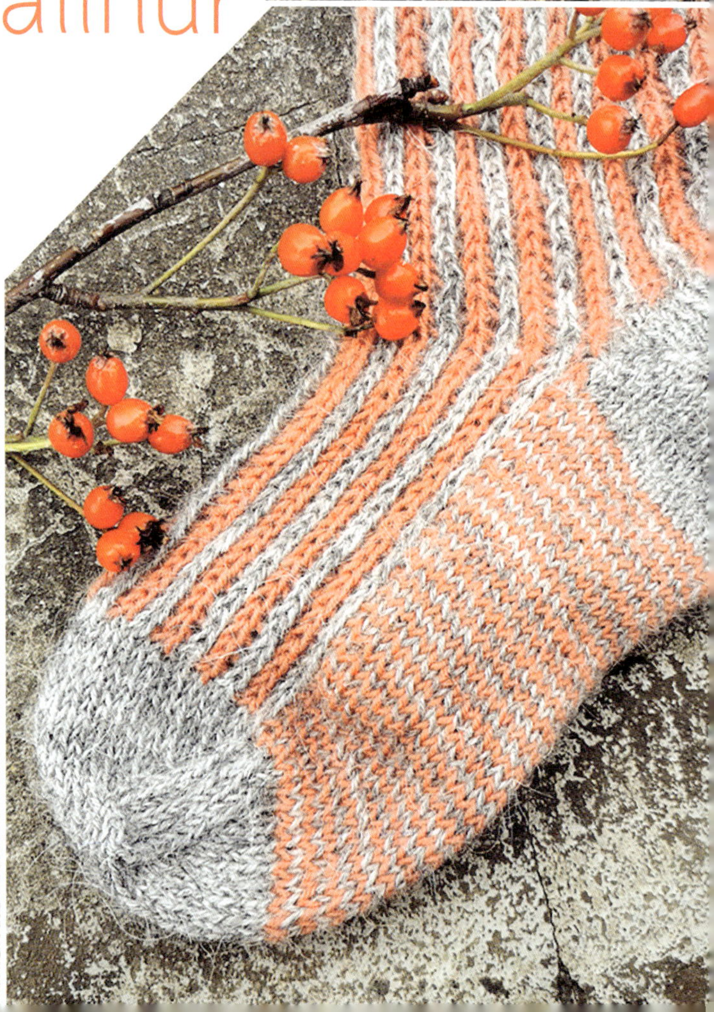

Mit ihren vertikalen …

… und horizontalen Streifen sind die Randalínur (wortwörtlich »Linienbänder«) Socken ein einfaches, aber kraftvolles Design. Inspiriert wurden sie von traditionellen isländischen Handschuhen, die mit vertikalen Streifen aus je einer Masche gestrickt wurden und so sehr dicht und steif wurden, fast wie Doublefacestricken.

Die Randalínur Socken sind allerdings perfekt dehnbar. Die vertikalen Linien werden mit einer täuschend einfachen Technik gearbeitet, bei der immer nur eine Farbe pro Runde verarbeitet wird. Die Socken werden von oben komplett in Runden gestrickt mit einer Ferse mit verkürzten Reihen mit Umschlag. Für die Spitze wird symmetrisch abgenommen, dann wird sie im Maschenstich geschlossen.

Größen: 1 (2|3|4) für Fußumfang 22(24,5,27, 29) cm. Gezeigt in Größe 2.
Man kann weitere Größen stricken, wenn man die Nadelstärke ändert und die Länge anpasst, indem man mehr oder weniger einfarbige Rd strickt.

Maße
Fußumfang: 20,5 (23|25,5|28) cm
Fußlänge: 18,5 (21|23,5|24,5) cm
Empfohlene Passform: Fußumfang 1,5 cm enger und 15% weniger in der Länge.

Maschenprobe: 10 cm = 26 M und 32 R glatt rechts und 16 M im Muster mit 2,5 mm

Wolle: Katla sokkaband von Hélène Magnússon: reine Schurwolle, 100% isländische Lambswool, dicke Strumpfwolle, 4-fädig, 100 g Knäuel = 220 m, 1 Knäuel in jeder Farbe

Verbrauchte Wollmenge:
HF Natural grey: 108 (134|166|194) m
KF Arctic coral: 82 (104|127|147) m

Nadel: 2,5 mm Rundnadel für Magicloop. Sie können auch mit einem Nadelspiel oder anders rund stricken. Passen Sie die Nadelstärke an, um die korrekte Maschenprobe zu erreichen.

Zubehör: Maschenmarkierer, Stopfnadel, Sockenbrett

Techniken: s. Kapitel Technik (S. 130):
- Wenn nicht anders angegeben, M immer wie zum li Str abh.
- Tiefe Masche
- Italienischer Anschlag
- Bumerangferse mit Umschlag
- Maschenstich

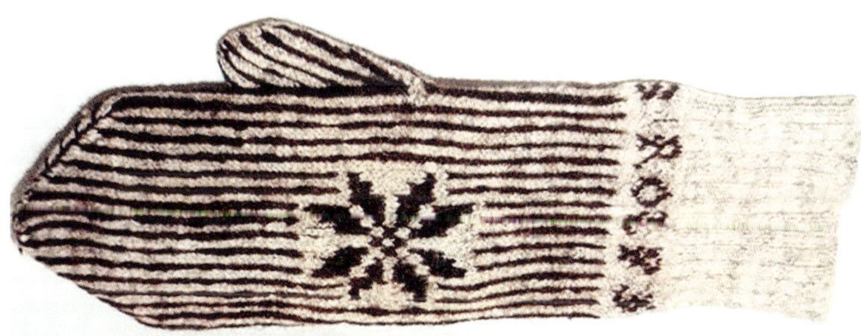

Handschuhe im Isländischen Nationalmuseum (Foto Fríður Ólafsdóttir)

Anleitung

Bund: mit HF und italienischem Anschlag (s. Technik) 48 (54|60|66) M anschl. Nicht zur Rd schließen, sondern *1 M re, 1 M abh Fdn vorn*. Diese R insg 2-mal str.

Dann zur Rd schließen und RdBeg markieren, und ca. 4 (4,5|5,5|5) cm 1 x 1 Rippen (*1 M re, 1 M li*) str. Nächste Rd, abn: *1 M re, 2 M re zus, 1 M re, aaz* = 32 (36|40|44) M

Bein: 1 Rd re mit HF, dann wie folgt im Muster str:
Rd 1: mit HF, *1 tiefe M, 1 M re*.
Rd 2: mit KF, *1 M re, 1 tiefe M*.
Diese 2 Rd wdh, bis das Bein ca. 11 (12|13|14) cm ab den Rippen oder die gewünschte Länge misst, mit einer Rd 2 enden.
In der nächsten Rd, zuerst 15 (17|19|21) SpannM im Muster str, dann weiter im Muster 11 (11|13|13) M über die nächsten 17 (19|21|23) FersenM zun:
Größe 1: *2 M str, 1 M zun, 1 M str, 1 M zun*. *-* 5-mal, 1 M str, 1 M zun,1 M str.
Größe 2: *2 M str, 1 M zun, 1 M str, 1 M zun*. *-* 4-mal, *2 M str, 1 M zun* 3-mal, 1 M str.
Größe 3: *2 M str, 1 M zun, 1 M str, 1 M zun*. *-* 6-mal, 2 M str, 1 M zun, 1 M str.
Größe 4: *2 M str, 1 M zun, 1 M str, 1 M zun*. *-* 5-mal, * 2 M str, 1 M zun*. *-* 3-mal, 2 M str = 28 (30|34|36) FersenM und 15 (17|19|21) SpannM.
Bumerangferse: Weiter mit HF die Ferse in Reihen glatt rechts str.

Abschnitt 1
R 1 (RückR): rechte Seite vorn, 28 (30|34|36) M li, wenden.
R 2 (HinR): U, 27 (29|33|35) M re, wenden.
R 3: U, bis 2 M (die 2 M und U) vor der Lücke li, wenden.
R 4: U, bis 2 M (die 2 M und U) vor der Lücke re, wenden.
R 3 und 4 wdh, bis 13 M in der Mitte übrig sind (letzte R: U, 13 M re, wenden).

Abschnitt 2
R 1 (RückR): U, 13 M li, aali (U und die M auf der anderen Seite der Lücke), wenden.
R 2 (HinR): U, 12 M re bis 1 M vor der Lücke, 2 M re zus (U und die M auf der anderen Seite der Lücke), wenden.
R 3: U, bis 2 M (2 U) vor der Lücke li, aaali (2 U und die M auf der anderen Seite der Lücke), wenden.
R 4: U, bis 2 M (2 U) vor der Lücke re, 3 M re zus (2 U und die M auf der anderen Seite der Lücke), wenden.
R 3 und 4 wdh, bis alle Fersenlücken geschlossen sind.
Nach der letzten R 4 nicht wenden und weiter in Rd re.

Fuß: Maschenaufteilung: Mit KF, U, dann die ersten 14 (16|18|20) SpannM im Muster und die letzte SpannM mit dem nächsten U zus str, die FersenM re, bis auf die letzte, die mit dem nächsten U aaz gestrickt wird.
Die 15 (17|19|21) SpannM weiter im Muster die 28 (30|34|36) SohlenM glatt rechts str, bis der Fuß ca. 14,5 (16,5|18,5|19) cm unter der Sohle misst oder bis 4 (4,5|4|5,5) cm zur gewünschten Fußlänge fehlen. Mit einer HF Rd enden.
Beachten Sie, dass die Sohle etwas länger ist als der Spann.

Spitze: Maschenaufteilung: 9 (11,11,13) M wie folgt über die SpannM zun: *2 M re, 1 M zun, 1 M re, 1 M zun*. *-* 4 (5|5|6)-mal, 2 M re, 1 M zun, bis RdBeg re = 24 (28|30|34) SpannM und 52 (58|64|70) M insg. Nächste Rd: 24 (28|30|34) M re, MM setzen, aaz, 24 (26|30|32) M re, 2 M re zus = 50 (56|62|68) M.
1 Rd re dann Abn-Rd (Abn-Rd: *1 M re, aaz, bis 3 M vor MM re, 2 M re zus, 1 M re*, *-* 2-mal wdh) in jeder 2. Rd 3-mal und in jeder Rd 5 (6|7|8)-mal bis noch 18 (20|22|24) M übrig sind.
Die vorderen 9 (10|11|12) M mit den hinteren 9 (10|11|12) M im Maschenstich zusammennähen.

Ausarbeiten: Fäden vernähen. Sanft von Hand in lauwarmem Wasser mit Wollwaschmittel waschen (mindestens 20 Minuten liegen lassen). Auf Sockenbrett ziehen und trocknen lassen.

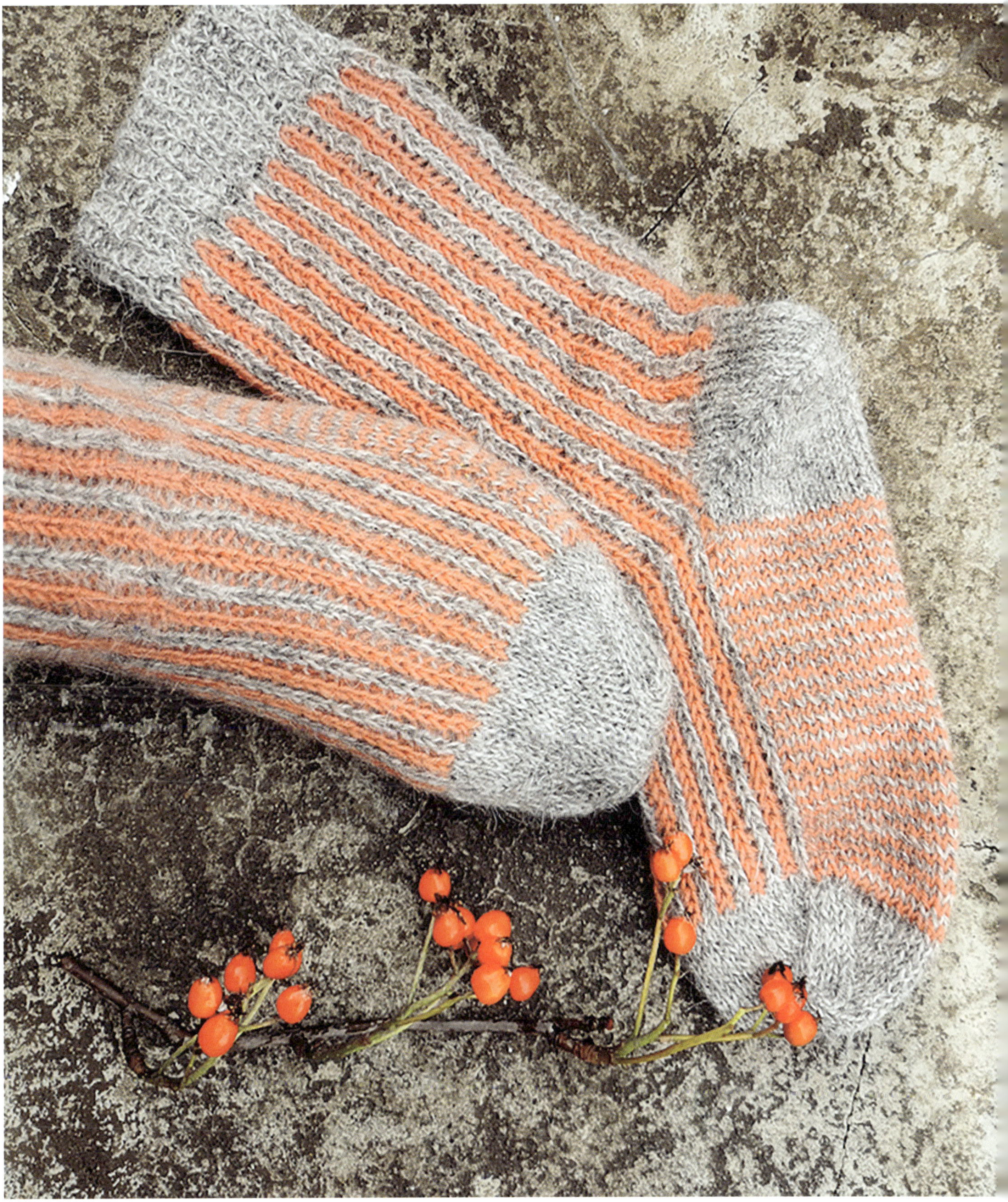

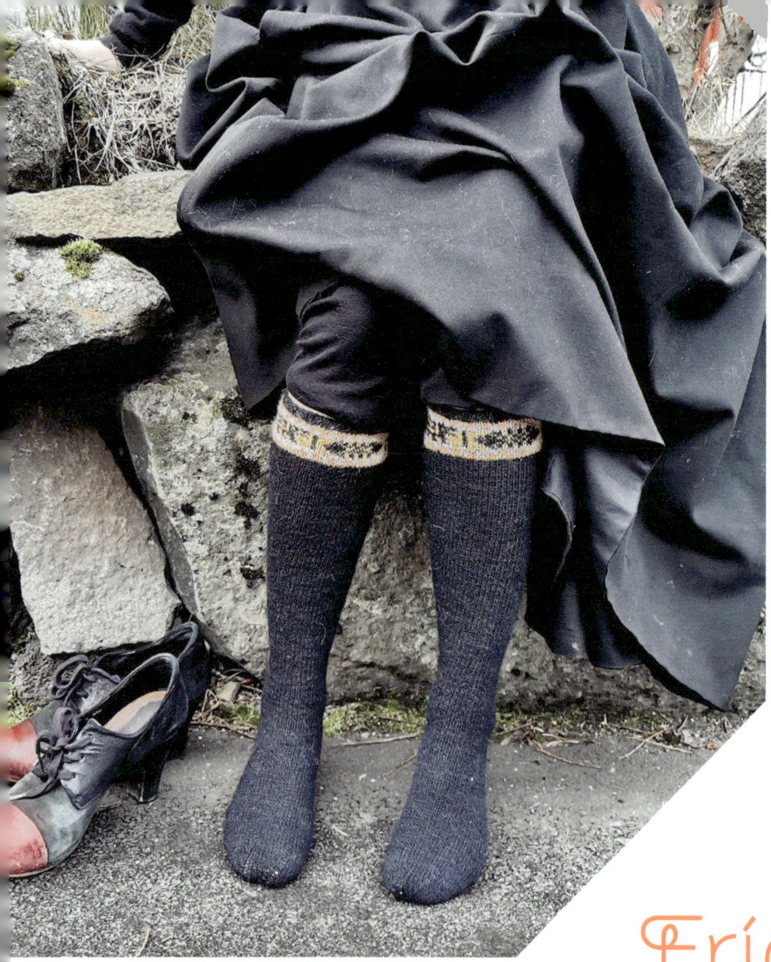

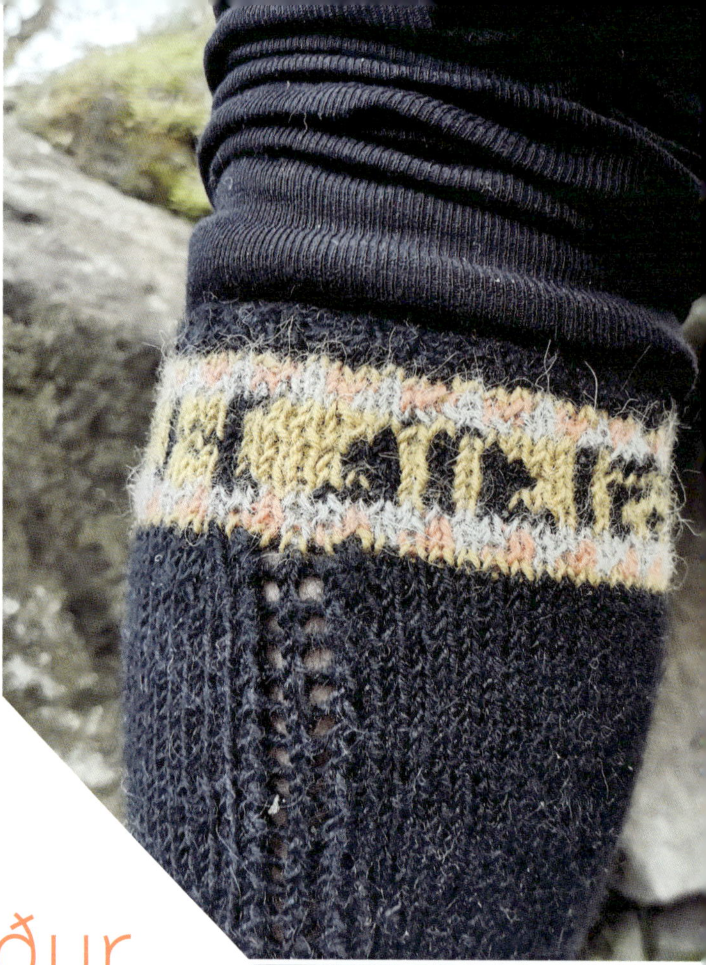

Fríður

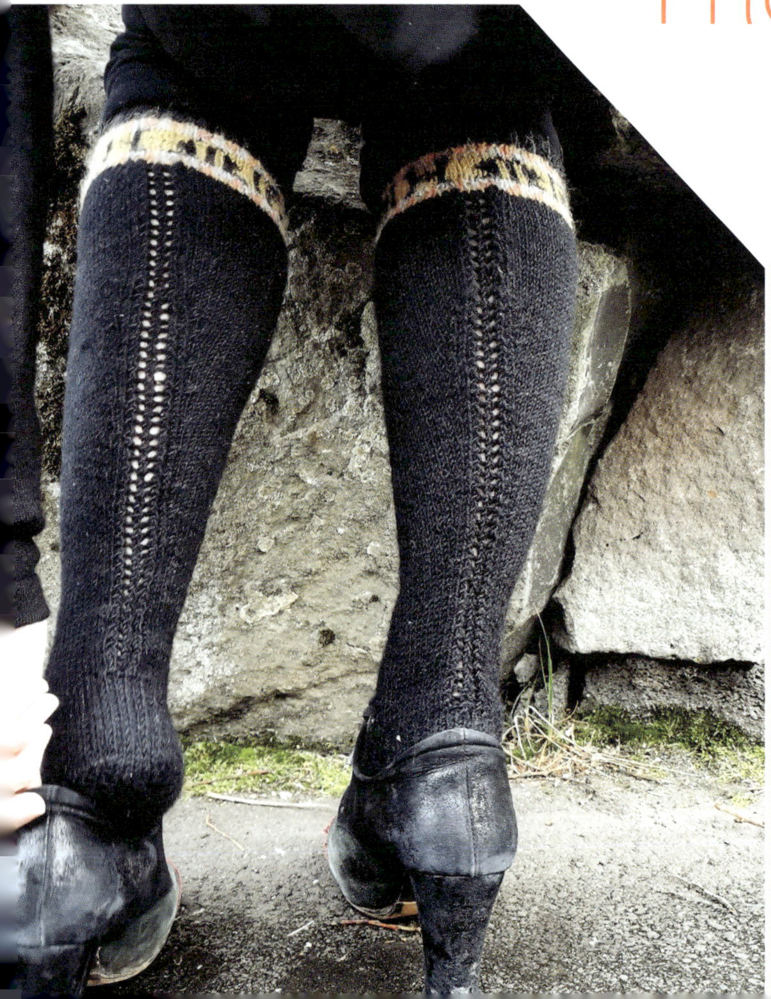

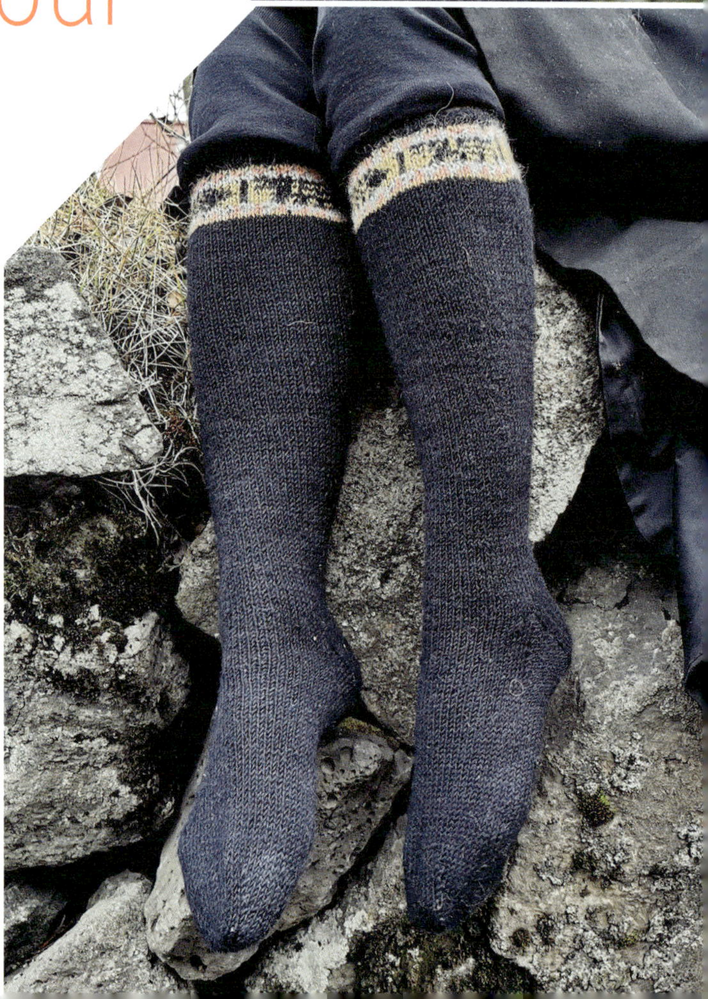

Die Fríður Strümpfe …

… wurden von einem Paar isländischer Strümpfe im Nationalmuseum in Kopenhagen, Dänemark, inspiriert.
Die Originalstrümpfe sind aus einer dünnen, naturbraunen Wolle gestrickt und reichen bis ans Knie. Sie haben einen umgeklappten Rippenbund, eine Bandferse, eine Sternchenspitze und Zu- und Abnahmen beidseitig einer Linie aus linken Maschen an der Beinrückseite. Um die Waden sind sie am breitesten.
Die Strümpfe gehören zu einer gestrickten Männertracht, die dem Museum 1858 geschenkt wurde und von Fríður Ólafsdóttir in ihrem Buch über isländische Herrenkleidung 1740–1850 genau untersucht wurde. Die Strümpfe sind wahrscheinlich jünger als die eigentliche Tracht, die Originalstrümpfe waren wohl durchgetragen. Es ist möglich, Strümpfe nach den Sockenbrettern aus Holz oder Pappe, die sich in Museen finden, zu datieren. Wegen der Form der Strümpfe im dänischen Museum denkt Fríður, dass sie wahrscheinlich aus der ersten Hälfte des 19. Jahrhunderts stammen.
In meinem Design blieben die Haupteigenschaften erhalten, nur die Linie hinten am Bein besteht bei mir nicht aus linken Maschen, sondern Spitze. Ein paar verkürzte Reihen an der Sohle machen sie etwas länger und bequemer. Eine Technik, die man an anderen alten Strümpfen findet.
Anstelle eines umgeklappten Bunds imitiert ein Musterband direkt unter den Rippen das gewebte Strumpfband, das fest unterm Knie gesessen hat. Diese Bänder waren oft brettchengewebt und voller bunter Muster und den Initialen ihres Besitzers. Die Strickschrift des alten isländischen Alphabets erlaubt Ihnen, die Strümpfe zu personalisieren, für sich oder den Empfänger. Das Alphabet kommt aus einem alten *sjónabók*, einem isländischen Mustermanuskript aus dem 17. Jahrhundert.

Größen: 1 (2|3|4) für Fußumfang 21 (23,5|24,5|27) cm. Man kann weitere Größen stricken, wenn man die Nadelstärke ändert und die Länge anpasst, indem man mehr oder weniger Rd strickt. Der Wadenumfang kann auch geändert werden, indem hinten am Bein mehr oder weniger Zunahmen gestrickt werden und entsprechend mehr oder weniger Abnahmen. Das Musterband kann auch verändert werden, indem man mehr oder weniger Musterwiederholungen des Zentralmotivs strickt.
Gezeigt in Größe 2.

Maße
Fußumfang: 18,5 (21|23|25,5) cm
Fußlänge: 18 (20|22,5|25) cm
Wadenumfang: 28,5 (31|33|35,5) cm
Beinlänge (lässt sich anpassen) vom Bund bis zum Knöchel: ca. 33 (33|35|38) cm
Empfohlene Passform: Fußumfang 2,5 cm enger und 15%weniger in der Länge.

Maschenprobe: 10 cm = 26 M und 32 R glatt rechts auf Nadelstärke 2,5 mm

Wolle: Katla sokkaband von Hélène Magnússon: reine Schurwolle, 100% isländische Lambswool, dicke Strumpfwolle, 4-fädig, 100 g Knäuel = 220 m: 2 (2|2|2|3) Knäuel HF; Wollreste für KF

Verbrauchte Wollmenge:
HF Raven black: 300 (340|400|,475) m
KF1 Palagonite ochre 12 (14|16|19) m
KF2 Arctic coral 4 (5|6|7) m
KF3 Natural grey 12 (14|16|19) m

Nadel: 2,5 mm Rundnadel für Magicloop. Sie können auch mit einem Nadelspiel oder anders rund stricken. Passen Sie die Nadelstärke an, um die korrekte Maschenprobe zu erreichen.

Zubehör: Maschenmarkierer, Stopfnadel, Sockenbrett

Techniken: s. Kapitel Technik (S. 130):

- Damit bei Streifen und Musterbändern keine Stufe entsteht, einen stufenlosen Farbwechsel str.
- Wenn nicht anders angegeben, M immer wie zum li Str abh.
- Verkürzte R mit Umschlag
- Einstrickmuster

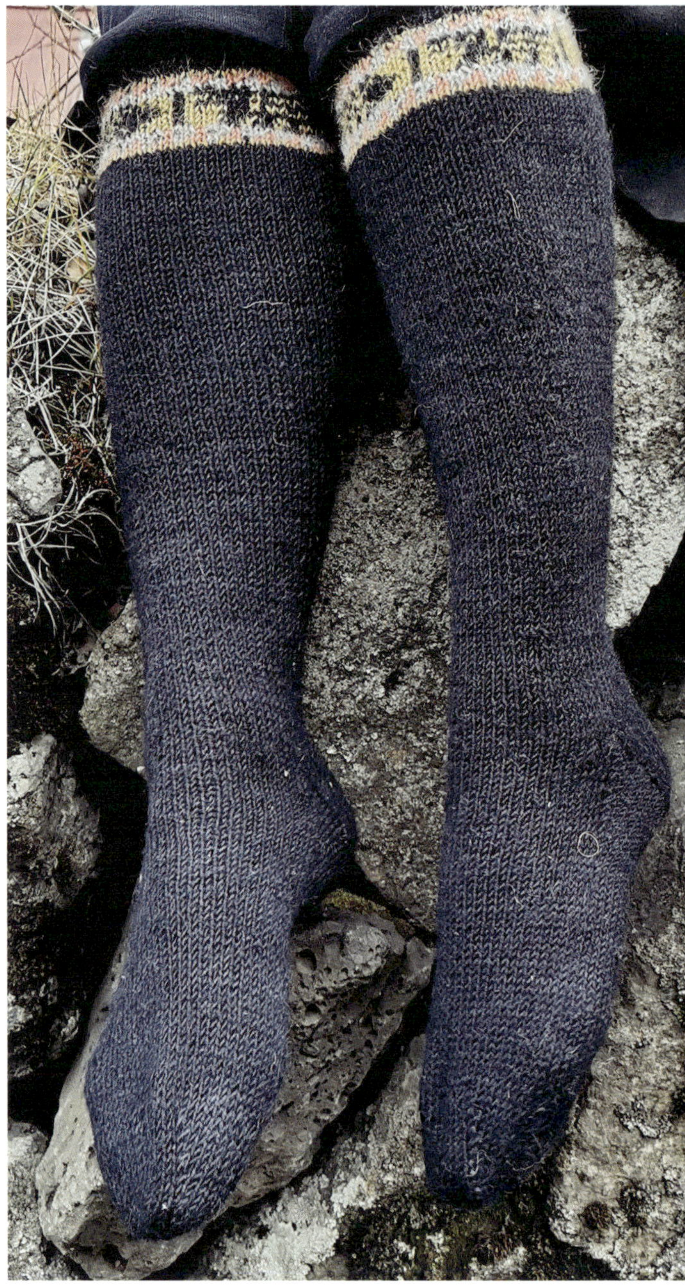

Anleitung

Bund: Mit HF 60 (64,68,76) M locker anschl, zur Rd schließen und RdBeg markieren. 3 Rd Rippen (*2 M re, 2 M li*) str.
In der nächsten Rd wie folgt zun:
1 M zun, 10 (8|7|10) M re, *-* 5 (7|9|7)-mal, 1 M zun, restl M bis RdBeg re = 66 (72|78|84) M.
Schreiben Sie Ihre Initialen verkehrt herum in die leeren Kästchen der Strickschrift A, stricken Sie das Muster der Strickschrift ein:
Größe 1: M 45–50 weglassen.
Größen 2|3|4: Das umrahmte Motiv 1, 3, 5-mal str. Nach der Strickschrift weiter mit HF.

Bein: Mascheneinteilung, MM setzen: 8 M re, MMA setzen, 7 M re, MMB setzen, bis RdBeg re.

Das Beinmuster wird in der hinteren Beinmitte über 7 M gestrickt, zwischen den Maschenmarkierern MMA und MMB nach Strickschrift B oder der ausgeschriebenen Anleitung:
Rd 1: [1 M re verschr, aaz, U, 1 M re, U, 2 M re zus, 1 M re verschr]
Rd 2: [1 M re verschr, 5 M re, 1 M re verschr]

Wade

Außerhalb von MMA und MMB wie folgt in jeder zweiten Rd zun:
Rd 1: Bis MMA re, 1 M zunR rechts des MM, MM, im Muster bis MMB str, MM, 1 M zunL links des MM, bis RdBeg re.
Rd 2: Alle M re.
Diese 2 Rd insg 2-mal str = 70 (76|82|88) M.

14 (16|16|18) Rd str, zwischen MMA und MMB das Beinmuster str.

RdBeg-MM entfernen, dann wie folgt 4-mal in jeder 3. Rd außerhalb von MMA und MMB abn und 7-mal in jeder 5. Rd (11 Abn-Rd insg):
Abn-Rd: Bis zu den letzten 2 M vor MMA re, aaz, MM, im Beinmuster bis MMB str, MM, 2 M re zus.
Rd zwischen Abn-Rd: alle M re, weiterhin das Beinmuster zwischen MMA und MMB str = 48 (54|60|66) M.

Weiter str, zwischen MMA und MMB im Beinmuster, bis der Strumpf an den Knöchel reicht (ca. 33 (33|35|38) cm). Die letzte Rd 8 (10|11|13) M vor MMA beenden. Alle MM entfernen.

Ferse

Fersenwand: mit der rechten Seite vorn wie folgt 22 (26|28|32) R über die 23 (27|29|33) FersenM str:
R 1 (HinR): 1 M abh, 22 (26|28|32) M re, wenden.
R 2 (RückR): 1 M abh, 22 (26|28|32) M li, wenden.
R 1 und 2 insg 11 (13|14|16)-mal wdh. Mit einer li R (RückR) enden.

Käppchen

R 1 (HinR): 1 M abh, 13 (15|15|17) M re, aaz, 1 M re, wenden.
R 2 (RückR): 1 M abh, 6 (6|4|4) M li, 2 M li zus, 1 M li, wenden.
R 3: 1 M abh, bis 1 M vor der Lücke re, aaz, um die Lücke zu schließen (je 1 M vor und nach der Lücke), 1 M re, wenden.
R 4: 1 M abh, bis 1 M vor der Lücke li, 2 M li zus, um die Lücke zu schließen (je 1 M vor und nach der Lücke), 1 M li, wenden.
R 3 und 4 wdh, bis alle M gestrickt wurden und 15 (17|17|19) M übrig sind.

Zwickel

Rd 1: FersenM re, 11 (13|14|15) M aus der Fersenwand aufn, 1 M aus der Lücke zun, MM setzen, 25 (27|31|33) SpannM re, MM setzen, 1 M aus der Lücke zun, 11 (13|14|15) M aus der Fersenwand aufn, neuen RdBeg-MM setzen = 64 (72|78|84) M.
Rd 2: Bis 2 M vor MM re, aaz, bis zum nächsten MM re, MM, 2 M re zus, bis RdBeg re
Rd 3: Alle M re.
Rd 2 und 3 insg 8 (9|9|9)-mal wdh, bis es wieder 48 (54|60|66) M sind.

Fuß: 8 Rd re str.
Verkürzte R Sohle: bis RdBeg re, noch 20 (22|24|26) M re, wenden, U, 24 (27|30|33) M li, wenden, U. Weiter in Rd str, bis 1 M vor der Lücke re und 2 M re zus, um die Lücke zu schließen (U und M), bis 1 M vor der nächsten Lücke re und aaz, um die Lücke zu schließen (M und U), bis RdBeg re.
8 (9|10|11) Rd re, dann verkürzte R Sohle wdh.

Weiterstr, bis der Fuß ca. 13,5 (15,5|18|20,5) cm misst oder bis zur gewünschten Fußlänge noch 4,5 cm fehlen.

Spitze: Nur Größen 2|3 und 4: *2 M re zus, -(7|13|31)M re*. Insgesamt = 48 (48|56|64) M.
Dann alle Größen, wie folgt abn:
Rd 1 und alle ungeraden Rd: Alle M re.
Rd 2: *2 M re zus, 6 M re*.
Rd 4: *2 M re zus, 5 M re*.
Rd 6: *2 M re zus, 4 M re*.
Rd 8: *2 M re zus, 3 M re*.
Rd 10: *2 M re zus, 2 M re*. Insgesamt = 18 (18|21|24) M.
Rd 12: *2 M re zus* bis Rd-Ende, restl M in Größe 3 re. Insgesamt = 9 (9|11|12) M. Faden abschneiden und durch die verbleibenden M ziehen.

Ausarbeiten: Fäden vernähen. Sanft von Hand in lauwarmem Wasser mit Wollwaschmittel waschen (mindestens 20 Minuten liegen lassen). Auf ein Sockenbrett ziehen und trocknen lassen.

Anmerkung: Die Buchstaben stehen der Einfachheit halber auf dem Kopf, da Sie Ihre Initialen auch verkehrt herum in die leeren Kästchen rechts in der Strickschrift A eintragen müssen. Der letzte Buchstabe des Alphabets (oben links) ist das isländische Þ (th). Akzente sind nicht angegeben, ich schlage vor, sie, wenn nötig, am Ende aufzusticken.

Strickschriften

Strickschrift A — Ihre Initialen

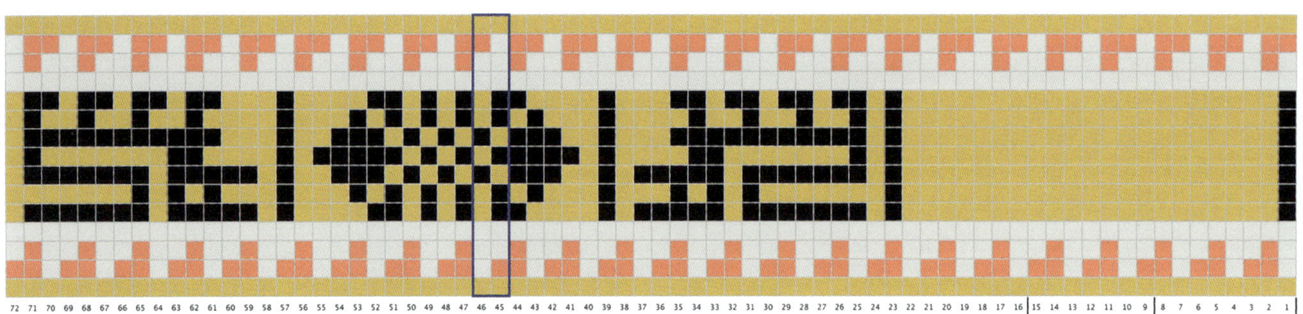

Größe 1: M 45–50 weglassen
Größen 2|3|4: - (1|3|5)-mal str

MMB MMA RdBeg

Alphabet

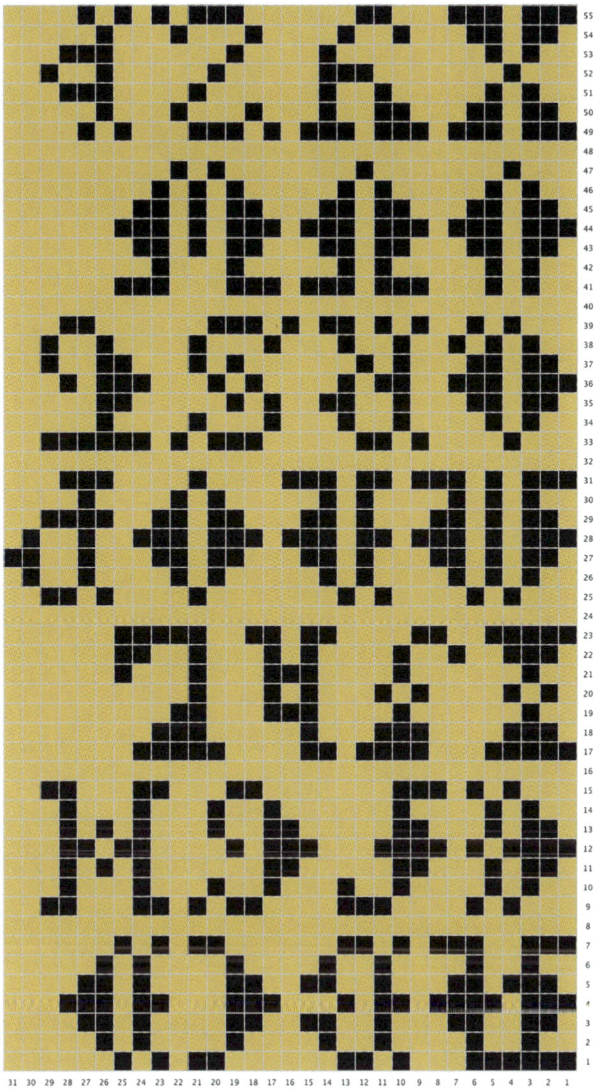

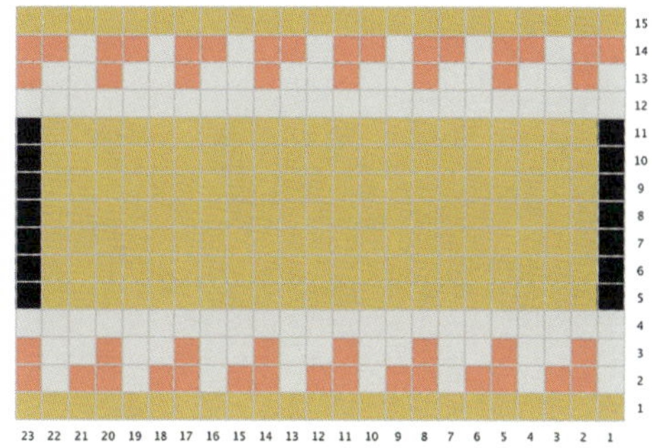

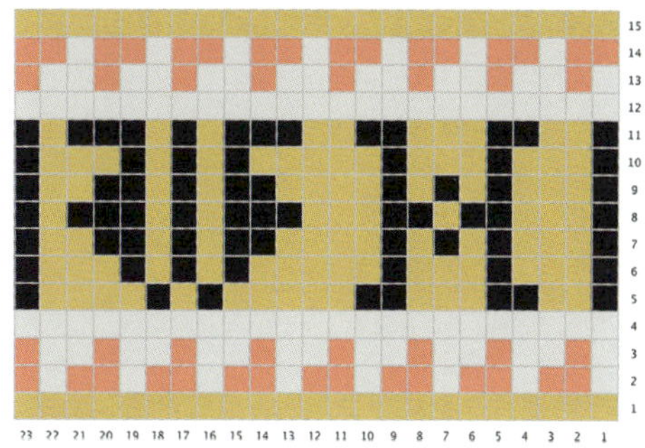

Strickschrift B

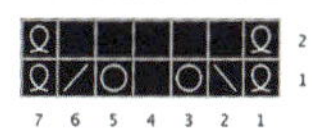

- re
- re verschr
- U
- 2 M re zus
- aaz
- wdh

- HF
- KF1
- KF2
- KF3

Die isländischen Strümpfe Nr. V 181 c im Dänischen Nationalmuseum

Das Buch Íslensk karlmannaföt 1740–1850 von Fríður Ólafsdóttir erschien 1999. Fríður hatte schon seit Jahren zu isländischer Männerbekleidung geforscht. Das Buch beschreibt detailliert historische Kleidungsstücke isländischer Männer und enthält viele Illustrationen. Die Verarbeitung und Eigenschaften von Wolle werden erläutert, dem Hauptmaterial der erhaltenen Herrenkleidung aus Island. Es gibt außerdem Kapitel zu isländischem Stricken und Nähen. Eines beschäftigt sich vor allem mit der Verbindung von erhaltenen Kleidungsstücken zur isländischen Männertracht und der sogenannten Nationaltracht. Das Buch enthält Zeichnungen zum Schnitt der Kleidung und zieht Schlüsse über Verarbeitungsmethoden und die benutzten Geräte.

Im Buch beschreibt Fríður ein paar Strümpfe mit der Exponatennummer V 181 c im Dänischen Nationalmuseum in Kopenhagen:
»Die Strümpfe wurden aus einer verzwirnten, dreifädigen Wolle in ungefärbtem Braun der isländischen Schafe gestrickt. Sie sind knielang und in Form gestrickt, haben einen umgeklappten Rippenbund, an der Wade sind sie am weitesten. In der hinteren Wadenmitte verläuft eine Linie linker Maschen, an der beidseitig zu- und abgenommen wird. Die Ferse ist nach einer noch heute bekannten Methode gestrickt, nämlich mit Käppchen. Die Spitze ist eine Sternchenspitze. Soweit bekannt ist kein weiterer, ganzer Strumpf dieser Art erhalten, weder im Isländischen Nationalmuseum noch sonst wo in Island.«

Wie die Objektnummer zeigt, gehörten die Strümpfe zu einer kompletten isländischen Herrenausstattung, die Steinke Kaumanns 1858 dem Nationalmuseum geschenkt hat. Die verschiedenen Kleidungsstücke stammten wohl aus unterschiedlichen Zeiten, wurden aber irgendwann alle zusammengetragen.

Ich bin Fríður sehr dankbar, dass sie mir erlaubt hat, Ausschnitte aus ihrem Buch zu veröffentlichen. Dadurch ist diese Quelle zum ersten Mal in anderen Sprachen zugänglich.

»Die Strümpfe wurden dem Museum 1858 geschenkt, zusammen mit einer Herrentracht bestehend aus einem braunen Strickpullover, einer Kniebundhose und einer zweireihigen Weste. Obwohl die Strümpfe zusammen mit der Tracht ans Museum gingen, sind sie wahrscheinlich viel jünger als die Hose und der Pullover, da Strümpfe selten genauso lang hielten. Die Strümpfe, die ursprünglich zur Tracht gehörten, waren sicher mehrfach geflickt und dann weggeworfen worden.

In isländischen Bildquellen, die die Kleidung des 18. Jahrhunderts beschreiben, werden Socken in der Regel immer als notwendiger Bestandteil der Kleidung angesehen. Sie waren natürlich aus Wolle, entweder in Schaffarben oder gefärbt. Männer wie Frauen trugen meist mehrere Paar, lange Kniestrümpfe und Socken darüber oder darunter. Auf Reisen trug man oft utanyfir sokkar (Außenstrümpfe) oder reiðsokkar (Reitstrümpfe), und Fischer trugen special sjósokkar (Fischerstrümpfe). Da Schuhe keine hohe Qualität hatten, waren Strümpfe sehr wichtig, und sie wurden zweifellos auf unterschiedliche Art gestrickt. Ihre Pflege, Flicken und Herstellung waren in den vergangenen Jahrhunderten fast tägliche Tätigkeiten, und die Menschen kümmerten sich sicher gut um ihre Strümpfe. Bevor Strickstümpfe in Island zum ersten Mal auftauchten, wahrscheinlich Anfang des 16. Jahrhunderts, wurden alle Strümpfe aus Webstoffen genäht und die Beine zusätzlich mit Stoffstreifen umwickelt. Strickstrümpfe waren über Jahrhunderte einer der Hauptexportartikel Islands und wurden ab der 2. Hälfte des 16. Jahrhunderts als lokale Währung genutzt.«

Um herauszufinden, aus welcher Zeit die Strümpfe aus dem Nationalmuseum stammten, konsultierte Fríður verschiedene Quellen.

Im Buch *Reise durch Island* beschreiben Eggert Ólafsson und sein Freund Bjarni Pálsson, ein Arzt und Naturforscher, von ihren Reisen durch das Land von 1752 bis 1757 (im 19. Jahrhundert wurde es ins Deutsche, Französische und Englische übersetzt, erschien aber erst 1943 auf Isländisch), Fríður schreibt:

»Mitte des 18. Jahrhunderts berichtet Eggert Ólafsson , dass die Menschen Strickstrümpfe trugen, beschreibt sie aber nicht (S. 257), obwohl die Zeichnungen im Buch Männer in hellen wie dunklen Alltagsstrümpfen zeigen *(sokkar hversdags)*. Bjarni Pálsson erwähnt auch, dass Männer gegen Ende des 18. Jahrhunderts schwarze oder hellbraune Alltagsstrümpfe trugen (S. 636).«

Fríður sah sich auch die Brandstaðarannáll, Annalen von Brandstaðir, an, festgehalten von Björn Bjarnason, einem Bauern aus Brandsstaðir von 1816 bis 1821 und noch mal ab 1836:
»In den Brandstaðarannáll heißt es, dass Herrenstrümpfe in der zweiten Hälfte des 18. Jahrhunderts über die Knie reichten und rostbraun, rötlich *(rauðkembdur)* oder schwarz waren und dass beim Kirchgang Reitstrümpfe getragen wurden, die ebenfalls übers Knie reichten.«
Auf Bildern und Zeichnungen des 18. Jahrhunderts sieht man:

»Männer trugen entweder rostbraune oder dunkle Strümpfe. Es gibt jedoch eine Ausnahme [auf der Zeichnung von 1794 von Th. Skovelin Þorvald Skógalín Þorvarldsson], wo Vater und Sohn Skógalín beide blaue, eher hellblaue Strümpfe tragen, knapp unterm Knie sind deutlich Strumpfbänder zu erkennen, um die Strümpfe hochzuhalten. Das war üblich, vor allem zu besonderen Gelegenheiten.«

Prjónafyrirsögn Skúla fógeta (Skúli fógetis Stricknotizen) sind die ältesten bekannten,schriftlichen Anleitungen in Island: Skúli Magnússon, erster Landvogt Islands und Gründer von Reykjavík, notierte irgendwann zwischen 1860 und 1870 die Strickmethoden der Frauen von Viðey (einer kleinen Insel vor Reykjavík, wo er lebte). Fríður erläutert:

»Eine der Strickanleitungen aus der Mitte des 18. Jahrhunders von Skúli Magnússon ist *slitsokkar karlmanns* (starke Herrenstrümpfe, wobei sich stark auf die Wolle bezieht). Die Anleitung ist relativ gut verständlich, und es ist von Beginn an klar, dass die Strümpfe übers Knie reichen. [...] Skúli bietet auch Anleitungen für *kvensokkar smáir* (feine Damenstrümpfe) und *kvensokkar ízlenskir* (isländische Strümpfe).
Die Anleitungen beschreiben nur das Stricken oberhalb des Spanns, aber zeigen, dass auch Damenstrümpfe damals übers Knie reichten. Diese Strümpfe hatten keinen umgeklappten Bund.
Herrenstrümpfe reichten bis unter die Kniebundhosen und unter oder über längere Hosen. Die *slitsokkar* waren wahrscheinlich für den täglichen Gebrauch gedacht und aus gröberer Wolle, während *sokkar af smábandi* (feine Strümpfe) aus feinerer Wolle gestrickt wurden und daher bessere Strümpfe waren.«

Schließlich untersuchte Fríður die Sockenbretter in den Museen:

»Soweit wir wissen, sind keine kompletten Strümpfe wie diejenigen in Kopenhagen im Isländischen Nationalmuseum oder irgendwo sonst im Land erhalten. Aber die sogenannten Sockenbretter oder Sockenspanner, die hier in den Museen erhalten sind, vermitteln uns eine gute Vorstellung davon, welche Form Strümpfe in vergangenen Jahrhunderten hatten.«

Sie untersuchte vor allem ein zertifiziertes Sockenbrett aus Holz aus dem Isländischen Nationalmuseum mit den Daten 1770 und 1778 (Þjmsnr. 11553), sowie ein anderes im isländischen Nationalarchiv von 1757 und stellt fest:

»Diese beiden Formen passen zur Anleitung von Skúli, sie reichen ebenfalls über das Knie, ungefähr 10–15 cm über die Kniekehle.«

Sie kommt dann zu folgendem Schluss:

»Der Strumpf im isländischen Nationalarchiv stammt von 1757. Die Holzform wurde bis ins 19. Jahrhundert benutzt. Ihre Form ähnelt sehr der von 1757. Diese Form und Skúlis Anleitung beweisen, dass Kniestrümpfe von Mitte des 18. bis ins 19. Jahrhundert hier in Island benutzt wurden. Solche Strümpfe wurden auch ›puls-hose‹ genannt, von pul(s)wollenen Strümpfen.
Man kann davon ausgehen, dass diese Strümpfe Überbleibsel der mittelalterlichen hosur (Beinlinge), leistabrækur (Kniebundhosen) waren, wie die Namen vermuten lassen.

Die Strümpfe V 180 c aus dem Nationalmuseum haben einen umgeklappten Rippenbund von ein paar Zentimetern Länge, das, zusammen mit ihrer Form, deutet darauf, dass sie aus der ersten Hälfte des 19. Jahrhunderts stammen.«

Fríður Ólafsdóttir, *Íslensk karlmannaföt 1740–1850*, Reykjavík: Fríður Ólafsdóttir, 1999

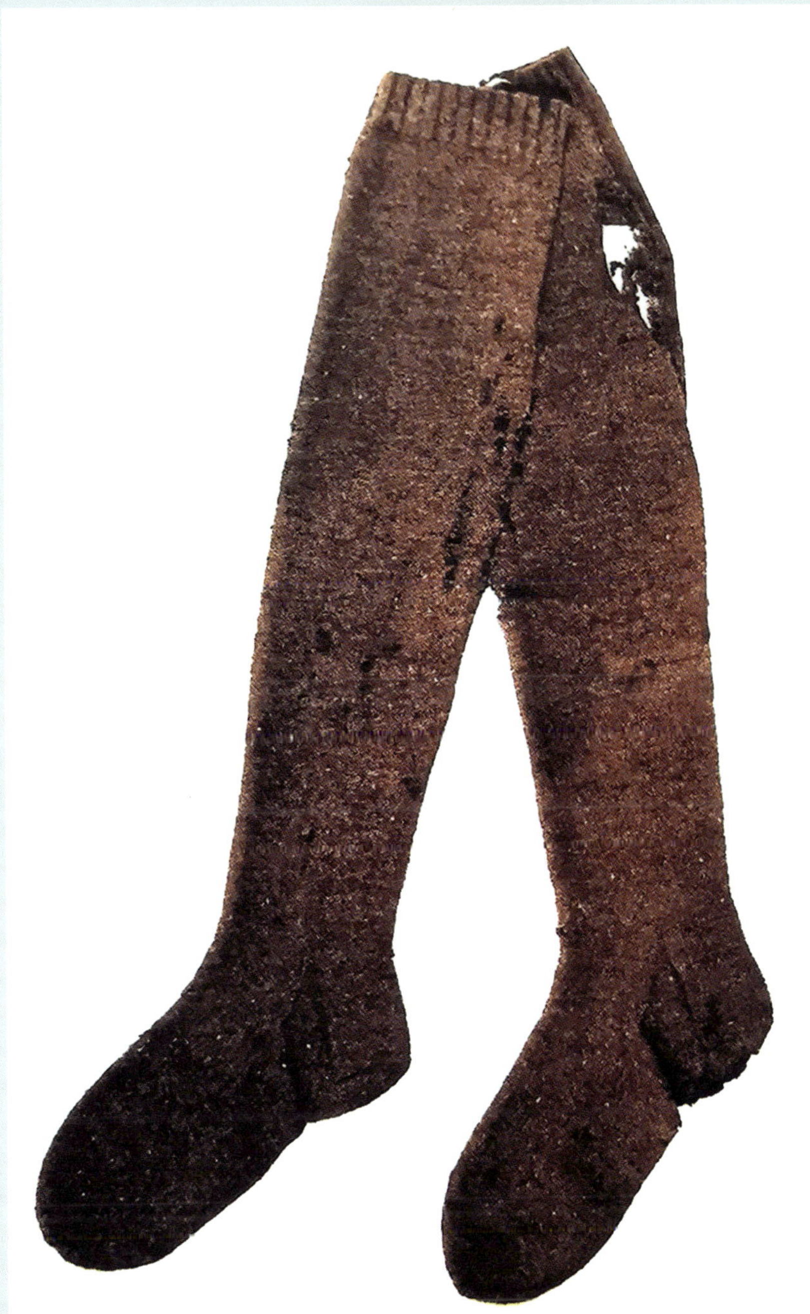

Isländische Strümpfe, Nat-Nummer V 181 c (Foto Fríður Ólafsdóttir)

Hildur

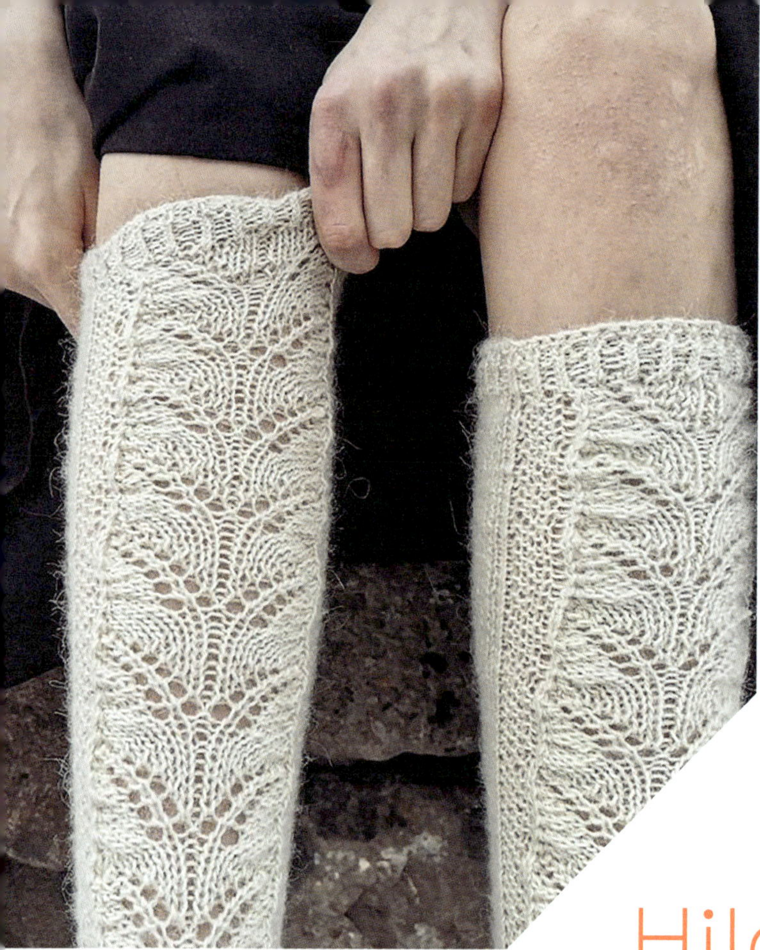

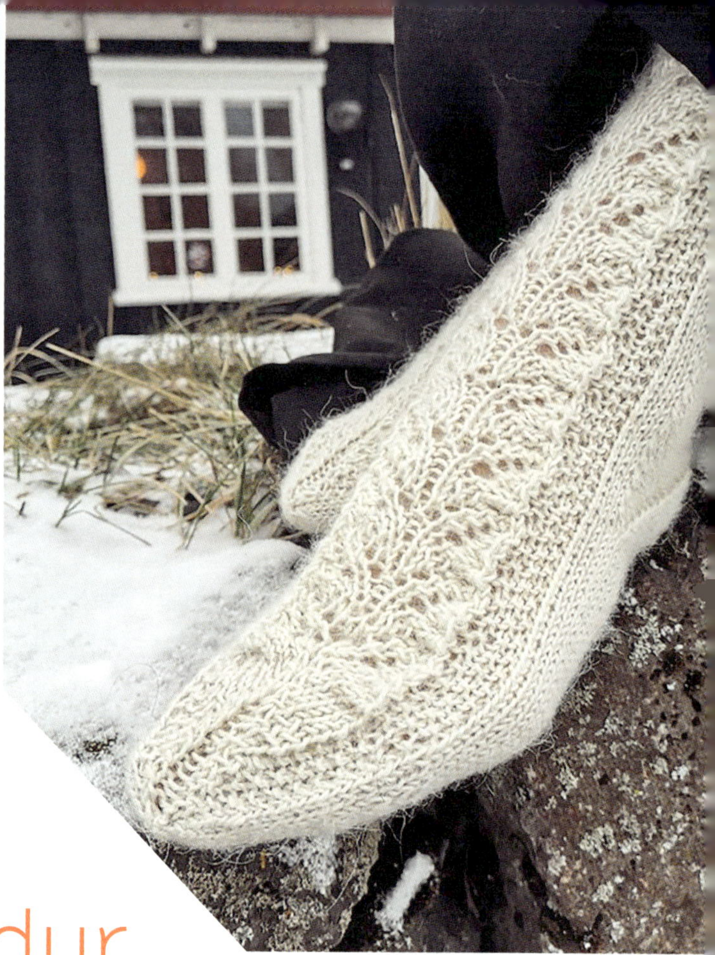

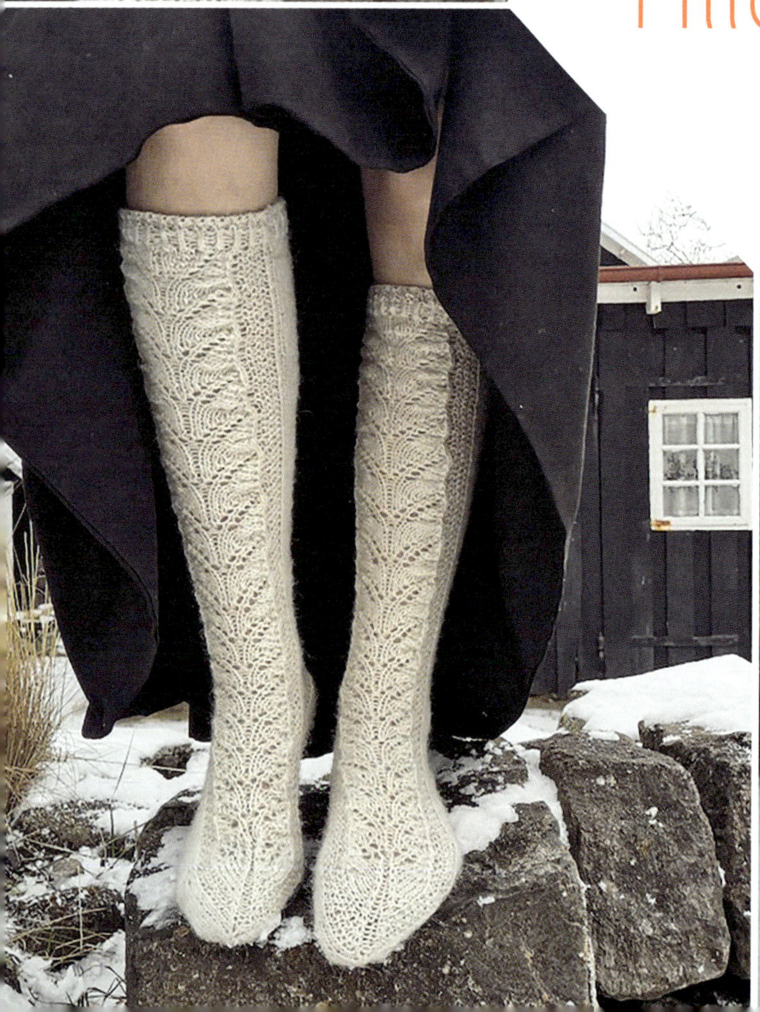

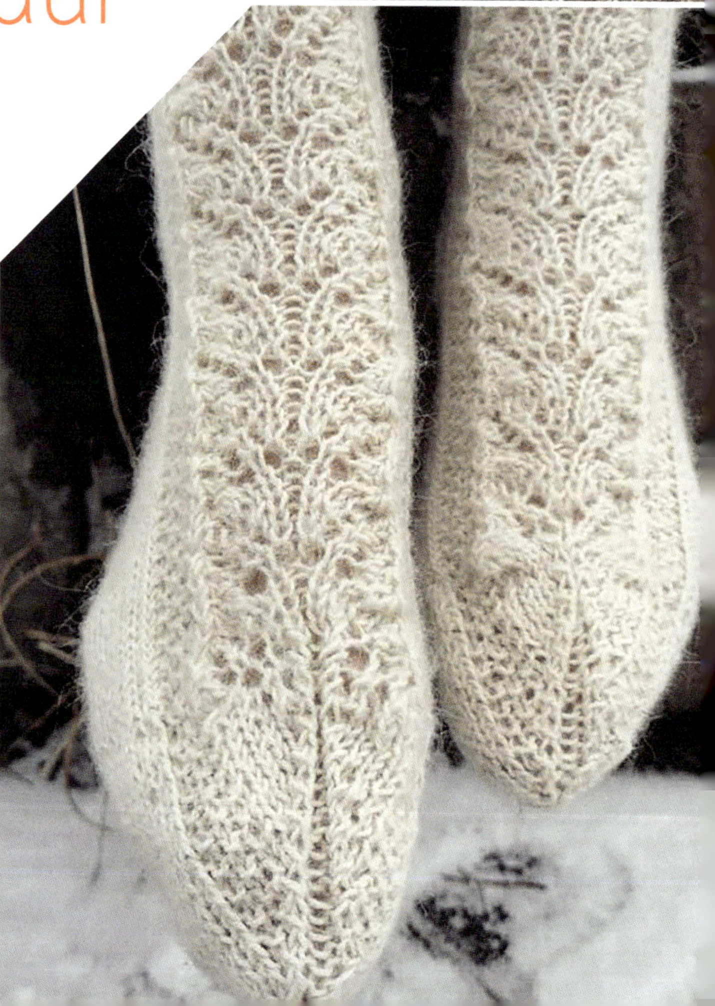

Die älteste bekannte ...

... Strickanleitung für Strümpfe in Island notierte Skúli Magnússon, erster Vogt von Island und Gründer von Reykjavík, irgendwann zwischen 1860 und 1870, als er auf der Insel Víðey lebte. Die Anleitungen sind für drei Paar von oben gestrickter Strümpfe bis übers Knie, mit Wadenformung. Die Historikerin und Schneiderin Guðrún Hildur Rosenkjær í Annríki hat vor Kurzem diese drei Strümpfe rekonstruiert. Obwohl sie auf den ersten Blick gleich zu sein scheinen, zeigt ein genauerer Blick, dass die Beinform sehr sorgfältig gestrickt wird, genau wie die Knöchel, die Wade und die Kniebeuge. Die gut durchdachten Zu- und Abnahmen liegen an der Wade und/oder seitlich, um sich perfekt den unterschiedlichen Beinformen anzupassen. Skúlis Anleitung beinhaltet jedoch weder Ferse noch Spitze.

Meine Hildur Strümpfe reichen nicht bis über Knies und basieren gar nicht auf Skúlis Anleitungen. Ich wollte einfach einen gut sitzenden Kniestrumpf entwerfen, der sich perfekt dem Bein anpasst. Dafür habe ich die Formgebung für Wade und Kniebeuge nicht nach hinten oder an die Seiten gelegt, sondern nach vorn, in ein sehr elastisches Spitzenmuster, das immer breiter wird. Damit man leichter die richtige Länge findet, werden die Strümpfe von der Spitze nach oben gestrickt, mit einer weiteren Variante der Bandferse. Das Spitzenmuster auf dem Spann verläuft ununterbrochen von der kreativen Spitze bis ganz hoch zum Bund.

Ich war begeistert, dass ich den Strumpf auf einem alten Sockenbrett von 1800–1900 im Árbær Museum ausprobieren konnte: Sie passten perfekt!

Größen: 1 (2|3|4) für Schuhgröße 35–36 (37–38 | 39–40 | 41–42). Gezeigt in Größe 3.

Maße

Fußumfang gespannt: 20 (21,5|23|24,5) cm
Fußlänge, lässt sich anpassen: 18 (19|21|24) cm
Empfohlene Passform: Fußumfang 2,5 cm enger und 15 % weniger in der Länge.
Höhe über der Ferse (ab Zwickelende), lässt sich anpassen: 40 cm

Maschenprobe: 10 cm = 24 M und 30 R glatt rechts auf 3 mm mit dicker Strumpfwolle

Wolle: Katla sokkaband von Hélène Magnússon: reine Schurwolle, 100% isländische Lambswool, dicke Strumpfwolle, 4-fädig, 100 g Knäuel = 220 m: natural white, 2 Knäuel

Verbrauchte Wollmenge: 275 (305|360|400) m

Nadel: 2,5 mm und 3 mm Rundnadel für Magicloop.
Sie können auch mit einem Nadelspiel oder anders rund stricken. Passen Sie die Nadelstärke an, um die korrekte Maschenprobe zu erreichen.

Zubehör: Stopfnadel, Maschenmarkierer, Sockenbrett zum Spannen

Anleitung

Spitze

Mit der dickeren Nadel im Fadenring 8 M anschl.
1 Rd re, RdBeg-MM setzen, dann zun: *1 M dop str*, bis RdEnde wdh = 16 M.
Maschenaufteilung (= Rd 1 der Strickschrift A über den Spann): 1 M re verschr, 1 M re, 1 M li, 1 M re, 1 M re verschr, 1 li M zun, 5 M re, 1 M li, 5 M re.

Die Spitze in der Spannmitte formen nach Strickschrift A oder der ausgeschriebenen Anleitung und wie folgt in der Sohlenmitte beidseitig der li M zun:

Alle Größen
Rd 2: Nach Strickschrift A str, bis 1 M zun, bis zur li M re, 1 M zunR, 1 M li, 1 M zunL, bis RdBeg re.
Rd 3 und alle ungeraden Rd bis Rd 19: Nach Strickschrift A bis 1 M zun str, bis RdBeg alle M str, wie sie erscheinen (re M re und li M li str).
Rd 4, 6, 8 und 10: Wie Rd 2.

Größe 1: Rd 12|14|16 und 18: Nach Strickschrift A bis 1 M zun str, bis RdBeg alle M str, wie sie erscheinen (re M re und li M li str). Rd 20–21 nicht str.
Rd 13|15|17 und 19: Wie Rd 3.

Größe 2: Rd 12 und 14: Wie Rd 2.
Rd 16 und 18: Nach Strickschrift A bis 1 M zun str, bis RdBeg alle M str, wie sie erscheinen (re M re und li M li str). Rd 20–21 nicht str.
Rd 13, 15, 17 und 19: Wie Rd 3.

Größe 3: Rd 12|14|16 und 18: Wie Rd 2.
Rd 20–21 nicht str.
Rd 13|15|17 und 19: Wie Rd 3.

Größe 4: Rd 12|14|16 und 18: Wie Rd 2.
Rd 13|15|17 und 19: Wie Rd 3.
Rd 20: Nach Strickschrift A bis 1 M zun str, 1 M re, 1 M zunL, bis zur li M re, 1 M zunR, 1 M li, 1 M zunL, bis 1 M vor RdEnde re, 1 M zunR, 1 M re.
Rd 21: Nach Strickschrift A bis 1 M zun str, bis RdBeg alle M str, wie sie erscheinen (re M re und li M li str). Rd 20–21 noch einmal str = 44 (48|52|56) M.

Fuß

Den Fuß wie folgt glatt rechts, die mittleren 23 M im Spitzenmuster nach Strickschrift B oder der ausgeschriebenen Anleitung str: 23 M im Spitzenmuster, 0 (1|2|3) M re, Seite markieren, 21 (23|25|27) SohlenM re, neuen RdBeg-MM setzen, restl 0 (1|2|3) M re = 23 (25|27|29) SpannM und 21 (23|25|27) SohlenM.

So im Spitzenmuster weiterstr, bis der Fuß ca. 12,5 (13,5|15|16,5) cm von der Fußspitze misst oder noch 6,5 (7|8|8,5) cm bis zur gewünschten Fußlänge fehlen. Am RdBeg in einer geraden Rd enden.

Ferse

Fersenwand

Wie folgt die Fersenwand in Reihen str, die 1. M immer abh:
Wenden.
R 1 (RückR): 1 M abh, 20 (22|24|26) M li, wenden (TIPP: Diese R markieren).
R 2 (HinR): 1 M abh, 20 (22|24|26) M re, wenden.
R 1 und 2 insg 20 (22|24|26) wdh. Mit einer HinR enden.

Käppchen

R 1 (RückR): 1 M abh, 11 (12|13|14) M li, 2 M li zus, 1 M li, wenden.
R 2 (HinR): 1 M abh, 4 M re, aaz, 1 M re.
R 3 (RückR): 1 M abh, bis 1 M vor der Lücke li, 2 M li zus, 1 M li, wenden.
R 4 (HinR): 1 M abh, bis 1 M vor der Lücke re, aaz, 1 M re, wenden.
R 3 und 4 wdh, bis alle M gestrickt wurden.

Weiter wie folgt in Rd str und das Spitzenmuster in der Spannmitte beibehalten (Strickschrift B):

Maschenaufteilung: 10 (11|12|13) M aus der Fersenwand aufn, 2 M (beidseitig aus einer M 1 R tiefer) aus der Lücke zum Spann aufn, neuen RdBeg-MM setzen, 23 (25|27|29) SpannM str, 2 M (beidseitig aus einer M 1 R tiefer) aus der Lücke zur Ferse aufn, 10 (11|12|13) M aus der Fersenwand aufn, bis RdBeg re = 45 (49|53|57) FersenM.

Rd 1: Die SpannM str, 2 M re zus, bis 2 M vor RdBeg re, aaz.

Rd 2: Die SpannM str, alle FersenM re.
Rd 1 und 2 wdh, bis es wieder 21 (23|25|27) FersenM sind.

Bein

Weiterstr und das Spitzenmuster in der Spannmitte über 23 M beibehalten (Strickschrift B) bis zu einer Rd 8, dann zun nach Strickschrift C oder der ausgeschriebenen Anleitung, Rd 1–52.
Am Ende der Strickschrift = 50 (54|58|62) M und 29 M im Spitzenmuster.
Strickschrift C wdh, Rd 41–52 4 (4|5|5)-mal oder bis zur gewünschten Länge mit einer geraden Rd enden.

TIPP: Für eine schmalere Socke nur Rd 1–28 str und Rd 19–28 wdh, bis zur gewünschten Länge = 48 (52|56|60) M und 27 M im Spitzenmuster.

Bund

Auf dünnere Nadel wechseln und wie folgt 6 Rd Rippen str:
Größen 1 und 3: *1 M re verschr, 1 M li*.
Größen 2 und 4: *1 M li, 1 M re verschr*.
Dann noch 3 Rd in einfachen Rippen str:
Größen 1 und 3: *1 M re, 1 M li*.
Größen 2 und 4: *1 M li, 1 M re*.

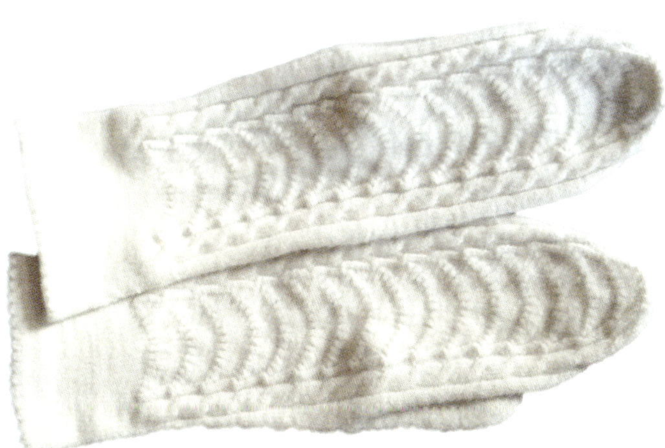

Handschuhe gestrickt von Margrét Þórleifsdóttir 1934–1935 in *Kvennaskólinn* (Frauenschule) von Reykjavík, Eigentum des Museums von Glaumbær

Wie folgt locker im Muster abk: 1 M str st, *nächste M str, die linke Nadel in die 2 M einstechen und 2 M re zus verschr*, bis alle M gestrickt wurden.

Ausarbeiten

Fäden vernähen. Sanft von Hand in lauwarmem Wasser mit Wollwaschmittel waschen (mindestens 20 Minuten liegen lassen). Auf ein Sockenbrett ziehen und trocknen lassen, die Spitze spannen.

Strickschriften

Strickschrift B

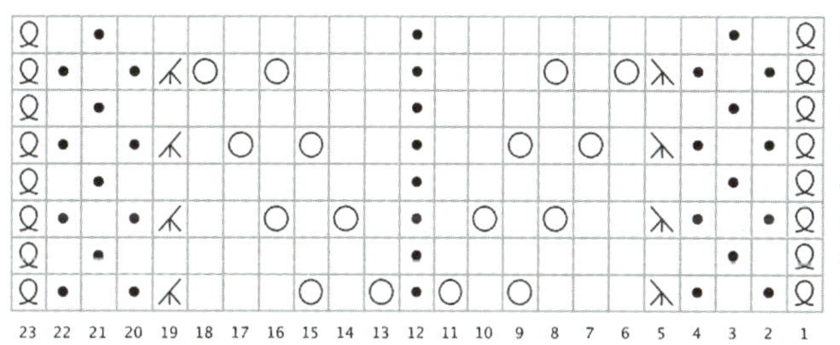

Rd 20 und 21
in Größen 1 (2|3) weglassen

Strickschrift A

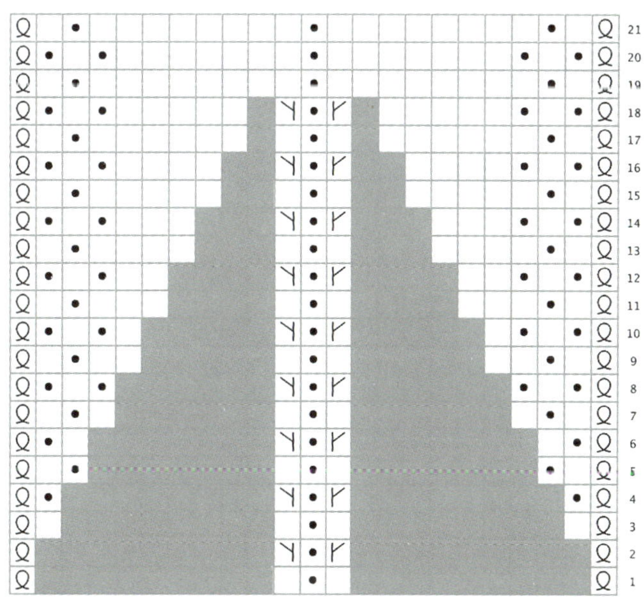

Strickschrift C

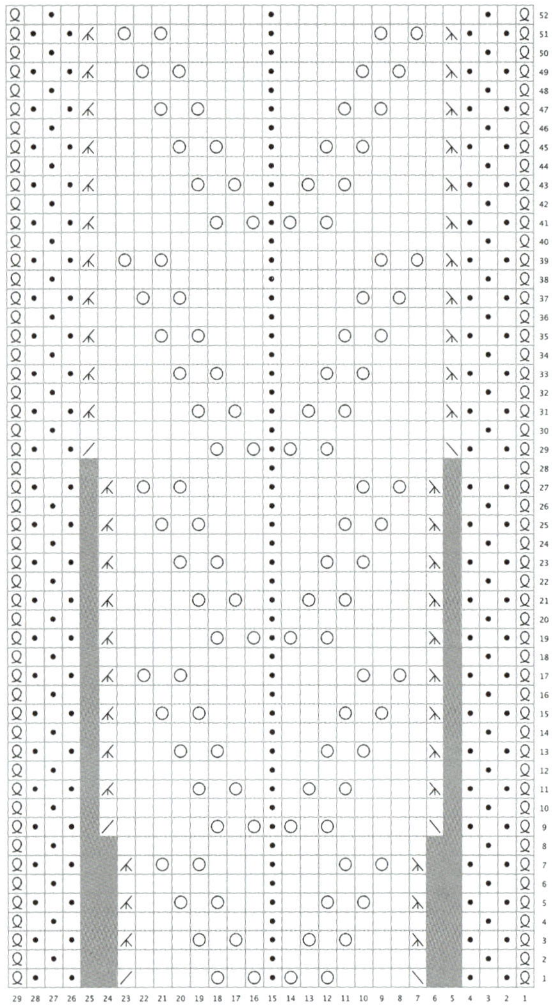

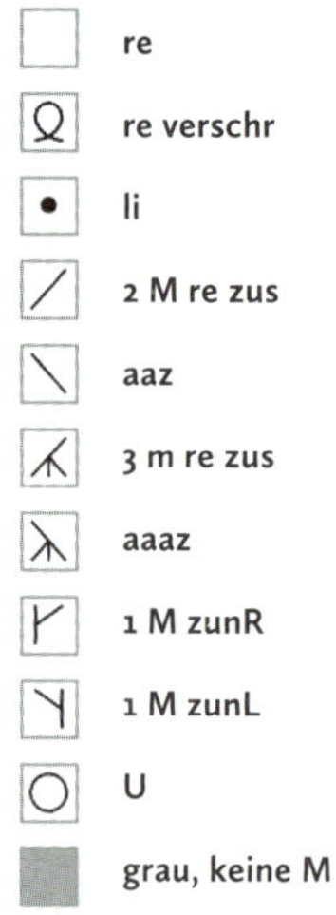

Strickschrift ausgeschriebene Anleitung

Strickschrift A

Rd 1: 1 M re verschr, 1 M re, 1 M li, 1 M re, 1 M re verschr (5 M).

Rd 2: 1 M re verschr, 1 M zunR, 1 M li, 1 M zunL, 1 M re verschr.

Rd 3: 1 M re verschr, 2 M re, 1 M li, 2 M re, 1 M re verschr (7 M).

Rd 4: 1 M re verschr, 1 M li, 1 M zunR, 1 M li, 1 M zunL, 1 M li, 1 M re verschr.

Rd 5: 1 M re verschr, (1 M re, 1 M li) x 3, 1 M re, 1 M re verschr (9 M).

Rd 6: 1 M re verschr, 1 M li, 1 M re, 1 M zunR, 1 M li, 1 M zunL, 1 M re, 1 M li, 1 M re verschr.

Rd 7: 1 M re verschr, 1 M re, (1 M li, 2 M re) x 2 wdh, 1 M li, 1 M re, 1 M re verschr (11 M) .

Rd 8: 1 M re verschr, 1 M li, 1 M re, 1 M li, 1 M zunR, 1 M li, 1 M zunL, 1 M li, 1 M re, 1 M li, 1 M re verschr.

Rd 9: 1 M re verschr, 1 M re, (1 M li, 3 M re) x 2 wdh, 1 M li, 1 M re, 1 M re verschr (13 M).

Rd 10: 1 M re verschr, (1 M li, 1 M re) x 2 wdh, 1 M zunR, 1 M li, 1 M zunL, (1 M re, 1 M li) x 2 wdh, 1 M re verschr.

Rd 11: 1 M re verschr, 1 M re, (1 M li, 4 M re) x 2 wdh, 1 M li, 1 M re, 1 M re verschr (15 M).

Rd 12: 1 M re verschr, 1 M li, 1 M re, 1 M li, 2 M re, 1 M zunR, 1 M li, 1 M zunL, 2 M re, 1 M li, 1 M re, 1 M li, 1 M re verschr.

Rd 13: 1 M re verschr, 1 M re, (1 M li, 5 M re) x 2 wdh, 1 M li, 1 M re, 1 M re verschr (17 M).

Rd 14: 1 M re verschr, 1 M li, 1 M re, 1 M li, 3 M re, 1 M zunR, 1 M li, 1 M zunL, 3 M re, 1 M li, 1 M re, 1 M li, 1 M re verschr.

Rd 15: 1 M re verschr, 1 M re, (1 M li, 6 M re) x 2 wdh, 1 M li, 1 M re, 1 M re verschr (19 M).

Rd 16: 1 M re verschr, 1 M li, 1 M re, 1 M li, 4 M re, 1 M zunR, 1 M li, 1 M zunL, 4 M re, 1 M li, 1 M re, 1 M li, 1 M re verschr.

Rd 17: 1 M re verschr, 1 M re, (1 M li, 7M re) x 2 wdh, 1 M li, 1 M re, 1 M re verschr (21 M).

Rd 18: 1 M re verschr, 1 M li, 1 M re, 1 M li, 5 M re, 1 M zunR, 1 M li, 1 M zunL, 5 M re, 1 M li, 1 M re, 1 M li, 1 M re verschr.

Rd 19: 1 M re verschr, 1 M re, (1 M li, 8 M re) x 2 wdh, 1 M li, 1 M re, 1 M re verschr (23 M).

Rd 20: 1 M re verschr, 1 M li, 1 M re, (1 M li, 7 M re) x 2 wdh, 1 M li, 1 M re, 1 M li, 1 M re verschr.

Rd 21: Wie Rd 19.

Strickschrift B

Rd 1: 1 M re verschr, 1 M li, 1 M re, 1 M li, aaaz, 3 M re, U, 1 M re, U, 1 M li, U, 1 M re, U, 3 M re, 3 M re zus, 1 M li, 1 M re, 1 M li, 1 M re verschr. (23 M)

Rd 2 und alle geraden Rd bis Rd 8: 1 M re verschr, 1 M re, (1 M li, 8 M re) x 2 wdh, 1 M li, 1 M re, 1 M re verschr.

Rd 3: 1 M re verschr, 1 M li, 1 M re, 1 M li, aaaz, 2 M re, (U, 1 M re) x 2 wdh, 1 M li, (1 M re, U) x 2 wdh, 2 M re, 3 M re zus, 1 M li, 1 M re, 1 M li, 1 M re verschr.

Rd 5: 1 M re verschr, 1 M li, 1 M re, 1 M li, aaaz, (1 M re, U) x 2 wdh, 2 M re, 1 M li, 2 M re, (U, 1 M re) x 2 wdh, 3 M re zus, 1 M li, 1 M re, 1 M li, 1 M re verschr.

Rd 7: 1 M re verschr, 1 M li, 1 M re, 1 M li, aaaz, U, 1 M re, U, 3 M re, 1 M li, 3 M re, U, 1 M re, U, 3 M re zus, 1 M li, 1 M re, 1 M li, 1 M re verschr.

Strickschrift C

Rd 1: 1 M re verschr, 1 M li, 1 M re, 1 M li, aaz, 4 M re, U, 1 M re, U, 1 M li, U, 1 M re, U, 4 M re, 2 M re zus, 1 M li, 1 M re, 1 M li, 1 M re verschr (25 M).

Rd 2: 1 M re verschr, 1 M re, (1 M li, 9M re) x 2 wdh, 1 M li, 1 M re, 1 M re verschr.

Rd 3: 1 M re verschr, 1 M li, 1 M re, 1 M li, aaaz, 3 M re, (U, 1 M re) x 2 wdh, 1 M li, (1 M re, U) x 2 wdh, 3 M re, 3 M re zus, 1 M li, 1 M re, 1 M li, 1 M re verschr.

Rd 4: Wie Rd 2.

Rd 5: 1 M re verschr, 1 M li, 1 M re, 1 M li, aaaz, 2 M re, U, 1 M re, U, 2 M re, 1 M li, 2 M re, U, 1 M re, U, 2 M re, 3 M re zus, 1 M li, 1 M re, 1 M li, 1 M re verschr.

Rd 6: Wie Rd 2.

Rd 7: 1 M re verschr, 1 M li, 1 M re, 1 M li, aaaz, (1 M re, U) x 2 wdh, 3 M re, 1 M li, 3 M re, (U, 1 M re) x 2 wdh, 3 M re zus, 1 M li, 1 M re, 1 M li, 1 M re verschr.

Rd 8: Wie Rd 2.

Rd 9: 1 M re verschr, 1 M li, 1 M re, 1 M li, aaz, 5 M re, U, 1 M re, U, 1 M li, U, 1 M re, U, 5 M re, 2 M re zus, 1 M li, 1 M re, 1 M li, 1 M re verschr (27 M).

Rd 10: 1 M re verschr, 1 M re, (1 M li, 10 M re) x 2 wdh, 1 M li, 1 M re, 1 M re verschr.

Rd 11: 1 M re verschr, 1 M li, 1 M re, 1 M li, aaaz, 4 M re, (U, 1 M re) x 2 wdh, 1 M li, (1 M re, U) x 2 wdh, 4 M re, 3 M re zus, 1 M li, 1 M re, 1 M li, 1 M re verschr.

Rd 12: Wie Rd 10.

Rd 13: 1 M re verschr, 1 M li, 1 M re, 1 M li, aaaz, 3 M re, U, 1 M re, U, 2 M re, 1 M li, 2 M re, U, 1 M re, U, 3 M re, 3 M re zus, 1 M li, 1 M re, 1 M li, 1 M re verschr.

Rd 14: Wie Rd 10.

Rd 15: 1 M re verschr, 1 M li, 1 M re, 1 M li, aaaz, 2 M re, U, 1 M re, U, 3 M re, 1 M li, 3 M re, U, 1 M re, U, 2 M re, 3 M re zus, 1 M li, 1 M re, 1 M li, 1 M re verschr.

Rd 16: Wie Rd 10.

Rd 17: 1 M re verschr, 1 M li, 1 M re, 1 M li, aaaz, (1 M re, U) x 2 wdh, 4 M re, 1 M li, 4 M re, (U, 1 M re) x 2 wdh, 3 M re zus, 1 M li, 1 M re, 1 M li, 1 M re verschr.

Rd 18: 1 M re verschr, 1 M re, 1 M li, 2 M re, 3 M re zus, 7 M re, 1 M li, 10 M re, 1 M li, 1 M re, 1 M re verschr.

Rd 19: 1 M re verschr, 1 M li, 1 M re, 1 M li, aaaz, 5 M re, U, 1 M re, U, 1 M li, U, 1 M re, U, 5 M re, 3 M re zus, 1 M li, 1 M re, 1 M li, 1 M re verschr.

Rd 20–27: Wie Rd 10–17.

Rd 28: 1 M re verschr, 12 M re, 1 M li, 12 M re, 1 M re verschr.

Rd 29: 1 M re verschr, 1 M li, 1 M re, 1 M li, aaz, 6 M re, U, 1 M re, U, 1 M li, U, 1 M re, U, 6 M re, 2 M re zus, 1 M li, 1 M re, 1 M li, 1 M re verschr. (29 M)

Rd 30: 1 M re verschr, 1 M re, (1 M li, 11 M re) x 2 wdh, 1 M li, 1 M re, 1 M re verschr.

Rd 31: 1 M re verschr, 1 M li, 1 M re, 1 M li, aaaz, 5 M re, (U, 1 M re) x 2 wdh, 1 M li, (1 M re, U) x 2 wdh, 5 M re, 3 M re zus, 1 M li, 1 M re, 1 M li, 1 M re verschr.

Rd 32: Wie Rd 30.

Rd 33: 1 M re verschr, 1 M li, 1 M re, 1 M li, aaaz, 4 M re, U, 1 M re, U, 2 M re, 1 M li, 2 M re, U, 1 M re, U, 4 M re, 3 M re zus, 1 M li, 1 M re, 1 M li, 1 M re verschr.

Rd 34: Wie Rd 30.

Rd 35: 1 M re verschr, 1 M li, 1 M re, 1 M li, aaaz, 3 M re, U, 1 M re, U, 3 M re, 1 M li, 3 M re, U, 1 M re, U, 3 M re, 3 M re zus, 1 M li, 1 M re, 1 M li, 1 M re verschr.

Rd 36: Wie Rd 30.

Rd 37: 1 M re verschr, 1 M li, 1 M re, 1 M li, aaaz, 2 M re, U, 1 M re, U, 4 M re, 1 M li, 4 M re, U, 1 M re, U, 2 M re, 3 M re zus, 1 M li, 1 M re, 1 M li, 1 M re verschr.

Rd 38: Wie Rd 30.

Rd 39: 1 M re verschr, 1 M li, 1 M re, 1 M li, aaaz, (1 M re, U) x 2 wdh, 5 M re, 1 M li, 5 M re, (U, 1 M re) x 2 wdh, 3 M re zus, 1 M li, 1 M re, 1 M li, 1 M re verschr.

Rd 40: Wie Rd 30.

Rd 41: 1 M re verschr, 1 M li, 1 M re, 1 M li, aaaz, 6 M re, U, 1 M re, U, 1 M li, U, 1 M re, U, 6 M re, 3 M re zus, 1 M li, 1 M re, 1 M li, 1 M re verschr.

Rd 42–52: Wie Rd 30–40.

Skúli Fógetis Stricknotizen

Skúli Magnússon (1711–1794), oft Skúli Fógeti genannt, war der erste Isländer, der während der dänischen Herrschaft isländischer Landvogt war und eine der treibenden Kräfte zur Etablierung einer Fabrikproduktion auf Island. Er arbeitete zum Beispiel daran, die Wollverarbeitung zu verbessern, gründete neue Webfabriken, führte neue Methoden und Spinnräder ein und veröffentlichte ein kleines Buch übers Spinnen.

Irgendwann zwischen 1860–1870 beschrieb er auch die Web- und Stricktechniken, die die Frauen auf Viðey (eine kleine Insel nördlich von Reykjavík), wo er wohnte, nutzten. Die Strickanleitungen sind für einen perfekten Herrenpullover *(karlmannspeisa fullkominn)*, eine Damenjacke *(kvennpeisu prjón)*, grobe Herrenstrümpfe *(slitsokkar karlmanns)*, feine Damenstrümpfe *(kvennsokkar smáir)*, isländische Damenstrümpfe *(kvennsokkar íslenzkir)*, feine Unterwäsche *(nærbuxur af rétt fínu bandi)* und eine Mütze *(húfuprjón)*. Das sind die ältesten bekannten, niedergeschriebenen Strickanleitungen in Island.

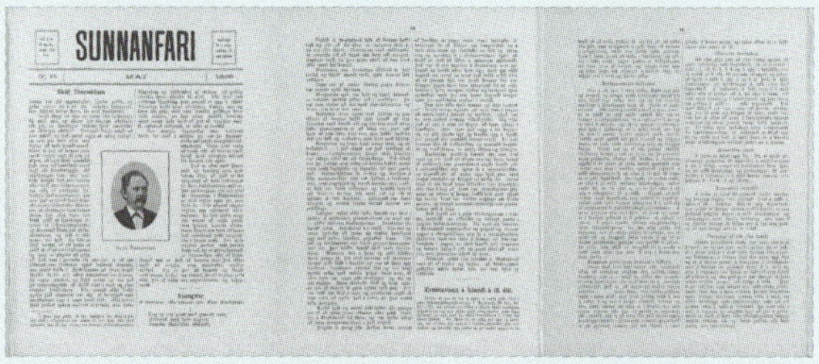

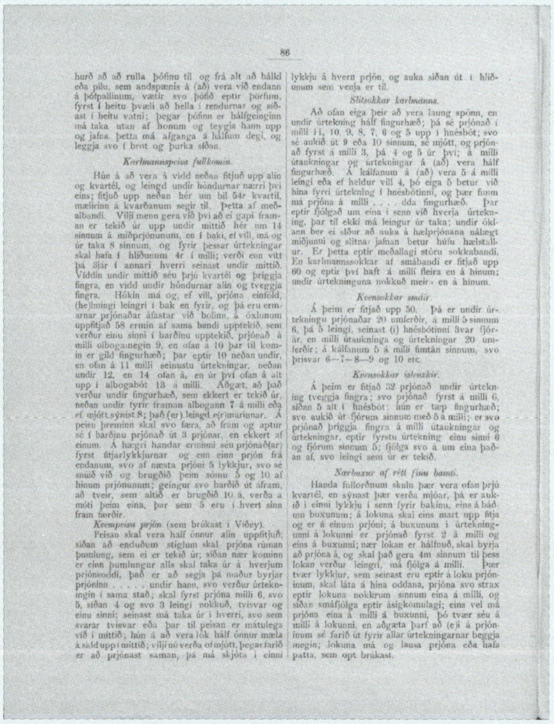

»Kvennavinna á Íslandi à 18. Öld« (Frauenarbeit in Island im 18. Jahrhundert), *Sunnanfari magazine*, Mai 1895, S. 86. Der Artikel erschien zuerst in einem Buch in der Sammlung Bókmentafélags-deildarinn in Reykjavík 58. 8vo, S. 177 - 191, das zur Zeit von Skúli Magnússon als Landvogt in Viðey geschrieben wurde.

Die Schneiderin und Historikerin Guðrún Hildur Rosenkjær oder Hildur í Annríki, wie sie genannt wird, hat kürzlich diese Stricksachen nachgearbeitet. Hildur ist die Eigentümerin der Firma *Annríki* – Nationaltrachten und Schmuck, die sie zusammen mit ihrem Ehemann, Ásmundur Kristjánsson, einem Goldschmied, gegründet hat. Bei Annríki nutzen sie ihr Wissen über die Herstellung isländischer Tracht und unterrichten verschiedene Handwerkstechniken, die damit zu tun haben. Annríki ist auch ein Forschungszentrum und ein kleines Museum.

Ich habe ein kurzes Interview mit Hildur geführt, als ich mir diesen Winter unter ihrer Anleitung eine isländische Tracht, die *peysuföt,* genäht habe.

HM: Kannst du uns etwas über diese Rekonstruktionsprojekt erzählen, das du begonnen hast?

Hildur: 2016 erschien das Buch *The Warp-Weighted Loom (Kljásteinavefstadurinn Oppstadveven)* von Hildur Hakonardottir, Elizabeth Johnston und Marta Kløve Juul. Es ist ein gemeinschaftliches praktisches Handbuch über das nordatlantische Kulturerbe, in dem es über den Gewichtswebstuhl in Island, Shetland und Norwegen geht. Hildur schreibt über die Geschichte des Webstuhls in Island und hat alle Webmuster, die Skúli beschreibt, nachgewebt und aufgeschrieben.
Ich muss zugeben, dass ich ein Fan von Skúli Fógeti bin und beschlossen habe, seine Strickanleitungen für meine Masterarbeit auszuprobieren.
Die Jacken habe ich bereits gestrickt, jetzt arbeite ich an den Strümpfen.
Skúli beschreibt, wie man es zu Hause bei ihnen in Viðey gemacht hat. Es ist nicht sicher, dass alle Strickstrümpfe in Island so gearbeitet wurden, aber das waren die Strümpfe, die exportiert wurden.
Viðey war eines der feinsten Häuser des Landes, alle ausländischen Reisenden fuhren dorthin. Diese drei Paar Strümpfe sind also wichtiger, als man denkt.
Aber es sind keine echten Anleitungen, die alles von A bis Z erklären.

HM: Ja, ich kenne den Anleitungsstil von Skúli, ich habe einmal versucht, seine Anleitung für den perfekten Herrenpullover zu übersetzen, und aufgegeben!

(Wir kichern beide).

Hildur: Die Strumpfanleitungen sind recht verständlich, verglichen mit dem Pullover (den ich irgendwie entziffert habe), jedenfalls soweit sie überhaupt gehen.
In den Anleitungen steht zum Beispiel nichts darüber, wie man vom Knie zum Knöchel abnimmt. Die drei Paar Strümpfe sind sehr ähnlich, aber nicht ganz genau gleich, offensichtlich war damals sehr wichtig, wie es gemacht wurde, und es hatte auch extra Bezeichnungen. Um die Unterschiede tatsächlich zu erkennen, musste ich sie einfach stricken.

HM: Was ist mit Ferse und Spitze?

Hildur: In Skúlis Anleitungen werden Ferse und Spitze gar nicht erwähnt. Das sagt uns, dass das nicht wichtig war, weil jeder wusste, wie man das strickt. Ich musste also improvisieren.
Ich habe in der hinteren Beinmitte eine Reihe linker Maschen ergänzt (1 M li, 1 M re, 1 M li), wie ich sie an dänischen Strümpfen in Museen gesehen habe. Ich habe auch ein Paar mit einem Rippenbund gestrickt, aber ich habe ehrlich gesagt keine Ahnung, ob es damals so gestrickt wurde.
HM: In Elín Briems Anleitung findet sich nur eine linke Masche, aber sie ist nicht so alt, und es war zum Beispiel bei englischen Strümpfen ziemlich üblich. Was die Rippen angeht, so wissen wir durch ein Paar normaler Strümpfe vom Wrack der General Carleton von 1785 sicher, dass es einen Rippenbund gab.
Penelope Lister Hemingway hat darüber einen Artikel geschrieben, »Knitting from the Ocean Floor, Treasures from the General Carleton«, in *PieceWork Magazine* Januar/ Februar 2014.
Vielleicht war das also in Island schon zu der Zeit bekannt, zu der Skúli geschrieben hat?

Aber welche Wolle und Nadelstärke hast du benutzt?

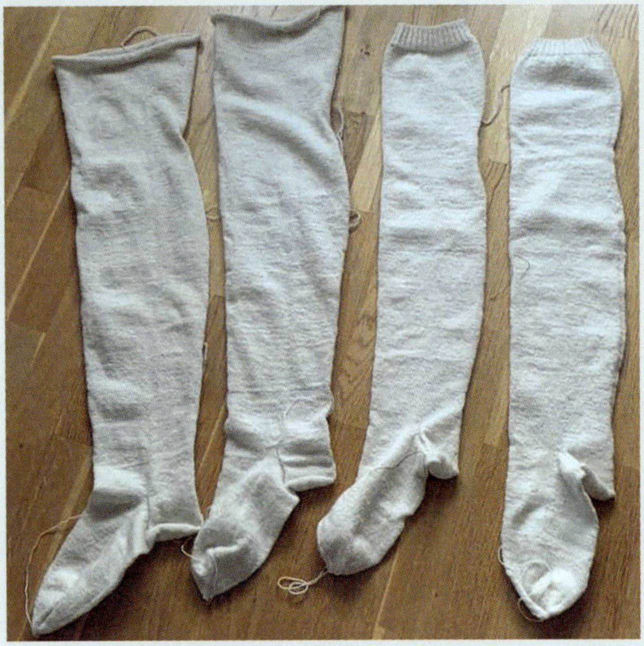

Die feinen Damenstrümpfe (links) und isländische Strümpfe (rechts) von Hildur gestrickt, vor dem Filzen

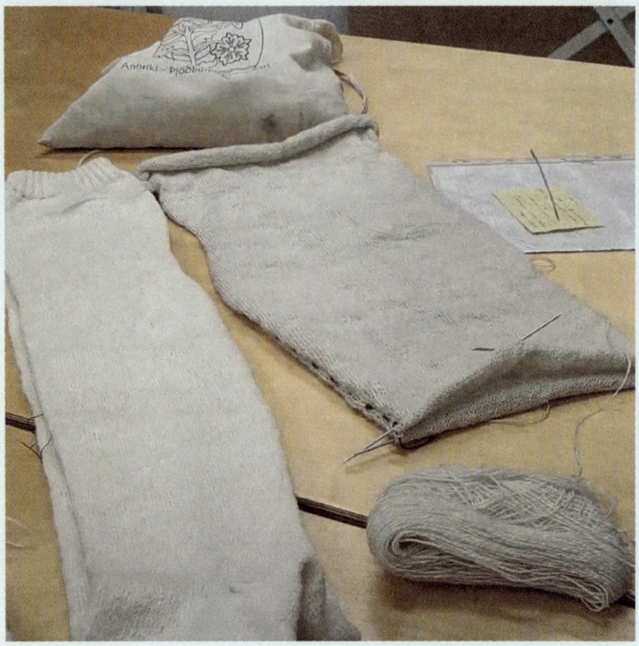

Zum Vergleich, die Herrenstrümpfe in Arbeit

Hildur: Die Strümpfe müssen noch gefilzt werden, und ordentliches Filzen kann sie um 25% verkleinern. Ich habe die Erfahrung gemacht, dass Gestricktes nicht gut filzt, wenn die Maschen zu groß sind, daher war es entscheidend, die richtige Wolle und die richtige Nadelstärke zu wählen.
Skúli sagt nichts über die Wolle, darüber, wie dick sie war, wir haben kein Strumpfmodell, dem wir folgen können, wir können also nur grenzenlos experimentieren.

Ich weiß jetzt, dass *kvensokkar smáir* (wortwörtlich kleine Damenstrümpfe) nicht bedeutet, dass die Strümpfe klein sind, sondern dass die Wolle dünn ist. Ich habe sie mit 1,5 mm Nadeln und einer importierten, einfädigen Wolle (Isager) gestrickt.

Die isländischen Strümpfe von ihm haben viel weniger Maschen, sind aber auch für Frauen, also habe ich sie ebenfalls auf 1,5 mm Nadeln gestrickt, aber mit einer dickeren Wolle, einer zweifädigen, auch von Isager. Vielleicht waren die isländischen Strümpfe eher für Isländerinnen gedacht? Es gibt nicht so viele Abnahmen, und die Wade ist schmäler.

Für die *slitsokkar karlmanns* (wortwörtlich grobe Herrenstrümpfe), die ich im Moment stricke, benutze ich eine dickere Nadel, 2 mm, und eine gröbere Wolle. Ich glaube, ich habe die richtige Wolle gefunden, eine zweifädige isländische Wolle von Uppspunni, einer Kleinspinnerei. Ich bin so froh, dass wir endlich eine haben und ich mit isländischer Wolle experimentieren kann. Die Strümpfe sehen aus, als wären sie für einen Elefanten. Wir sprechen hier von ungefähr 200 Maschen pro Strumpf, ein Paar zu stricken ist wie einen ganzen Pullover zu stricken! Sie waren natürlich für erwachsene Männer und Soldaten gedacht, die hatten sicher muskulöse Beine, vielleicht passen sie nach dem Filzen auch gut.

HM: Danke, Hildur! Es ist eine faszinierende und notwendige Arbeit, die du da tust. Ich freue mich schon auf deine Masterarbeit und darauf, nach den Anleitungen stricken zu können!

Während ich das Buch beendete, strickte Hildur weiter an den Strümpfen, filzte und färbte zwei Paar, die isländischen Damenstrümpfe und die Herrenstrümpfe, *slitsokkar*. Ich bin zu ihr gegangen, um das Ergebnis zu bewundern. Und ich durfte die Strümpfe anprobieren!

HM: Ich bin begeistert, dass du mit den Strümpfen fertig geworden bist, noch bevor ich das Buch veröffentlicht habe!

Hildur: Ich habe isländische Tracht mit Indigo gefärbt, da dachte ich, ich nutze die Gelegenheit und probiere es mal mit den Strümpfen! Ich freue mich, dass sie so gut geworden sind. Ich habe offensichtlich die richtige Wolle und die richtige Nadelstärke gewählt, die Strümpfe sind gut und gleichmäßig gefilzt.

HM: Ja, wirklich. Was ist mit der Größe?

Hildur: Die *slitsokkar* sehen sehr groß aus, aber sie passen meinem gut gebauten Ehemann. Ich vermute, so ging es auch den Soldaten, für die diese Art Strümpfe gedacht waren, und sie trugen oft noch Socken darunter, wie *háleistar*. Ich finde trotzdem, dass ich sie noch etwas stärker filzen und noch mal färben sollte, um sie noch dunkler zu machen. Die Frauenstrümpfe sind am Bein etwas zu lang, die müssen also auch noch stärker gefilzt werden. Aber die Passform ist wirklich toll, und es ist so schön, sie direkt auf der Haut zu tragen!

HM: Kann ich sie anprobieren?

Hildur: Natürlich. Angenehm, oder?

HM: Ahhhh, du hast recht, es fühlt sich umwerfend an, sie sind so bequem und weich! Pass auf, die behalte ich glatt an!

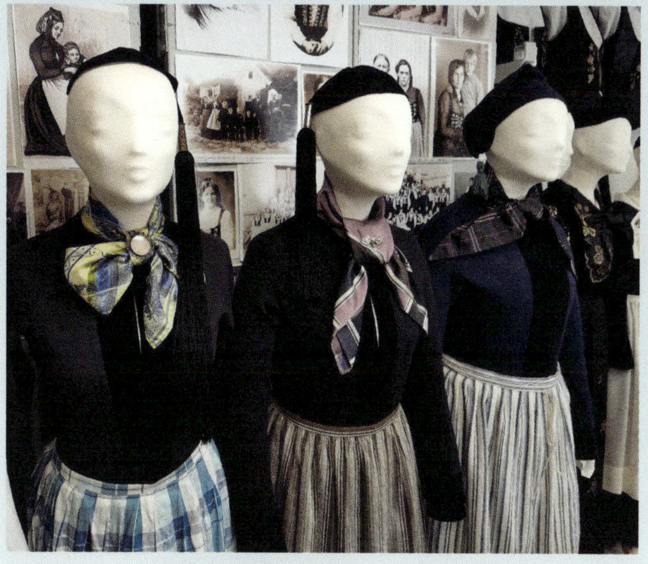

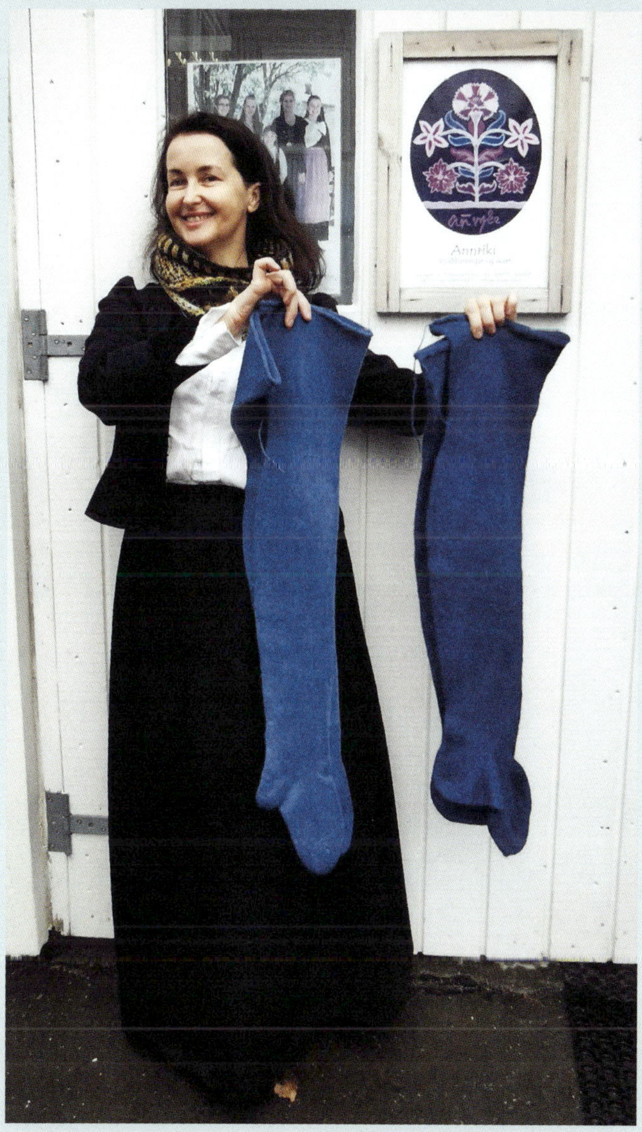

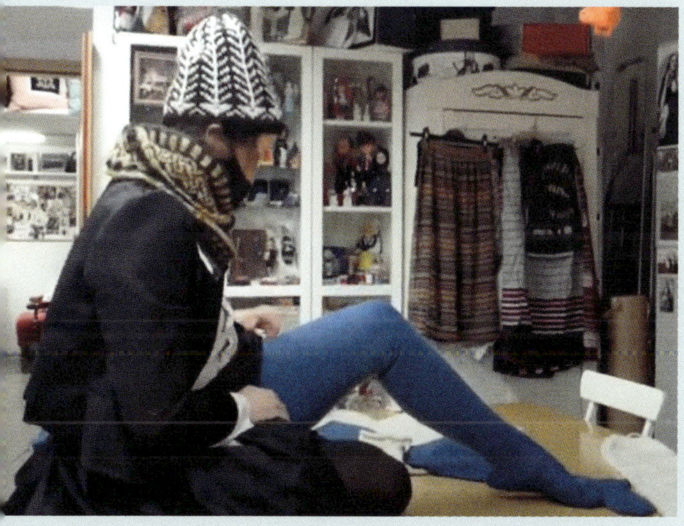

Sockenfarben

Strümpfe wurden oft in den natürlichen Wollfarben gestrickt oder aber gefärbt: schwarz, blau mit importiertem Indigo, manchmal rot und auch gelb, eine Farbe, die man sehr einfach aus der isländischen Natur erhält.

In »*Travels in the island of Iceland during the summer of the year 1810*« erzählt George Steuart Mackenzie*, ein schottischer Geologe, Chemiker und Landwirtschaftsreformer von den Farben:

»Blau und Schwarz sind die häufigsten Farben. [...] Verschiedene Gelbtöne werden benutzt, und das nicht selten für Strümpfe. Das Färben ist sehr einfach. Die Blätter von *arbutus uva ursi* (Echte Bärentraube), *lycopodium alpinum* (Alpen-Flachbärlapp), Cetraria Islandicus (Islandmoos) und einigen anderen kommen zum Einsatz. Die Strümpfe werden mit dem Islandmoos gefüllt und gekocht. Wenn Stoff gefärbt werden soll, werden die Pflanzen klein geschnitten und über den Stoff verteilt, der dann zusammengerollt und gekocht wird. Schwarz erzielt man mit einer fetten, schwarzen Erde, die in einigen Mooren gefunden wird, die verteilt man auf dem Stoff, nachdem der mit *arbutus uva ursi* gekocht worden ist. Dann wird er wieder aufgerollt und gekocht. Wir haben diese Erde nicht gesehen, aber wahrscheinlich enthält sie viel Eisen, zusammen mit den adstringierenden Pflanzenwirkstoffen entsteht die schwarze Farbe. Blau wird mit Indigo gefärbt.«

In ihrem Artikel aus dem Magazine *Hugur og hönd* fragt sich Brynhildur Berþórsdóttir, wieso man so wenig Gelb in isländischer Tracht sieht, und vermutet, dass es neben den Socken für Unterwäsche genutzt wurde. Ich glaube ihr und zögere nicht, die Elín oder Guðbjörg Strümpfe zu meiner isländischen Tracht zu tragen!

*Sir George Steuart Mackenzies (1789–1858) Interesse an Mineralogie und Geologie führte ihn 1810 nach Island, begleitet von zwei britischen Ärzten. 1811 veröffentlichten sie »*Travels in the island of Iceland during the summer of the year 1810*«. Mackenzie steht hinter der Reiseerzählung, die Kapitel über Mineralogie, Landwirtschaft und Handel der Insel enthalten viele Illustrationen wie die folgende.

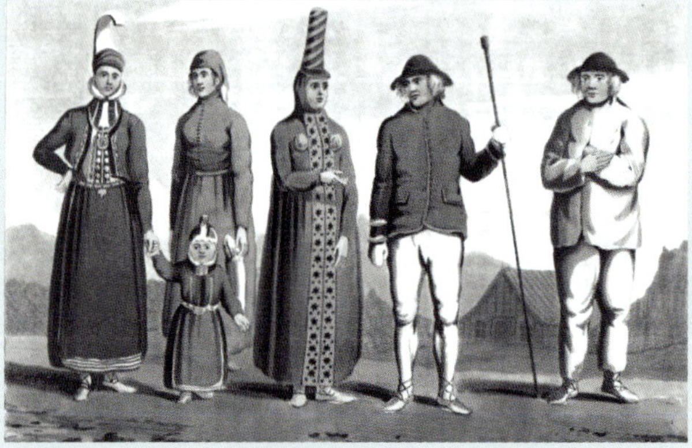

Hauptquellen

Mackenzie George Steuart, *Travels in the island of Iceland during the summer of the year MDCCCX*, Edinburg 1811, S. 274

Brynhildur Berþórsdóttir, »Af gulum sokkaplöggum og jurtaliti á 19. Öld«, *Hugur og hönd*, 2018, S. 45

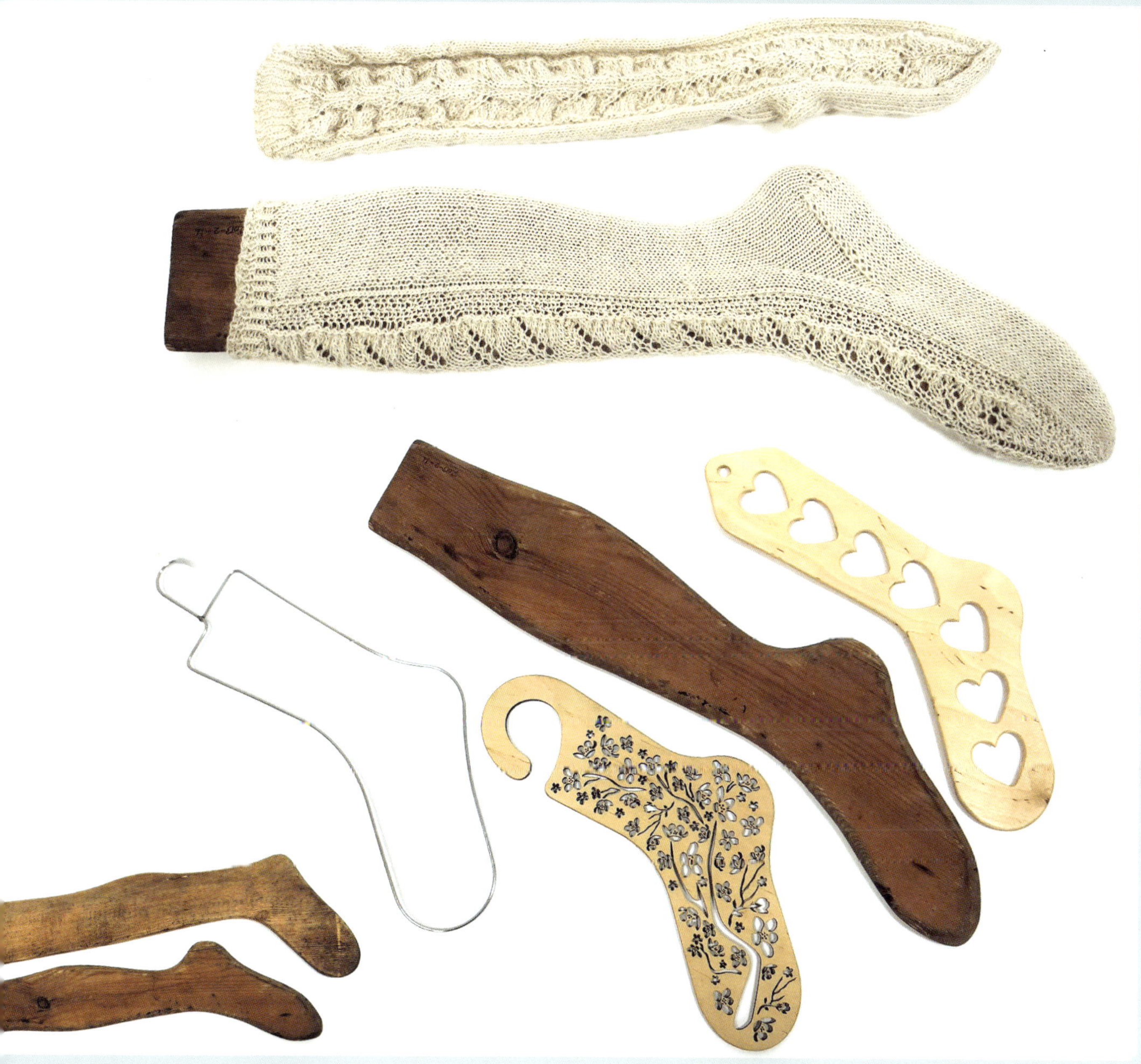

Oben, Sockenbretter im Árbær Museum, Ábs-5380, undatiert, und unten 2013-2-16 von 1800–1900. Foto: Hélène Magnússon mit Genehmigung des Museums

Oben, meine Hildur Strümpfe auf den alten Sockenbrettern aus dem Árbær Museum von 1800–1900, zusammen mit modernen Sockenbrettern.
Von links nach rechts: Stahlform Bryspun (bryknits.com), Holzbrett von Tribe Yarns (tribeyarns.com), Alex Workshop Design (etsy.com)

Sockenbretter

Sockenbretter waren früher, als handgestrickte Strümpfe ein Exportprodukt und eine heimische Währung waren, weit verbreitet. Die Sockenbretter für Frauen, Männer und Kinder, die in Museen in Island erhalten sind, zeigen uns nicht nur die Form der Strümpfe in früheren Jahrhunderten, sie erlauben uns außerdem, die Strümpfe genauer zu datieren.

Holzformen waren nützlich, um den Strümpfen nach dem Filzen die gewünschte Form zu verleihen. Das Sockenbrett wurde in den nassen, gefilzten Strumpf gesteckt, der dann darauf trocknete und so diese Form annahm. »Quellen berichten, dass es auf den Bauernhöfen viele Sockenbretter gab, sechs bis zehn pro Hof, heißt es, und diese Zahlen beziehen sich wahrscheinlich auf Paare«, schreibt Elsa Guðjónsson (in Gersemar og þarfaþing: úr 130 ára sögu Þjóðminjasafns Íslands, Árni Björnsson, Reykjavík 1994).
Strickstrümpfe mussten bestimmten Größen- und Qualitätsstandards genügen. Sockenbretter aus Pappe oder Holz wurden auch genutzt, um zu zeigen, welche Form die Strümpfe haben sollten, die für den Verkauf und Export bestimmt waren, um einen guten Preis damit zu erzielen.

»Laut den Veröffentlichungen von Jón J. Aðils über das dänische Handelsmonopol, war genau definiert, wie die Strickwaren gearbeitet sein mussten, um als gut und zulässig zu gelten. Strümpfe sollten zum Beispiel einfarbig sein, weiß, schwarz, moorrot oder grau, aber nicht gestreift, gut gefilzt, einen dänischen Alin lang [1 Alin entspricht 62,7 cm] mit entsprechender Weite um Knöchel und Wade. Oft erfüllten die Strümpfe die Ansprüche nicht, und das ist kaum erstaunlich, wenn man sich klarmacht, unter welchen Umständen sie gestrickt wurden. So wurde von einer arbeitenden Frau erwartet, einen langen Strumpf pro Tag zu vollenden«, ergänzt Elsa.

Ladeninhaber benutzten daher Sockenbretter, um die zum Verkauf angebotene Ware zu messen.

Eine solche zertifizierte Sockenform aus Holz und die einzige bekannte befindet sich im Isländischen Nationalmuseum (Þjms Nr. 11553). Sie stammt von 1770–1778 und wurde bis zum Beginn des 19. Jahrhunderts als Modell und Referenz für den Strumpfverkauf im Geschäft von J. Gudmanns in Akureyri benutzt. Páll Bergsson, ein Händler aus Hrísey, hat sie dem Museum vermacht: »Sie besteht aus Kiefernholz, ist 77 cm lang, oben 16 cm breit und vorne 26 cm lang. Das Holz ist 1,4 cm dick. Die Form ist wie ein Fuß geformt, von den Zehen bis zum Knie. An einer Seite ist ein 1,8 cm breites Holzstück von der Ferse bis zur Spitze befestigt, um die Form zu stärken, damit sie nicht bricht. Oben auf dem Brett befinden sich zwei Stempel in runden Vertiefungen. Die Form wird in einer Art Holzform gelagert, um die Kanten zu schützen.«

Auf dem Brett selbst steht auf Dänisch: »PULBANDS maaten A(n?) 1770–1778« und hinten: »Justeret púlbands edur ótvinn adra Socka Maate einlitra – vel þæfðra og ótrodenna – Eyjafjardar Syslu Inventarium«, es beschreibt die Strumpfart. Fríður Ólafsdóttir erwähnt in ihrem Buch *(Íslensk karlmannaföt 1740–1850)* auch ein Sockenbrett aus Pappe, das unter Dokumenten der *Rentukemmer* von 1757 entdeckt wurde, die im isländischen Nationalarchiv zu finden sind. Auf der Form steht auf Dänisch: *»Enkeltbaands Hoesers Model og længden af Strömpe Warerne Correct«*. Wie verschiedene Briefe aus dieser Zeit beweisen, diente diese Form in den Jahren um 1757 zur Darstellung der akzeptierten und gewünschten Form der isländischen Strümpfe, oder *»Puls-Hoser«*, wie sie genannt wurden, die zum Verkauf angeboten wurden (Isl. Journ. A. nr. 2658).

Es wird spannend sein, diese Bretter mit den Socken zu vergleichen, die Hildur nach Skúli Fógetis Anleitung von 1760–1770 strickt.

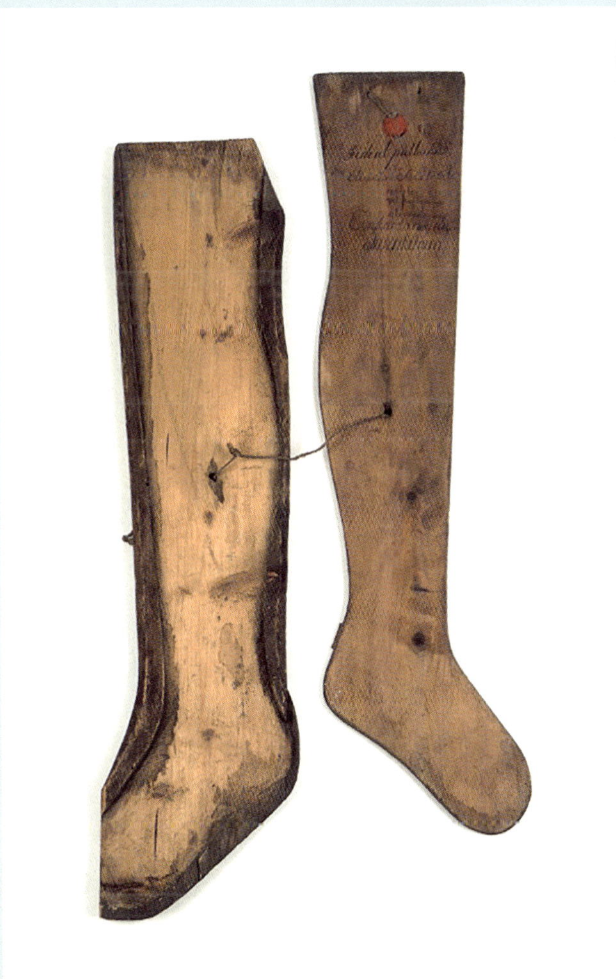

Zertifiziertes Sockenbrett von 1770–1778 im Isländischen Nationalmuseum, Þjms Nr. 11553, wiedergegeben mit Genehmigung des Museums

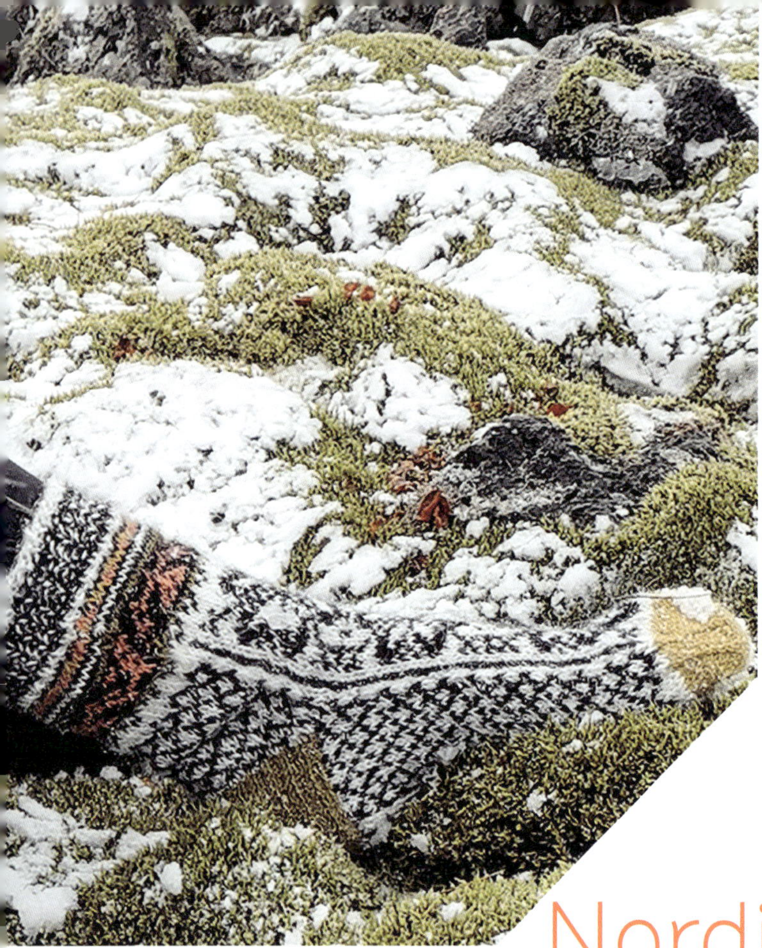

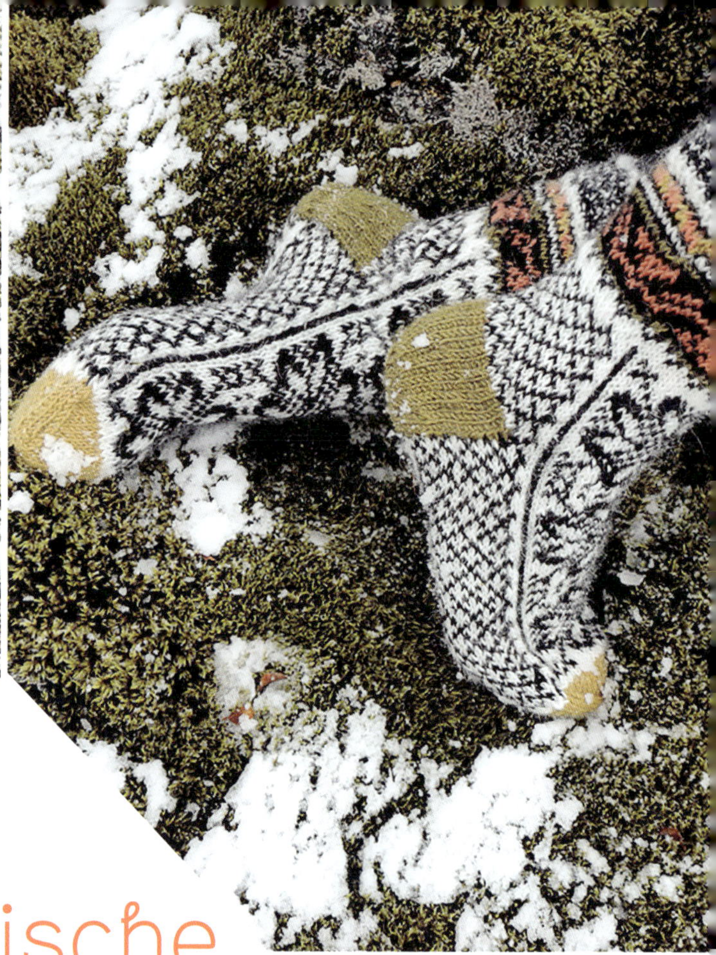

Nordische Blätter

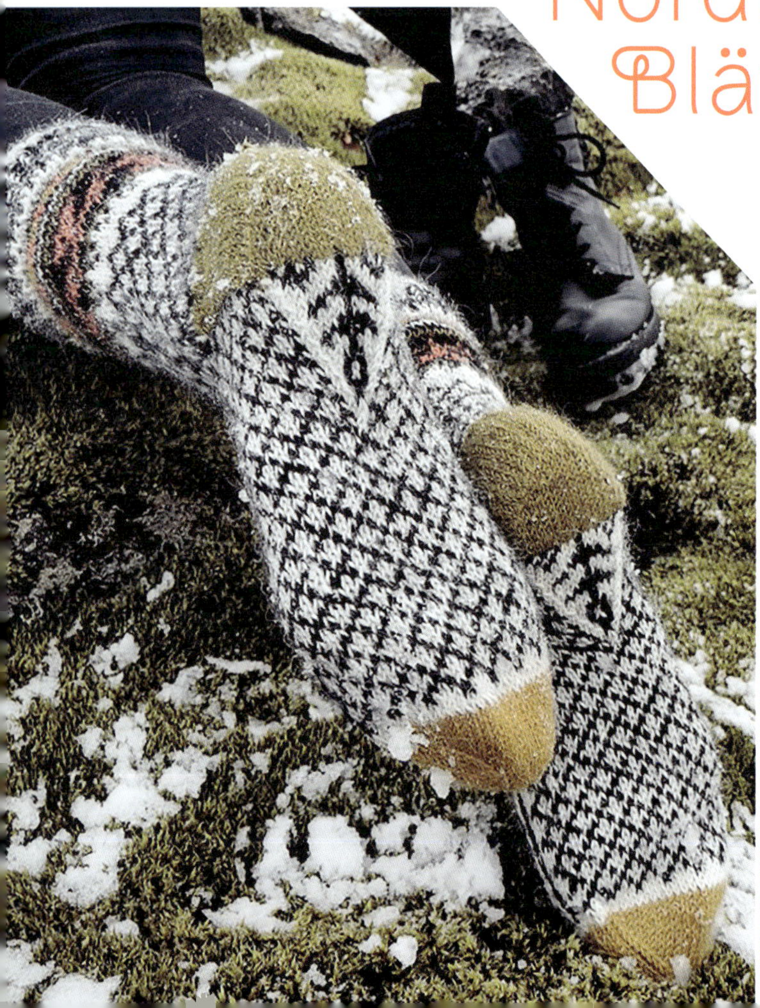

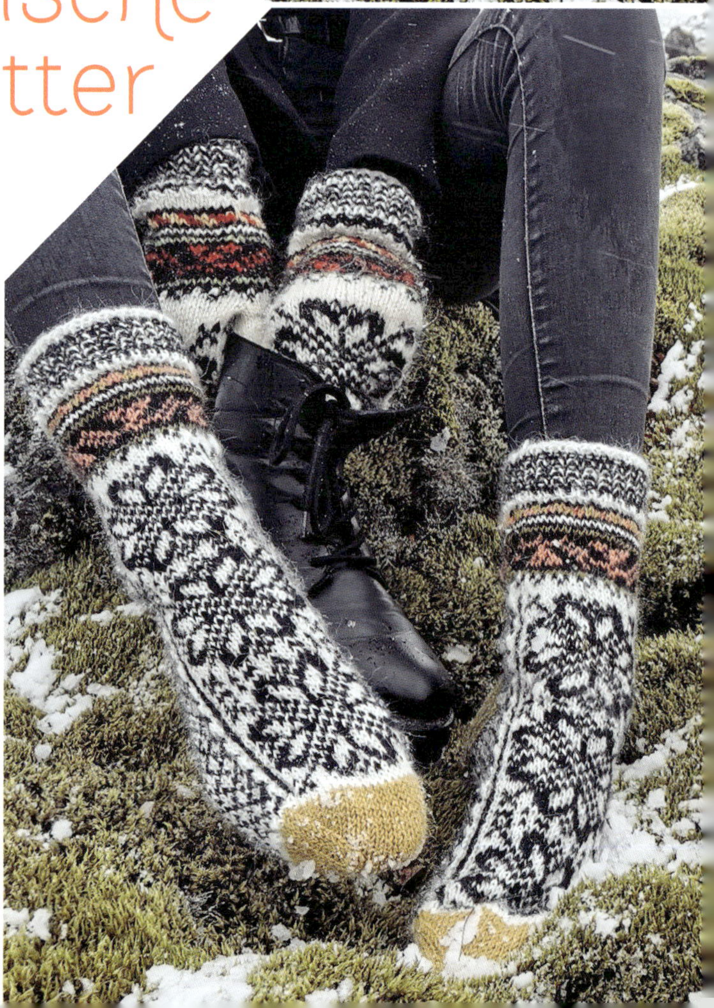

Die Nordischen Blätter Socken …

… basieren auf den Nordischen Blätter Handschuhen aus meinem Buch *Icelandic Handknits*. Sie mischen die nordische Stiltradition aus dem norwegischen Dorf Selbu, die zur vorletzten Jahrhundertwende in Island sehr beliebt war, mit den traditionellen Blätterhandschuhen des Westfjords *(Vestfirskir laufaviðarvettlingar)*. Wie die Handschuhe haben die Socken ein auffälliges Schwarz-Weiß-Muster als Hauptmotiv und ein typisch isländisches Blätterband in leuchtenden Farben. Jede Größe hat ein anderes Blattmuster, damit es jeweils ohne Unterbrechung ums Bein passt.

Die Socken werden von oben nach unten mit verstärkter Ferse in einer Kontrastfarbe gestrickt und haben einen Zwickel unter der Sohle, nicht an der Seite, ähnlich dem Daumenzwickel traditioneller norwegischer Handschuhe. Die farbig abgesetzte Spitze hat symmetrische Abnahmen und wird im Maschenstich geschlossen.

Größen: 1 (2|3|4) für Fußumfang 21,5 (24,5|26|29,5) cm
Man kann weitere Größen stricken, wenn man die Nadelstärke ändert und die Länge anpasst, indem man mehr oder weniger einfarbige Rd strickt.
Gezeigt in Größe 3.

Maße
Fußumfang: 20 (23|24,5|28) cm
Fußlänge: 18 (20,5|22,5|25,5) cm
Empfohlene Passform: Fußumfang 1,5 cm enger und 15% weniger in der Länge.

Maschenprobe: 10 cm = 26 M und 32 Rd glatt rechts auf Nadelstärke 2,5 mm

Wolle: Katla sokkaband von Hélène Magnússon: reine Schurwolle, 100% isländische Lambswool, dicke Strumpfwolle, 4-fädig, 100 g Knäuel = 220 m, je 1 Knäuel in jeder Farbe

Verbrauchte Wollmenge:
HF Natural white: 90 (106|123|145) m
KF1 Raven black: 83 (99|114|135) m
KF2 Arctic coral: 12 (15|18|23) m
Moss green: 20 (27|31|35) m
KF4 Palagonite ochre: 9 (13|14|18) m

Nadel: 2,5 mm Rundnadel für Magicloop. Sie können auch mit einem Nadelspiel oder anders rund stricken. Passen Sie die Nadelstärke an, um die korrekte Maschenprobe zu erreichen.

Zubehör: Maschenmarkierer, Stopfnadel, Sockenbrett

Techniken: s. Kapitel Technik (S. 130):
- Damit bei Streifen und Musterbändern keine Stufen entstehen, einen stufenlosen Farbwechsel str.
- Wenn nicht anders angegeben, M immer wie zum li Str abh.
- Maschenstich
- Einstrickmuster und Farbdominanz

Anleitung

Bund: Mit HF 48 (54|60|66) M locker anschl, zur Rd schließen, RdBeg markieren und gestreifte Rippen 1 x 1 (1 M re, 1 M li) über 15 Rd nach Strickschrift A oder der ausgeschriebenen Anleitung str:
2 Rd mit HF, 2 Rd mit KF1, *1 Rd mit HF, 1 Rd mit KF1*. *-* 3-mal wdh, 1 Rd mit HF, 2 Rd mit KF1, 2 Rd mit HF.
Nächste Rd, mit HF zun: *12 (9|15|,11) M re, 1 M zun*. *-* 4 (6|4|6)-mal wdh. Insgesamt = 52 (60|64|72) M.

Bein: Das kleine Muster nach Strickschrift C1 str.
Dann 1 Rd re mit HF (nur Größen 1 und 3: 2 M in der Rd zun = 54 (66) M).
Dann das Blattmuster als Einstrickmuster nach Strickschrift B1 (B2|B3|B4) str und das Muster 3-mal pro Rd str (in der letzten Rd, nur Größen 1 und 3: 2 M abn = 52 (64) M).
Dann das kleine Muster nach Strickschrift C2 str. 2 Rd re mit HF.
Wie folgt nach Strickschrift D str:

Mascheneinteilung: Die ersten 27 M nach Strickschrift D1 und die restl 25 (33|37|45) M nach Strickschrift D2 (4-M-Wdh+1 M) str.
Rd 1–21 der Strickschrift D1 str und Strickschrift D2 so oft wie nötig wdh (mit einer Rd 1 enden).
Ferse: Wenn Rd 21 der Strickschrift D1 gestrickt ist, mit KF3 die Ferse str. HF und KF1 nicht abschneiden.

Maschenaufteilung: Die ersten 27 (29|30|33) M auf die rechte Nadel schieben und die Ferse über die nächsten 25 (29|31|33) M str. 27 (31|33|39) SpannM übrig.

Fersenwand

Wie folgt 24 (28|30|32) R über die 25 (29|31|33) FersenM str:
R 1 (HinR): *1 M abh, 24 (28|30|32 M re), wenden.
R 2 (RückR): *1 M mit Faden vorn abh, 1 M li* bis zur letzten M, 1 M li, wenden.
R 1 und 2 insg 12 (14|15|16)-mal wdh.

Käppchen

R 1 (HinR): 1 M abh, 15 (15|17|17) M re, aaz, 1 M re, wenden.
R 2 (RückR): 1 M mit Faden vorn abh, 8 (4|6|4) M li, 2 M li zus, 1 M li, wenden.
R 3: 1 M abh, bis 1 M vor der Lücke re, aaz, 1 M re, wenden.
R 4: 1 M abh, bis 1 M vor der Lücke li, 2 M li zus, 1 M li, wenden.
R 3 und 4 wdh, bis alle FersenM gestrickt wurden = 17 (17|19|19) M.
KF3 abschneiden.

Fuß

Sohlenzwickel: Wie folgt wieder in Rd str, ab RdBeg mit HF und KF1 (die M entsprechend auf der Nadel platzieren):

Maschenaufteilung: 0 (2|3|6) M auf die rechte Nadel schieben, 27 SpannM str (das Muster der Strickschrift D1 beibehalten), dann nach Rd 1 der Strickschrift E1 (E1|E2|E2) und wie in der Strickschrift angegeben wdh, 0 (2|3|6) M re, 12 (14|15|16) M aus der Fersenwand aufn, Seite markieren für den Zwickel, 17 (17|19|19) FersenM re, MM auf die andere Zwickelseite setzen, 12 (14|15|16) M aus der Fersenwand aufn, 0 (2|3|6) M re. Insgesamt = 27 SpannM und 41 (49|55|65) hintere M.

Weiter nach Strickschrift D1 und E1 (E1|E2|E2) str, bis Strickschrift E beendet ist und 1 M zwischen den beiden Zwickel-MM übrig ist. Zwickel-MM entfernen = 52 (60|64|72) M.

Weiter in Rd str, über die ersten 27 SpannM im Muster D1 und im Muster D2 über die restl 25 (33|37|45) M (4-M-Wdh +1), bis der Fuß ca. 14 (16,18,20) cm oder 3,5 (4|4,5|5) cm weniger, als die gewünschte Länge misst.

Spitze: 1 Rd re mit HF.
Nächste Rd, mit HF: 2 M re zus, 23 M re, aaz, bis 0 (2|3|5) M vor RdBeg re, neuen RdBeg-MM setzen = 50 (58|62|70) M.
Weiter mit KF4 und wie folgt abn: 1 M re, aaz, 19 (23|25|29) M re, 2 M re zus, 1 M re, Seite markieren, 1 M re, aaz, re bis 3 M vor RdBeg, 2 M re zus, 1 M re = 23 (27|29|33) M auf der vorderen und hinteren Nadel.
Weiter abn (abn Rd: *1 M re, aaz, re bis 3 M vor nächstem MM, 2 M re zus, 1 M re*, *-* 2-mal) in jeder 2. Rd noch 2-mal, dann in jeder Rd 5 (7,8,10)-mal bis 18 M übrig sind.
Die vorderen und hinteren 9 M im Maschenstich schließen.

Ausarbeiten: Fäden vernähen. Sanft von Hand in lauwarmem Wasser mit Wollwaschmittel waschen (mindestens 20 Minuten liegen lassen). Auf Sockenbrett ziehen und trocknen lassen.

Strickschriften

Strickschrift B1 (Größe 1)

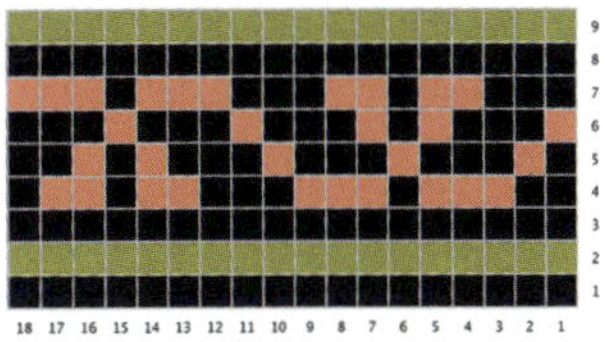

Strickschrift B2 (Größe 2)

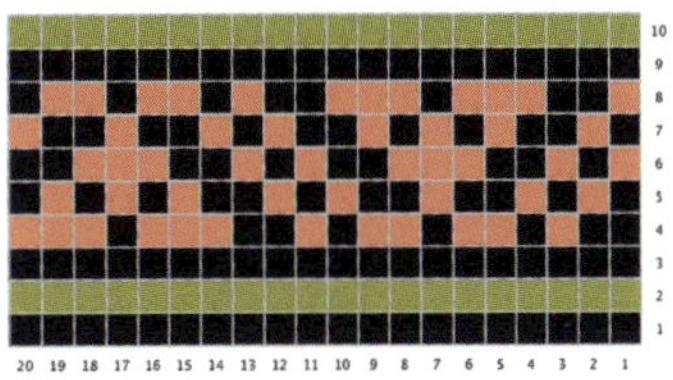

Strickschrift B3 (Größe 3)

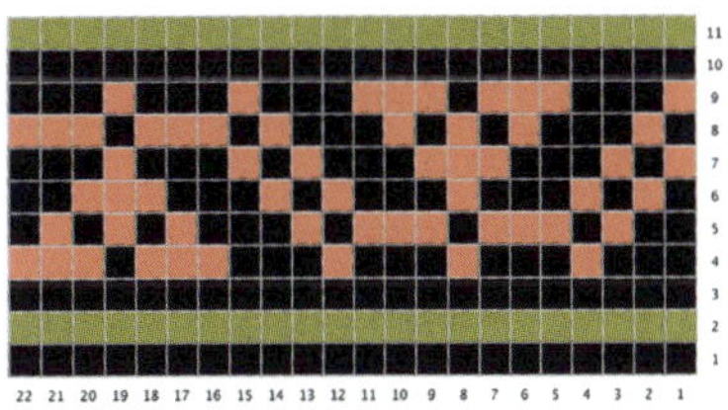

Strickschrift B4 (Größe 4)

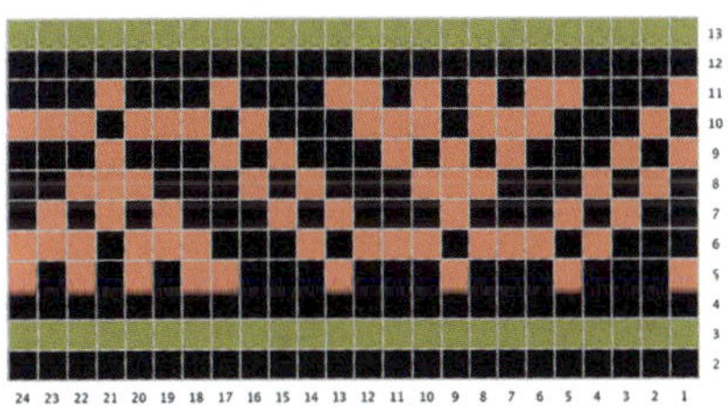

Strickschrift A

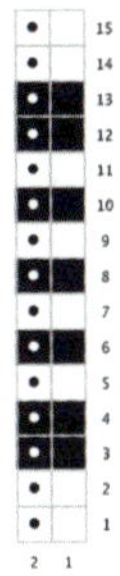

Strickschrift C1

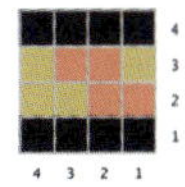

Strickschrift C2

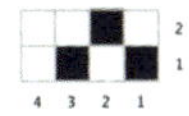

- re
- li
- 2 M re zus
- aaz
- 3 ÜZ
- keine M
- wdh

Strickschrift D1

Strickschrift D2

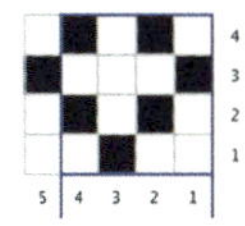

wdh

- HF
- KF1
- KF2
- KF3
- KF4

Strickschrift E2 (Größen 3 und 4)

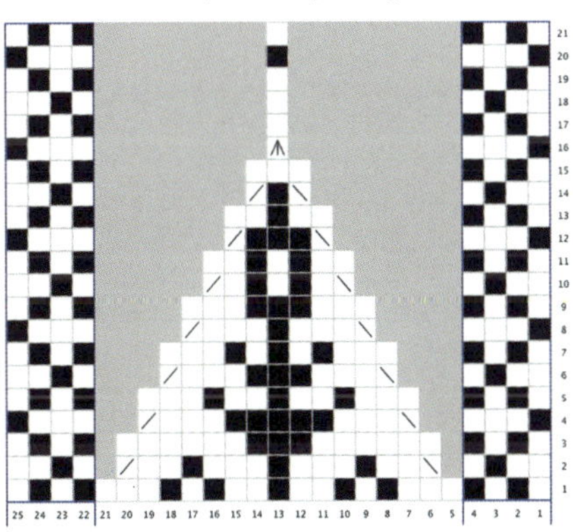

3(4)-mal wdh 3(4)-mal wdh

Strickschrift E1 (Größen 1 und 2)

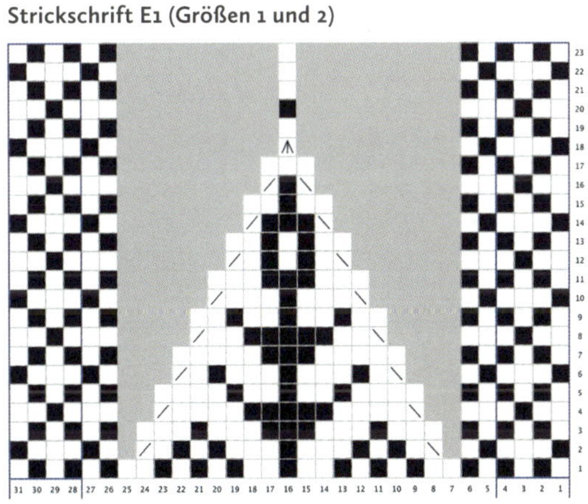

4(5)-mal wdh 4(5)-mal wdh

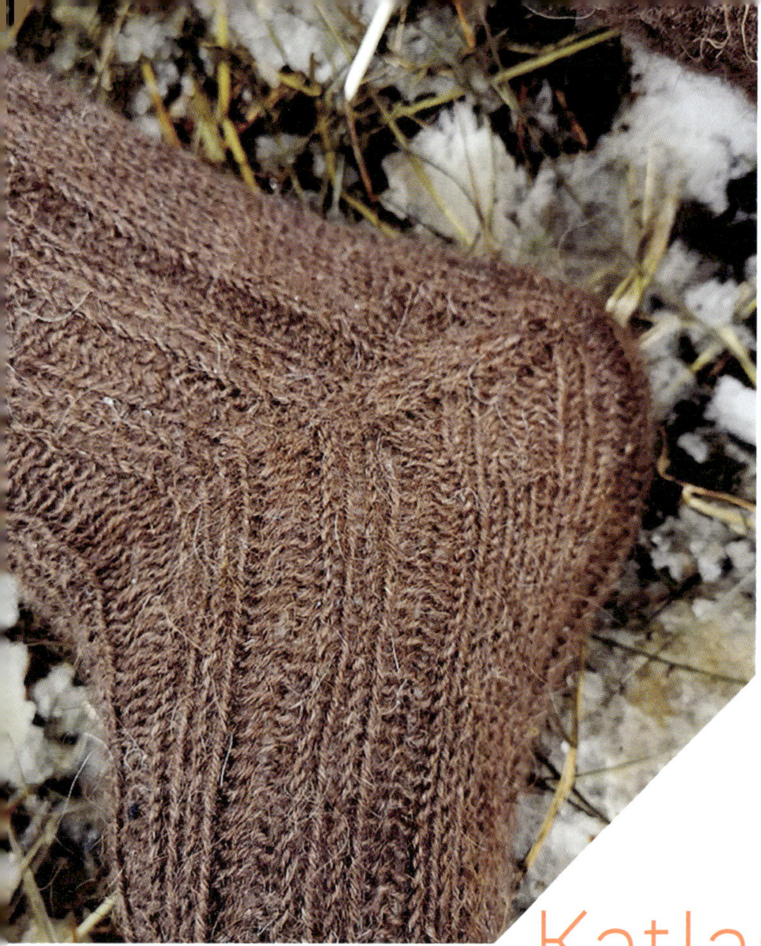

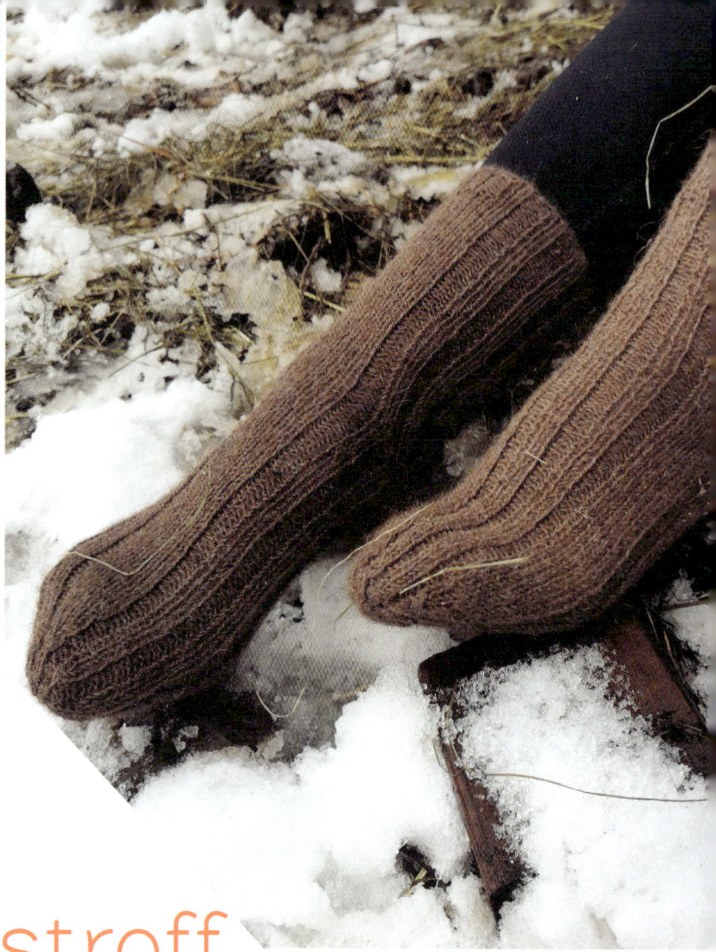

Katlastroff

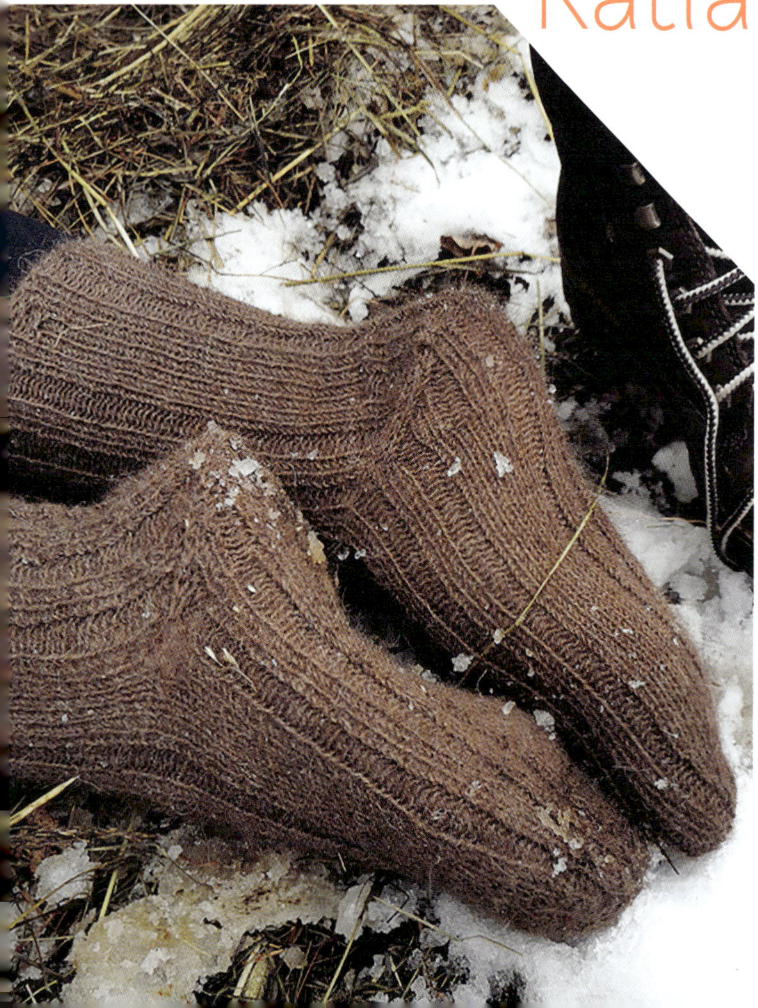

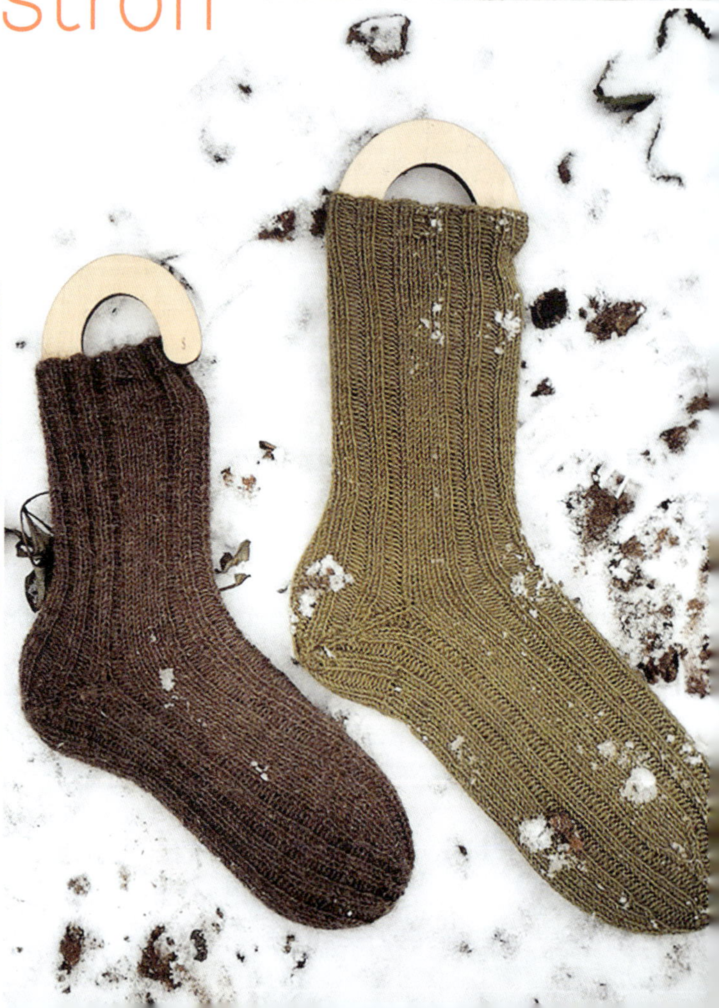

In isländischen Museen ...

... kann man alle möglichen gerippten Strümpfe sehen. All die vielen Varianten vertikaler Linien aus rechten und linken Maschen machen die Strümpfe sehr dehnbar. Ich biete meine Katlastroff Strümpfe zwar nur in einer Größe, aber sie passen allen, vom Baby bis zum Erwachsenen, nur die Länge ändert sich. Echte Magie! Und man kann sie auch noch wenden!

Der Name Katlastroff ist eine Zusammensetzung aus *stroff*, Rippen auf Isländisch ,und Katla, der isländischen Trollfrau, nach der auch meine Sockenwolle benannt ist. In Katlas Geschichte steht es zwar nicht, aber da ihre Zauberhose auch dem armen Barði passt, möchte ich gern glauben, dass sie sich dem Träger anpasst. Und was für eine Katastrophe, wenn der Vulkan Katla ausbricht!

Die Katlastroff Socken haben eine nachträgliche Ferse im Rippenmuster, die mit Maschenstich geschlossen wird. Die Spitze wird im Rippenmuster gearbeitet. Die Anleitung bietet zwei Varianten: die traditionellere von oben und eine modernere von der Spitze aus.

Größen: Einheitsgröße, vom Baby zum Erwachsenen. Nur die Länge wird angepasst. Sehr dehnbare Socken: je kleiner, umso voluminöser, je größer, umso weniger elastisch und enger.
Man kann weitere Größen stricken, wenn man die Nadelstärke ändert.

Babysocken gezeigt in Arctic coral und Damensocken in Natural brown beide auf Nadelstärke 2,5 mm gestrickt, aber die Herrensocken in Moss wurden mit Nadelstärke 3 mm gestrickt.

Maße
Fußumfang: ca. 11 cm ungedehnt und 25 cm ganz gedehnt.
Fußlänge: lässt sich anpassen und hängt davon ab, wie stark der Umfang gedehnt wird (zur Orientierung 10 cm bei meinen Babysocken, 24 cm bei den Damensocken und 27 cm bei den Herrensocken).
Beinlänge: Ähnlich der Fußlänge.

Maschenprobe: 10 cm = 26 M und 32 Rd glatt rechts auf Nadelstärke 2,5 mm und 24 M und 30 Rd auf Nadelstärke 3 mm

Wolle: Katla sokkaband von Hélène Magnússon: reine Schurwolle, 100% isländische Lambswool, dicke Strumpfwolle, 4-fädig, 100 g Knäuel = 220 m: 1 bis 2 Knäuel je nach Größe

Verbrauchte Wollmenge: ca. 80 m für die Babysocken, 194 m für die Damensocken und 242 m für die Herrensocken.

Nadel: 2,5 mm oder 3 mm Rundnadel für Magicloop. Sie können auch mit einem Nadelspiel oder anders rund stricken. Passen Sie die Nadelstärke an, um die korrekte Maschenprobe zu erreichen.

Zubehör: Maschenmarkierer, Stopfnadel, Sockenbrett

Techniken: s. Kapitel Technik (S. 130):
› Anschlag im Fadenring
› Kurze, li M oder norwegische li M
› Nachträgliche Ferse
› Maschenstich

Anleitung

Socken von oben

Bund: 48 M anschl. Je größer die Socken werden, umso lockerer sollte der Anschlag sein. Zur Rd schließen und RdBeg markieren und 2 x 2 Rippen (*2 M re, 2 M li*) (= Rd 1 der Strickschrift A) für 4 bis 8 Rd str.

Bein: Rd 2 der Strickschrift A wdh, bis das Bein (gedehnt: probieren Sie am Bein oder am Sockenbrett an) ca. 8,5 cm kürzer ist als die gewünschte Beinlänge.

Wie folgt die Ferse markieren: 3 M re, die nächsten 24 M mit einem Wollrest in Kontrastfarbe str und zurück auf die linke Nadel schieben, dann weiterstr.

Fuß: Rd 2 der Strickschrift A wdh, bis die Socke gedehnt am Fuß oder einem Sockenbrett 8,5 cm kürzer ist als die gewünschte Fußlänge.

Spitze: Nach Strickschrift A, Rd 3–21 abn. Wenn die Strickschrift beendet ist, sind noch 8 M auf den Nadeln. Faden abschneiden und durch die M ziehen.
Ferse: Die Ferse wird wie folgt in 2 x 2 Rippen mit Abn beidseitig einer Linie rechter M gestrickt: Den Wollrest entfernen, die M auf die Nadel schieben und beidseitig aus jeder Lücke 1 M aufn (= M 1 der Strickschrift C) = 50 M.

Die Ferse nach Strickschrift C oder der ausgeschriebenen Anleitung str, das Muster 2-mal pro Rd und wie angegeben abn. Bei größeren Socken können Sie Rd 1 der Strickschrift C ein paar Mal wdh (ich habe sie bei den Herrensocken 4-mal wdh). Wenn die Strickschrift beendet ist, haben Sie noch 20 M auf den Nadeln.
Im Maschenstich und im Muster die 10 M der vorderen und die 10 M der hinteren Nadel schließen.

Socken von unten

Spitze: 8 M im Fadenring anschl. Zur Rd schließen und RdBeg markieren, 1 Rd re, dann nach Strickschrift B oder der ausgeschriebenen Anleitung Rd 1–20 str. Das Muster pro Rd 4-mal str.

Fuß: Rd 21 der Strickschrift B wdh, bis die Socke gedehnt am Fuß oder einem Sockenbrett ca. 3,5 kürzer ist als die gewünschte Fußlänge.

Dann die Ferse markieren wie bei den Socken von oben.

Bein: Rd 21 der Strickschrift B wdh, bis das Bein so lang ist wie der Fuß oder die gewünschte Länge misst. Dann 2 x 2 Rippen (*2 M re, 2 M li*) (= Rd 22 der Strickschrift B) über 4–8 Rd str, je nach Größe. Im Muster abk: Je größer die Socken sind, umso elastischer muss abgekettet werden, damit sie sich gut anziehen lassen.

Ferse: Die Ferse wie bei den Socken von oben stricken.

Ausarbeiten (für beide Anleitungen): Fäden vernähen. Sanft von Hand in lauwarmem Wasser mit Wollwaschmittel waschen (mindestens 20 Minuten liegen lassen). Auf ein Sockenbrett ziehen und trocknen lassen.

Ausgeschriebene Anleitung

Strickschrift A

Pro Rd 4-mal *-* wdh.
Rd 1: *(2 M re, 2 M li) x 3* = 48 M.
Rd 2: *6 M re, 2 M li, 2 M re, 2 M li*.
Rd 3: *aaz, 2 M re, 2 M re zus, 2 M li, 2 M re, 2 M li = 40 M.
Rd 4–7: *4 M re, 2 M li, 2 M re, 2 M li*.
Rd 8: *aaz, 2 M re zus, 2 M li, 2 M re, 2 M li* = 32 M.
Rd 9–11: *(2 M re, 2 M li) x 2 wdh*.
Rd 12: *2 M re zus, 2 M li, 2 M re, 2 M li* = 28 M.
Rd 13–14: *1 M re, 2 M li, 2 M re, 2 M li*.
Rd 15: *1 M re, 2 M li, 2 M re zus, 2 M li* = 32 M.
Rd 16–17: *(1 M re, 2 M li) x 2 wdh *.
Rd 18: *(1 M re, 2 M li zus) x 2 wdh* = 16 M.
Rd 19–20: *(1 M re, 1 M li) x 2 wdh*.
Rd 21: 2 M re zus 2-mal = 8 M.
Rd 22: Alle M re.

Strickschriften

Strickschrift A

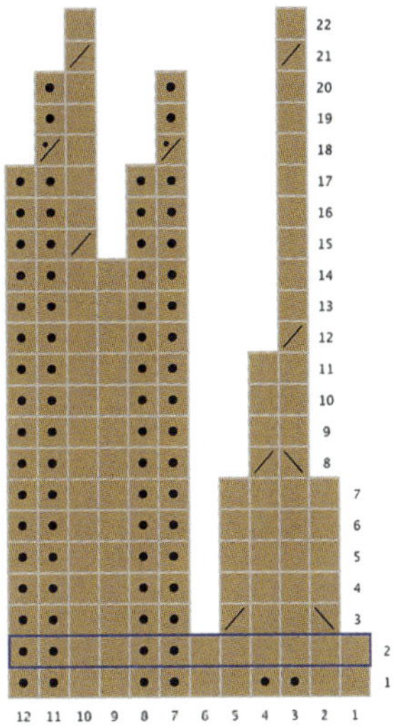

4-mal str

Strickschrift B

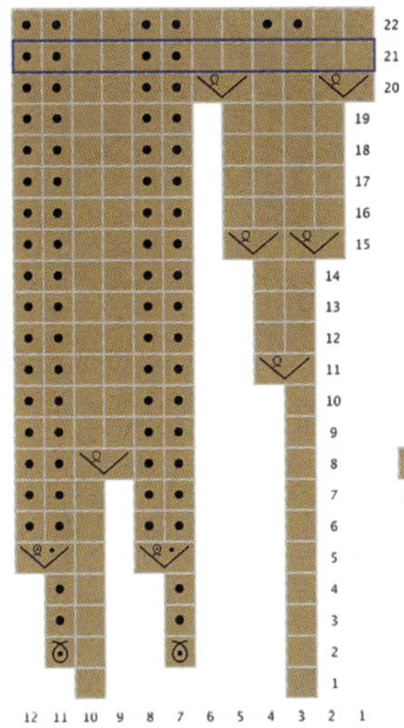

4-mal str

Strickschrift C

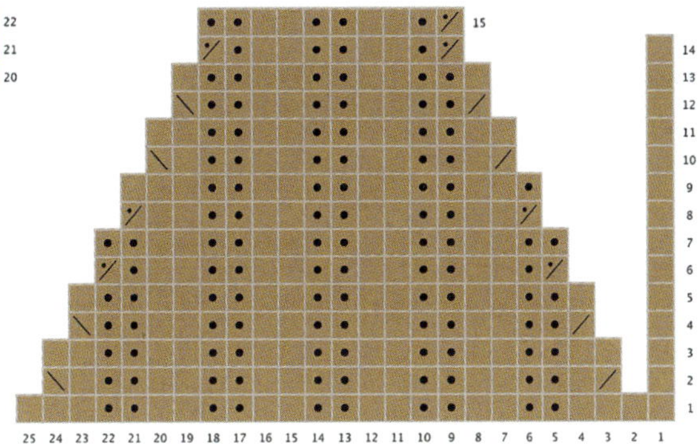

2-mal str

- re
- 2 m re zus
- aaz
- 1 M dop str re
- li
- 1 li M zun
- 1 li M dop str
- 2 M li zus
- wdh

Strickschrift B

Pro Rd 4-mal *-* wdh.

Rd 1: *2 M re* = 8 M.

Rd 2: *(1 M re, 1 li M zun) x 2 wdh* = 16 M.

Rd 3–4: *(1 M re, 1 M li) x 2 wdh*.

Rd 5: *(1 M re, 1 li M dop str) x 2 wdh* = 24 M.

Rd 6–7: *(1 M re, 2 M li) x 2 wdh*.

Rd 8: *1 M re, 2 M li, 1 M dop str, 2 M li* = 28 M.

Rd 9–10: *1 M re, 2 M li, 2 M re, 2 M li*.

Rd 11: *1 M dop str, 2 M li, 2 M re, 2 M li* = 32 M.

Rd 12–14: *(2 M re, 2 M li) x 2 wdh*.

Rd 15: *1 M dop str x 2, 2 M li, 2 M re, 2 M li* = 40 M.

Rd 16–19: *4 M re, 2 M li, 2 M re, 2 M li*.

Rd 20: *1 M dop str, 2 M re, 1 M dop str, 2 M li, 2 M re, 2 M li* = 48 M.

Rd 21: *6 M re, 2 M li, 2 M re, 2 M li*.

Rd 22: *(2 M re, 2 M li) x 3*.

Strickschrift C

2-mal pro Rd *-* wdh.

Rd 1: *4 M re, (2 M li, 2 M re) x 5, 1 M re* = 50 M.

Rd 2: *1 M re, 2 M re zus, 1 M re, (2 M li, 2 M re) x 4, 2 M li, 1 M re, aaz* = 46 M.

Rd 3: *3 M re, (2 M li, 2 M re) x 5*.

Rd 4: *1 M re, 2 M re zus, (2 M li, 2 M re) x 4, 2 M li, aaz* = 42 M.

Rd 5: *(2 M re, 2 M li) x 5, 1 M re*.

Rd 6: *1 M re, 2 M li zus, 1 M li, (2 M re, 2 M li) x 3, 2 M re, 1 M li, 2 M li zus*= 38 M.

Rd 7: *1 M re, (2 M li, 2 M re) x 4, 2 M li*.

Rd 8: *1 M re, 2 M li zus, (2 M re, 2 M li) x 3, 2 M re, 2 M li zus * = 34 M.

Rd 9: *1 M re, 1 M li, (2 M re, 2 M li) x 3, 3 M re*.

Rd 10: *1 M re, 2 M re zus, 1 M re, (2 M li, 2 M re) x 2 wdh, 2 M li, 1 M re, aaz* = 30 M.

Rd 11: *3 M re, (2 M li, 2 M re) x 3*.

Rd 12: *1 M re, 2 M re zus, (2 M li, 2 M re) x 2 wdh, 2 M li, aaz* = 26 M.

Rd 13: *(2 M re, 2 M li) x 3, 1 M re*.

Rd 14: *1 M re, 2 M li zus, 1 M li, 2 M re, 2 M re, 2 M re, 1 M li, 2 M li zus* = 22 M.

Rd 15: *2 M li zus, 1 M li, (2 M re, 2 M li) x 2 wdh* = 20 M.

Strümpfe an der Hand messen

Maßbänder und andere Messinstrumente waren früher nicht immer verfügbar, stattdessen nutzte man Hände und Finger.

Die Fingerlänge basierte auf dem Mittelfinger, 1/3 Finger reichte von der Fingerspitze zum ersten Knöchel (1 Fingerglied), 1/2 Finger bis zum nächsten Knöchel (2 Fingerglieder) und ein Finger bis zum unteren Gelenk (3 Fingerglieder).

Üblicherweise gibt es zwischen Händen und Füßen Verbindungen, was die Proportionen angeht. Daher ist es möglich, Socken an der Hand zu messen, um herauszufinden, ob sie groß genug sind.

Vigdís Pálsdóttir beschreibt die Methode: »Die Socke wurde an der Spitze gehalten und von der Zehenspitze bis zum oberen Knöchel des großen Fingers gemessen, von dort wurde die Messung bis zur Ferse wiederholt. Wenn der Strumpffuß so lang war wie diese zwei Maße, dann hatte er für die betreffende Person die richtige Größe. Das nannte sich að heilmæla (aufs volle Maß). Während des Strickens wusste man, dass der Strumpf lang genug war und man mit den Spitzenabnahmen beginnen konnte, wenn er von der Ferse zweieinhalb Fingerlängen der Person maß, für die er gedacht war. Das nannte sich að hálfmæla (aufs halbe Maß).« (Hugur og hönd 1982, S. 46)

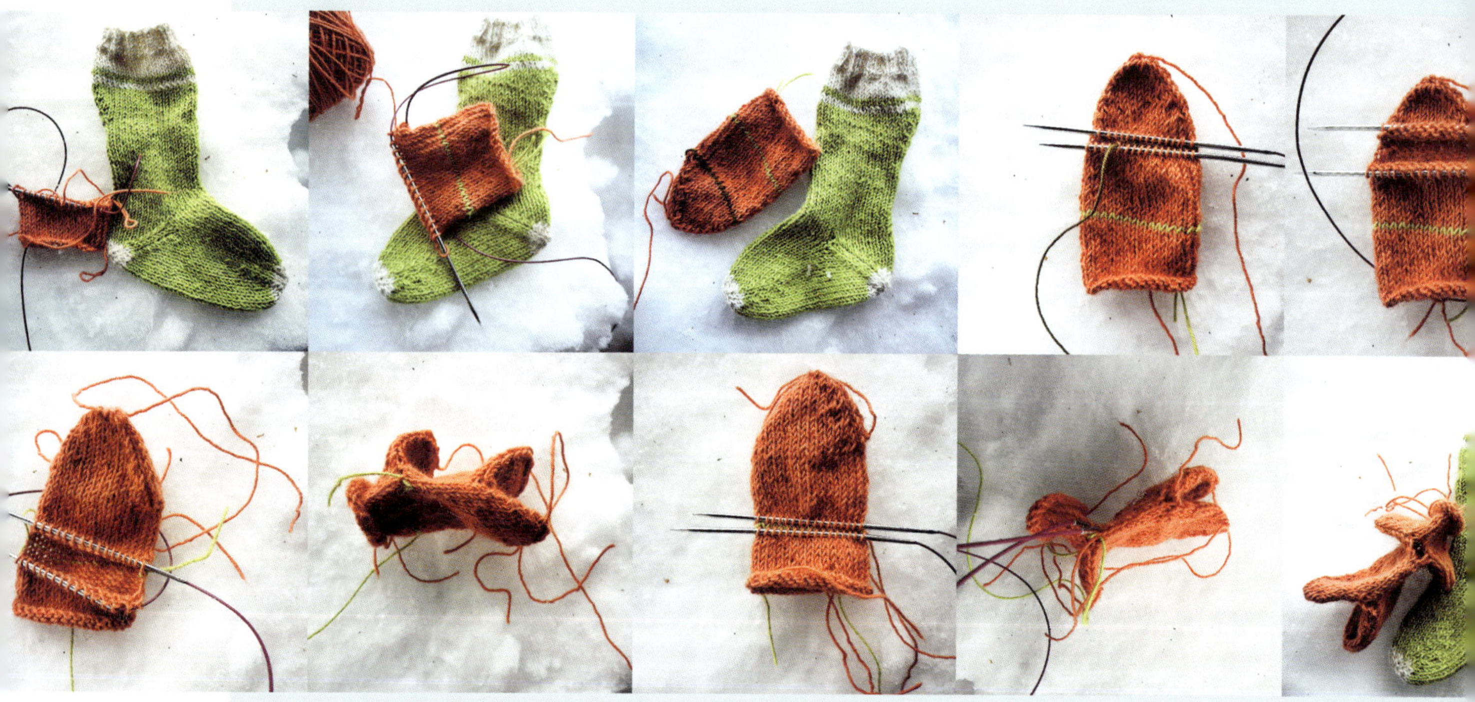

Vargakjaftar

Strümpfe waren ein wichtiger und notwendiger Bestandteil der isländischen Kleidung. Man pflegte sie, damit sie so lang wie möglich hielten.

Damit sich an Ferse und Spitze keine Löcher bildeten, wurden die oft mit einer gröberen Wolle gestrickt, die mehr tog (das grobe, äußere Haar) enthielt.
Strümpfe wurden regelmäßig geflickt, aber es war auch üblich, eine neue Ferse, Spitze oder gar einen neuen Fuß zu stricken.

Im Textilmuseum in Blönduós befindet sich ein Paar Strümpfe (HIS-1319-b), das aus einer groben isländischen Wolle gestrickt wurde, zwei Farben zusammen, das Bein in Rippen. Es wurde geflickt, indem eine neue Sohle, Ferse und Spitze in einer helleren Farbe in einem Stück gestrickt wurden. Diese Art zu flicken nannte sich »vargakjafar«. Wortwörtlich Wolfskiefer, der Name leitet sich vom Tiefsee-Eidechsenfisch Bathysaurus ferox ab, sowie von einer Art Haken, mit dem Taue auf See befestigt wurden.

Vigdís Pálsdóttir erklärt, wie vargakjafar gestrickt wurden: »Man schlägt so viele Maschen an, wie das Bein enthält, dann die Höhe der Ferse gerade stricken. Jetzt die Maschen mit einem Wollrest in einer anderen Farbe stricken. Weiter den Fuß arbeiten, bis die Spitzenabnahmen beginnen, dann die Hälfte der Maschen in einer anderen Farbe stricken. Jetzt den ersten Zeh stricken. Dann die Wolle in Kontrastfarbe an der Spitze entfernen, die Maschen auf vier Nadeln verteilen und die andere Spitze wie die erste stricken. Als Nächstes wird die Ferse gestrickt. Den Wollrest über die Hälfte der Maschen entfernen, die Maschen auf vier Nadeln verteilen und die erste Ferse stricken. Dann den Wollrest komplett entfernen und die zweite Ferse wie die erste stricken. Wenn Strümpfe mit diesen ›Wolfskiefern‹ geflickt wurden, hat man die Maschen seitlich zwischen Spitze und Ferse aufgeschnitten, sodass man zwei neue Sohlen hatte, für ein Paar Strümpfe.« (Hugur og hönd 1973, S. 35)

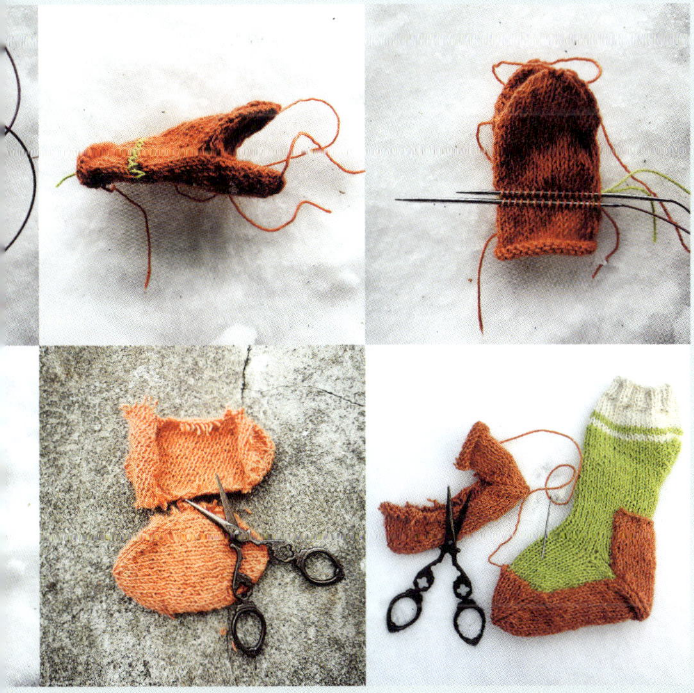

Socken mit *vargakjaftar* im Textilmuseum in Blönduós, HIS-1319-b

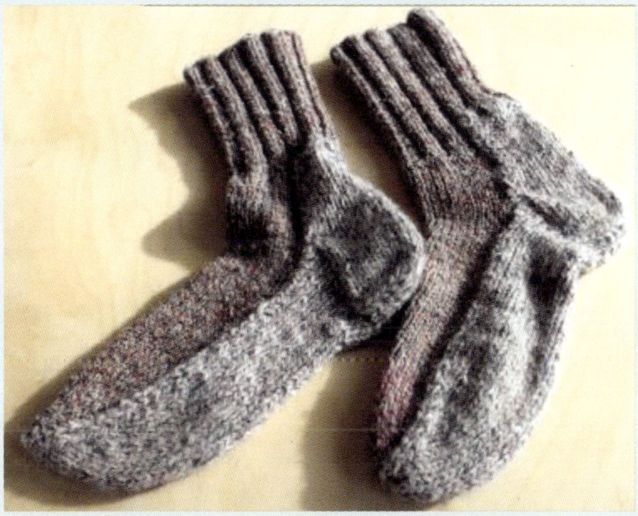

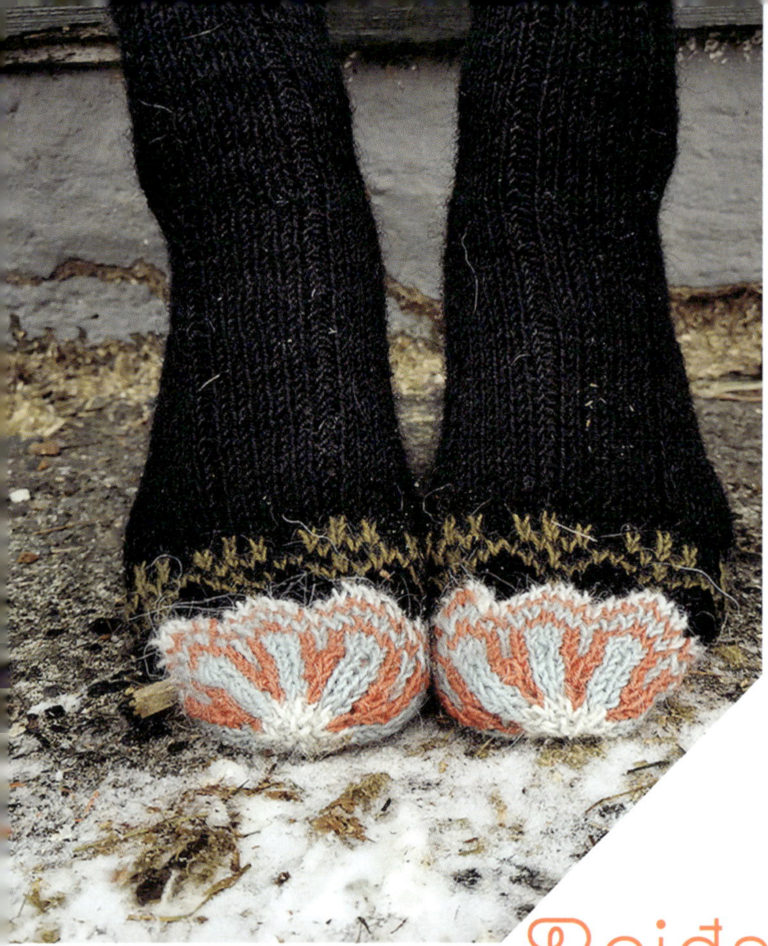

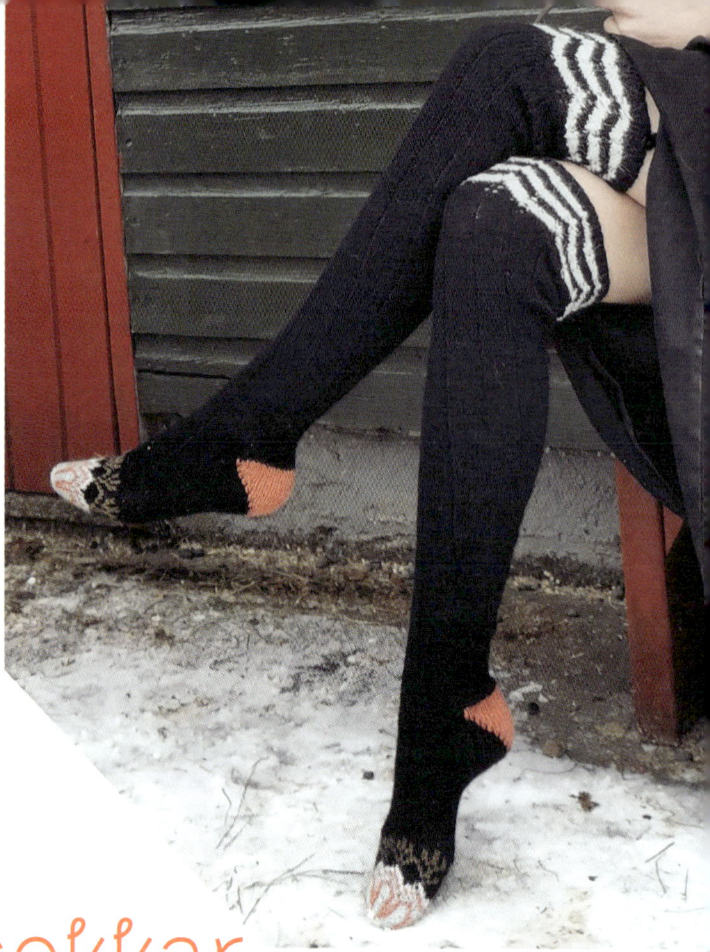

Reiðsokkar

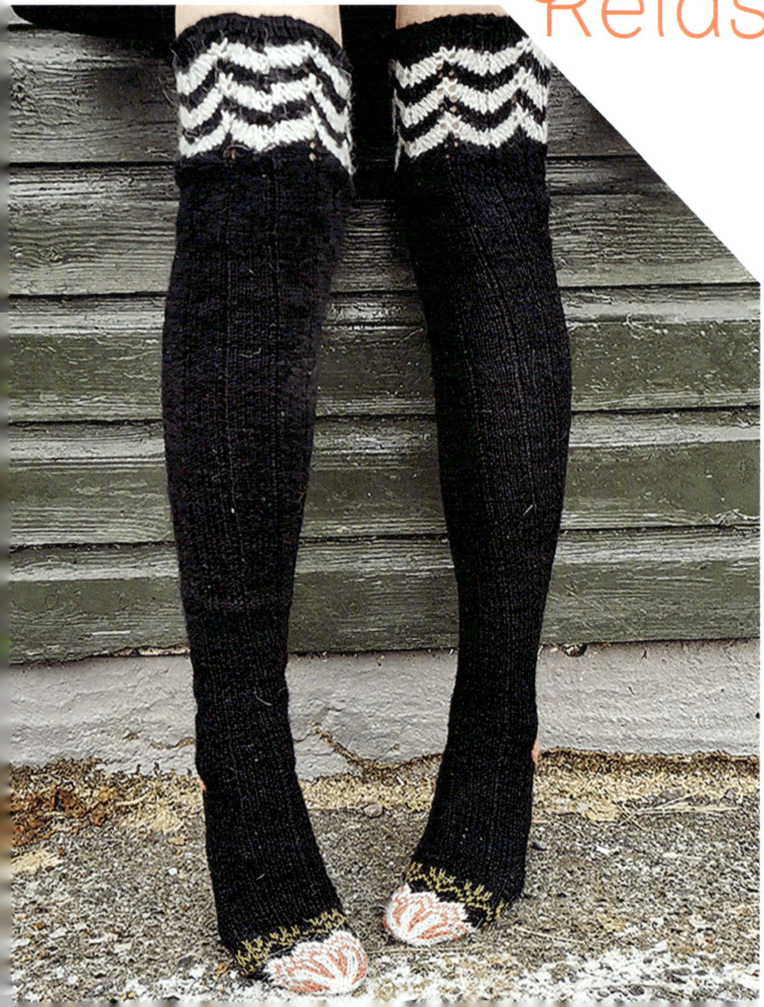

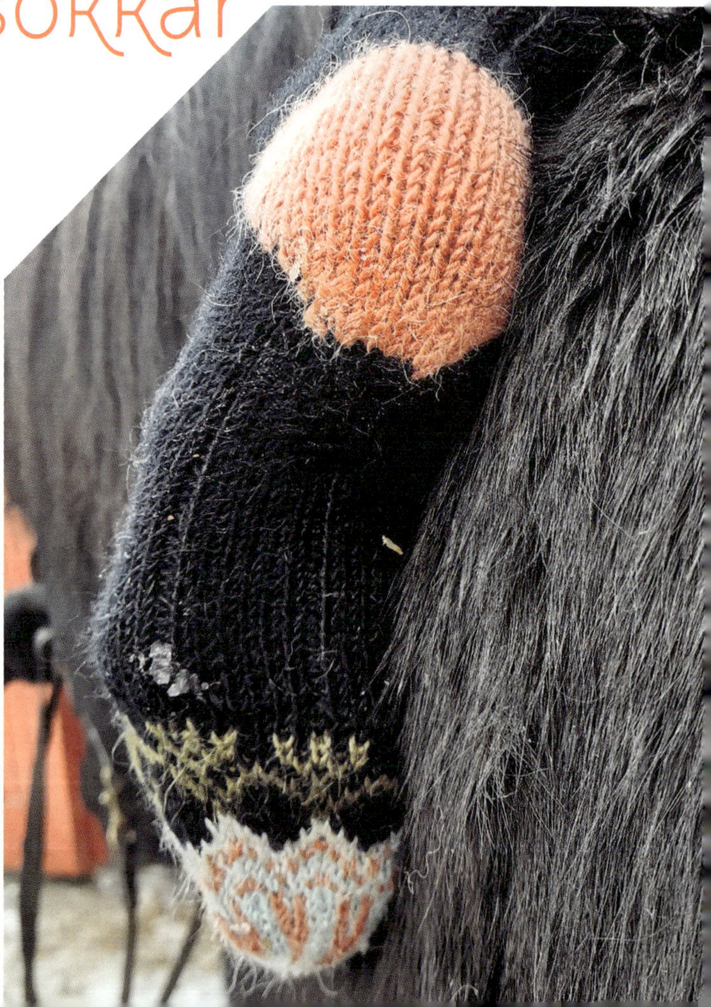

Die Reiðsokkar ...

... wortwörtlich Reitstrümpfe, basieren, wie der Name verrät, teilweise auf den schwarzen Reitstrümpfen, die übers Knie reichten und oben mit Bändern gehalten wurden, wie im Buch »Reise durch Island 1752–1757« (Ferðabók Eggerts Ólafssonar og Bjarna Pálssonar um ferðir þeirra á Íslandi árin 1752–1757 S. 637) beschrieben: »Beim Reiten tragen die Leute sogenannte Reitstrümpfe, damit ihre Füße nicht schmutzig werden. Das sind grobe, schwarze Strümpfe mit Streifen, oft mit Pferdehaar oder einem anderen Material, das haltbar ist. Diese Strümpfe werden über den Schuhen und allem anderen getragen, damit sie nicht am Innenfuß durch die Reibung kaputtgehen, benutzt man sogenannte Reitflicken. Diese Flicken aus dickem Leder werden innen an den Waden angebracht und dort mit einem Riemen um den Fuß direkt unterhalb des Knies befestigt.«

In isländischen Museen findet man viele Reit- oder auch Sportstrümpfe, aber sie sind recht neu, aus dem 20. Jahrhundert.
Viele haben einen Bund, der umgeschlagen wird, oft verziert mit einem Band aus Einstrickmustern. Meine Reiðsokkar basieren auf einem solchen Paar Sportstrümpfe mit einem Zickzack-Spitzenmuster und Streifen, aus dem Textilmuseum in Blönduós.

Die Beinform ist lose inspiriert von Skúli Fogetis Strickanleitung von 1860–1870. Und da er nichts zur Ferse und Spitze sagt, habe ich mir einige Freiheiten erlaubt!

Meine Reiðsokkar werden von der Spitze aus gestrickt, mit einer verstärkten Keilferse: Der Zwickel wird mit Zunahmen in Runden gestrickt, dann werden die Fersenmaschen mit doppeltem Faden und Abnahmen in Reihen gearbeitet.

Die Spitze mit Einstrickmuster ist wie der obere Teil einer Mütze geformt, sie ist sehr dicht und sorgt für warme Zehen.
Mir gefällt, wie die drei strahlend weißen Streifen auf der schwarzen Spitze den Strümpfen den athletischen Stil verleihen, der in den 1910er-Jahren aufkam und bis heute beliebt ist.
Die Strümpfe haben ein Rippenbündchen und werden krausrechts abgekettet, was auch isländisch abketten genannt wird. Strumpfhalter wurden genutzt, um sie oben zu halten, daher habe ich auch dafür eine Anleitung geschrieben.

Größen: 1 (2|3|4) für Fußumfang 20,5 (22,5|25,5|28,5) cm. Man kann weitere Größen stricken, wenn man die Nadelstärke ändert und die Länge anpasst, indem man mehr oder weniger Rd strickt, den Beinumfang kann man durch mehr oder weniger Zunahmen ändern.

Gezeigt in Größe 2.

Maße

Fußumfang: 17,5 (20,5|23,5|26) cm
Fußlänge: 17,5 (20,5|23,5|25,5) cm
Gesamtlänge ab der Ferse (ungedehnt): 67 (70|74|77) cm
Empfohlene Passform: Fußumfang 2,5 cm enger und 15% weniger in der Länge.
Die Strümpfe reichen ca. 19 cm übers Knie.

Wadenumfang: 26 (29|31,5|34,5) cm
Umfang überm Knie: 29 (34,5|41|46,5) cm
Waden- und Beinumfang lässt sich anpassen: Probieren Sie den Strumpf an und nehmen Sie mehr oder weniger Maschen ab, damit er Ihnen passt.

Maschenprobe: 10 cm = 24 M und 30 R glatt rechts auf Nadelstärke 3 mm

Wolle: Katla sokkaband von Hélène Magnússon: reine Schurwolle, 100% isländische Lambswool, dicke Strumpfwolle, 4-fädig, 100 g Knäuel = 220 m: HF Raven black 2 (3|3|4) Knäuel, KF je 1 Knäuel oder Wollreste

Verbrauchte Wollmenge (geschätzt)
HF, Raven black: 383 (484|608|724) m
KF1, Natural white: 38 (44|50|57) m
KF2, Arctic coral: 38 (44|50|57) m
KF3, Moss green: 4 (4|5|6) m
KF4, Askja blue: 15 (18|20|23) m

Weiteres Material (optional): 4 Knöpfe für die Strumpfhalter
Nadel: 2,5 mm und 3 mm Rundnadel für Magicloop.
Sie können auch mit einem Nadelspiel oder anders rund stricken. Passen Sie die Nadelstärke an, damit Sie die korrekte Maschenprobe erreichen.

Zubehör: Maschenmarkierer, Stopfnadel, Sockenbrett
Techniken: s. Kapitel Technik (S. 130):
- Wenn nicht anders angegeben, M immer wie zum li Str abh.
- Anschlag im Fadenring
- Krausrechts oder isländisch abketten

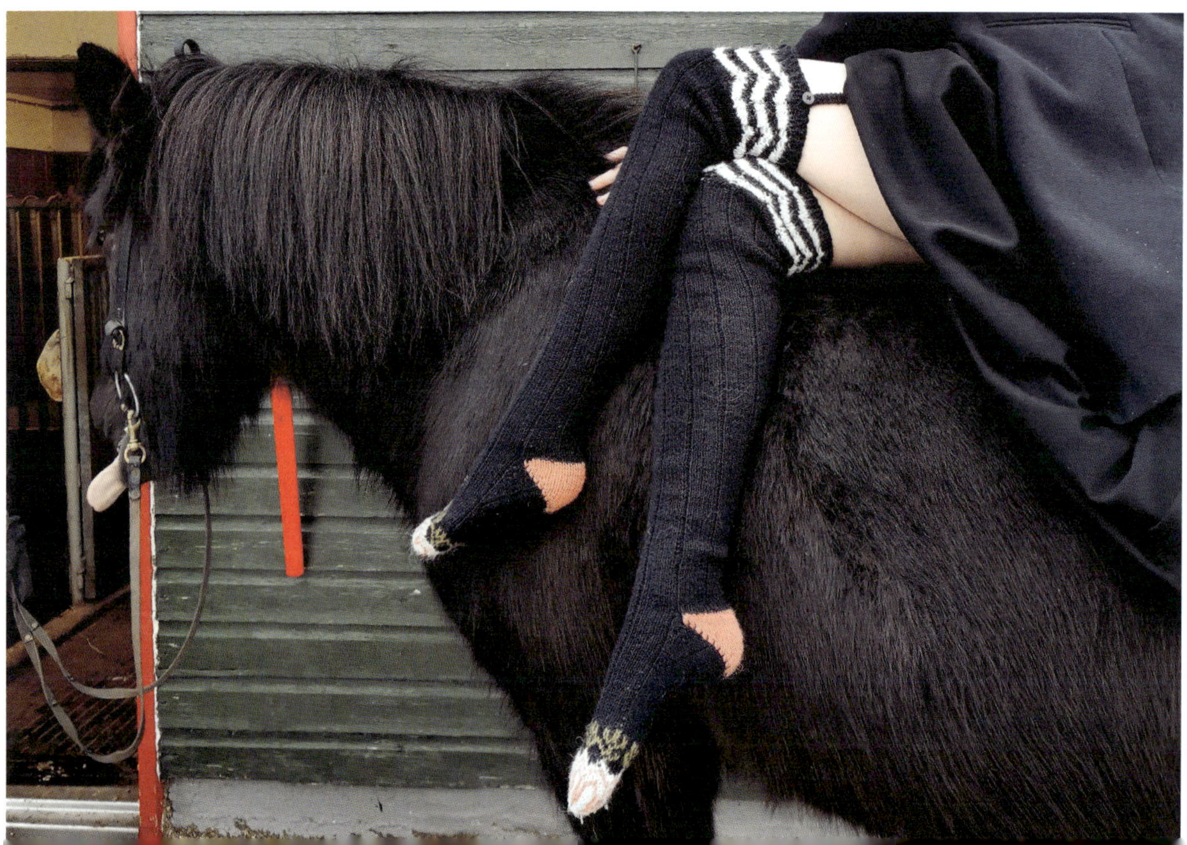

Anleitung

Spitze: 6 (7|8|9) M mit KF1 auf der dickeren Nadel im Fadenring anschl. Zur Rd schließen und RdBeg markieren, dann Einstrickmuster nach Strickschrift A str. Das Muster 6 (7|8|9)-mal pro Rd str und wie in der Strickschrift oder der ausgeschriebenen Anleitung angegeben zunehmen. Am Ende der Strickschrift = 42 (49|56|63) M.

Fuß: Weiter mit HF Rippen str (= Rd 28 der Strickschrift A), bis der Strumpf von der Spitze zur Ferse 11 (12,5|14|15,5) cm lang oder 6,5 (8|9,5|10) cm kürzer als die gewünschte Fußlänge ist oder bis er vorn an den Knöchel reicht (ziehen Sie den Strumpf an).

Ferse

Zwickel

Die M auf der Nadel neu aufteilen, 21 (24|27|32) SpannM und 21 (25|29|31) FersenM und die M in der Fersenmitte ist eine li M: 6 (1|3|4) M str, neuen RdBeg-MM setzen, 21 (24|28|32) SpannM str, Seite markieren, FersenM bis RdBeg str.

Dann wie folgt beidseitig der FersenM zun, dabei weiter Rippen str:

Rd 1: SpannM bis zum seitlichen MM in Rippen str, MM, tief re zun, FersenM bis RdBeg-MM in Rippen str, tief li zun, MM.

Rd 2: Rippen str.

Rd 1–2 insg 10 (12|14|15)-mal str, mit einer Rd 2 enden = 41 (49|57|61) FersenM und 62 (73|84|93) M insg.

Keilferse

Die SpannM abh, ohne sie zu str. HF nicht abschneiden. Dann mit KF2 und doppeltem Faden wie folgt die FersenM in R str:

R 1 (HinR): 22(26,30,32) M re, 2 M re zus verschr, 1 M re, wenden.

R 2 (RückR): 1 M abh Fdn vorn, 5 M li, 2 M li zus, 1 M li, wenden.

R 3: 1 M abh Fdn hinten bis zur M vor der Lücke re, 2 M re zus verschr, 1 M re, wenden.

R 4: 1 M abh Fdn vorn, bis zur M vor der Lücke li, 2 M li zus, 1 M li, wenden.

R 3 und 4 noch 6 (8|10|11)-mal wdh, bis 25 (29|33|35) FersenM übrig sind (RückR).

Nächste R (HinR): 1 M abh Fdn hinten, bis zur M vor der Lücke re, 2 M re zus, 1 M re. Nicht wenden.

KF2 abschneiden und wieder in Rd mit HF str.

Rd 1: SpannM im Rippenmuster str, 1 M re, aaz, bis zu den letzten 2 M re, 2 M re zus.

Rd 2: 2 M re zus, bis RdBeg re = 42 (49|56|63) M.

Bein: Ca. 5 cm im Rippenmuster str, dann wie folgt beidseitig der linken M in der hinteren Beinmitte 10-mal in jeder 7. Rd zun:

Zun-Rd: bis 1 M vor der li M in der hinteren Beinmitte re, tief re zun, 1 M re, 1 M li, 1 M re, tief li zun, bis RdBeg re. 6 Rd zwischen den Zun-Rd str, die M str, wie sie erscheinen (re M re und li M li str). *-* 10-mal str = 62 (69|76|83) M.

Ca. 12 cm str oder bis der Strumpf knapp bis unters Knie reicht, dann wie folgt 3-mal in jeder 4. Rd abn:

Abn Rd: bis 3 M vor der li M in der hinteren Beinmitte re, aaz, 1 M re, 1 M li, 1 M re, 2 M re zus, bis RdBeg re. Zwischen den Abn-Rd 3 Rd str, die M stricken wie sie erscheinen (re M re und li M li str). *-* 3-mal str = 56 (63,70,77) M.

Dann wieder wie vorher zun, aber in jeder 3. Rd (2 Rd zwischen den Zun-Rd str) 7 (10|14|17)-mal = 70 (83|98|111) M.

Ca. 5 cm str oder bis der Strumpf gedehnt am Bein bis ca. 10 cm übers Knie reicht (bei ausgestrecktem Bein) oder die gewünschte Länge misst.

Nur Größen 2 und 4: noch 1 M hinten am Bein beidseitig der mittleren, li M zun, damit die Gesamtmaschenzahl durch 14 teilbar ist = 70 (84|98|112) M.

Das Spitzenmuster nach Strickschrift B oder der ausgeschriebenen Anleitung wie folgt str, darauf achten, dass die 1. M der Strickschrift über einer li M der Rippen liegt: 5 (0|2|3) M str, dann das Muster beginnen. Das 14-M-Spitzenmuster wird pro Rd 5 (6,7,8)-mal wdh. Für die Streifen wie folgt die Farben abwechseln: *4 Rd mit HF, 4 Rd mit KF1*. *-* 3-mal, 4 Rd mit HF.

Weiter mit HF, auf die dünnere Nadel wechseln und 4 Rd Rippen 1 x 1 (*1 M li, 1 M re*) str.

Krausrechts/isländisch locker abketten.

Strumpfhalter

Mit der dünneren Nadel und HF 10 M anschl. Kraus rechts (jede R re) str, die 1. M immer abh.

In R 3 wie folgt ein horizontales Knopfloch über 4 M str: 3 M re, 2 M auf die rechte Nadel schieben, die 1. M darüberziehen, *noch 1 M auf die rechte Nadel schieben, darüberziehen*, *-* 3-mal str, M zurück auf die linke Nadel schieben, 4 M aufschlingen, 3 M re.

Wenn der Strumpfhalter ca. 10 cm lang ist, die Maschen halbieren und ca. 10 cm jedes 5 M-Band getrennt str.

Am Ende des Bands wie folgt ein horizontales 3 M-Knopfloch str: 1 M re, 2 M auf die rechte Nadel schieben, die 1. M darüberziehen, *noch 1 M auf die rechte Nadel schieben, darüberziehen*, *-*2-mal str, M zurück auf die linke Nadel schieben, 2 M aufschlingen, 1 M re = 4 M. 2 R re, dann abk.

Ausarbeiten: Fäden vernähen. Sanft von Hand in lauwarmem Wasser mit Wollwaschmittel waschen (mindestens 20 Minuten liegen lassen). Auf ein Sockenbrett ziehen und trocknen lassen. Die Strumpfhalter anfilzen, in warmem Wasser mit etwas Seife reiben oder schlagen. Im Liegen trocknen lassen. Beidseitig oben an die Strümpfe zwei Knöpfe annähen.

Strickschriften

Strickschrift A

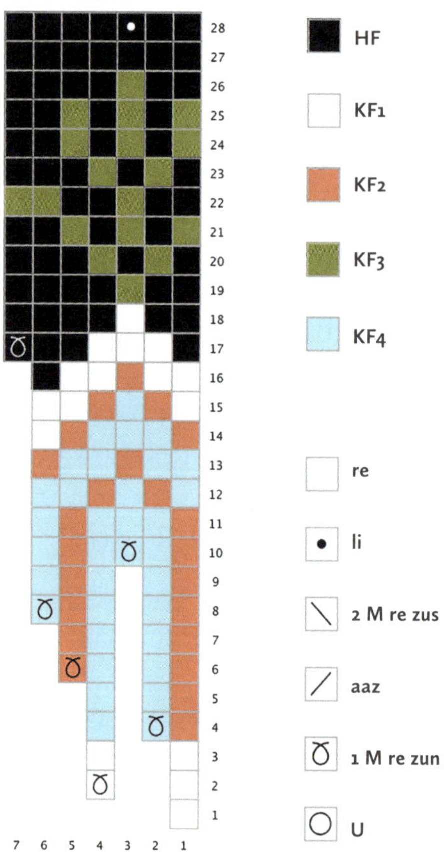

Strickschrift B

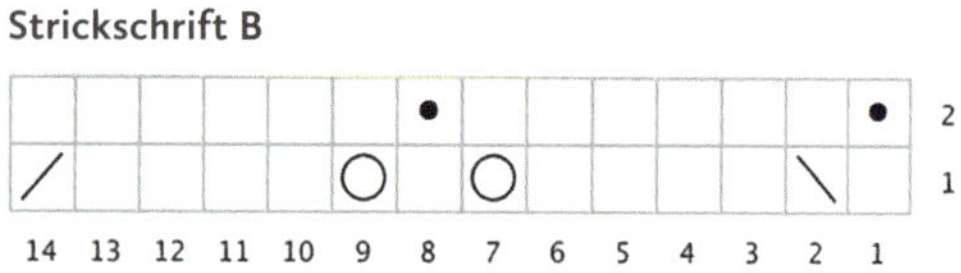

Ausgeschriebene Anleitung

Strickschrift A (Rd 1–17 und 28)

6 (7|8|9)-mal *-* pro Rd str.

Rd 1: Alle M re mit KF1.

Rd 2: Mit KF1, *1 M re, 1 M zun* = 12 (14|16|18) M.

Rd 3: Alle M re mit KF1.

Rd 4: *KF2 1 M re, 1 M zun KF4, KF4 1 M re* = 18 (21|24|27) M.

Rd 5: Die Farben wie auf der Nadel re.

Rd 6: *KF2 1 M re, KF4 2 M re, 1 M zun KF2* = 24 (28|32|36) M.

Rd 7: Die Farben wie auf der Nadel re.

Rd 8: *KF2 1 M re, KF4 2 M re, KF2 1 M re, 1 M zun KF4* = 30 (35|40|45) M.

Rd 9: Die Farben wie auf der Nadel re.

Rd 10: *KF2 1 M re, KF4 1 M re, 1 M zun KF4, KF4 1 M re, KF2 1 M re, KF4 1 M re* = 36 (42|48|54) M.

Rd 11: Die Farben wie auf der Nadel re.

Rd 12: *(KF4 1 M re, KF2 1 M re) x2, 2 M re KF4*.

Rd 13: *KF4 2 M re, KF2 1 M re, KF4 2 M re, KF2 1 M re *.

Rd 14: *KF2 1 M re, KF4 3 M re, KF2 1 M re, KF1 1 M re*.

Rd 15: *KF1 1 M re, KF2 1 M re, KF4 1 M re, KF2 1 M re, KF1 2 M re*.

Rd 16: *KF1 2 M re, KF2 1 M re, KF1 2 M re, HF 1 M re *.

Rd 17 *HF 1 M re, KF1 3 M re, HF 2 M re, 1 M zun HF* = 42 (49|56|63) M.

(...)

Rd 28: Mit HF, *2 M re, 1 M li, 4 M re* (Beginn Rippen).

Strickschrift B

5 (6|7|8)-mal *-* pro Rd.

Rd 1: *1 M re, aaz, 4 M re, U, 1 M re, U, 4 M re, 2 M re zus*.

Rd 2: *1 M li, 6 M re, 1 M li, 6 M re*.

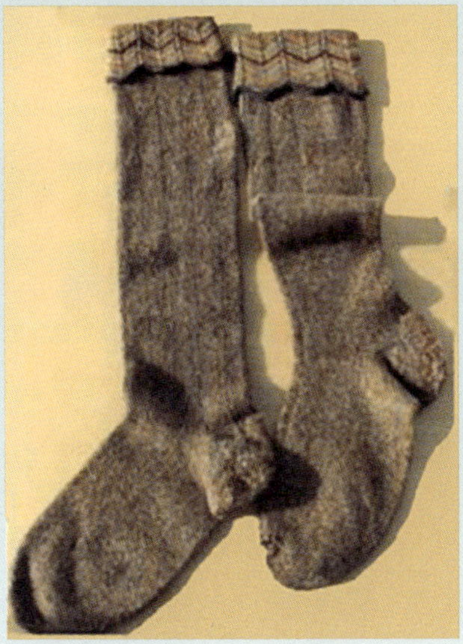

Alte Sport- oder Reitstrümpfe aus Balaskarð, gestrickt mit þel (dem weichsten Unterfell der isländischen Schafe), aus dem Textilmuseum in Blönduós, HIS-140

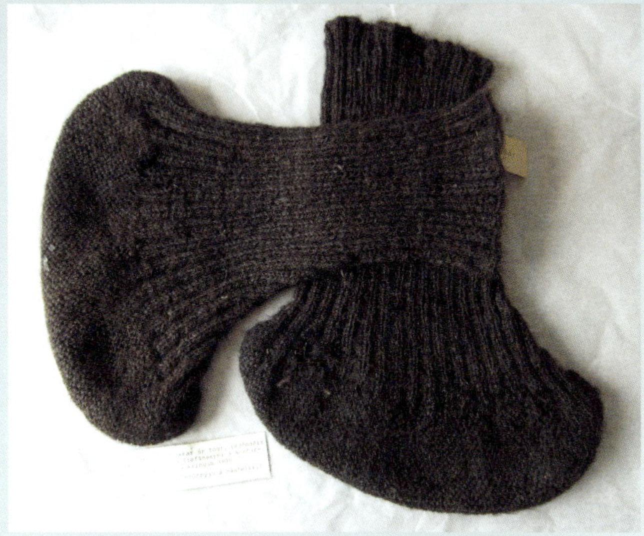

Reitstrümpfe mit *tog* aus dem Museum in Borgarfjörður, Exponat 1001

Diese merkwürdig aussehenden Reitstrümpfe aus dem Museum in Borgarfjörður wurden mit *tog* gestrickt, dem gröberen, äußeren Fell des isländischen Vlies, und zwar vom Bauern Þorvaldur Stefánsson in Nord Reykir, wahrscheinlich um 1900. Sie passen sich leicht der Fußform an und wurden über den Schuhen getragen. Seine Tochter Hróðný Þorvaldsdóttir (1855–1971) aus Háafell in Hvítarsíða gab die Strümpfe dem Museum.

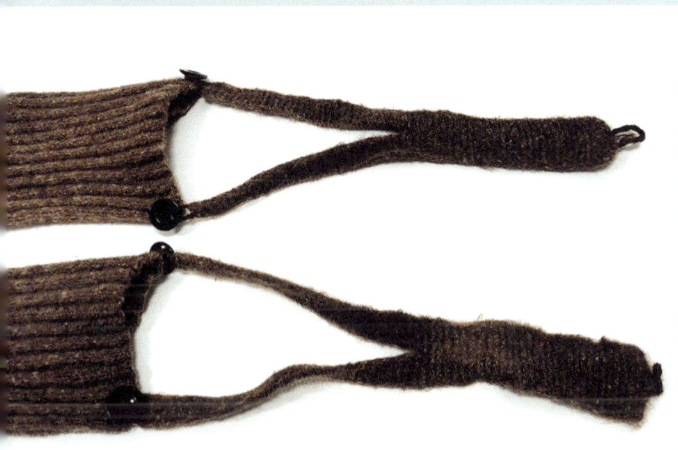

Wollstrümpfe im Freilichtmuseum Reykjavík, Ábs-5367
Wahrscheinlich maschinengestrickt. Die Strumpfhalter wurden krausrechts gestrickt, an die Strümpfe geknöpft und hingen an einem um die Hüften gelegten Gürtel oder einem gewebten Band.

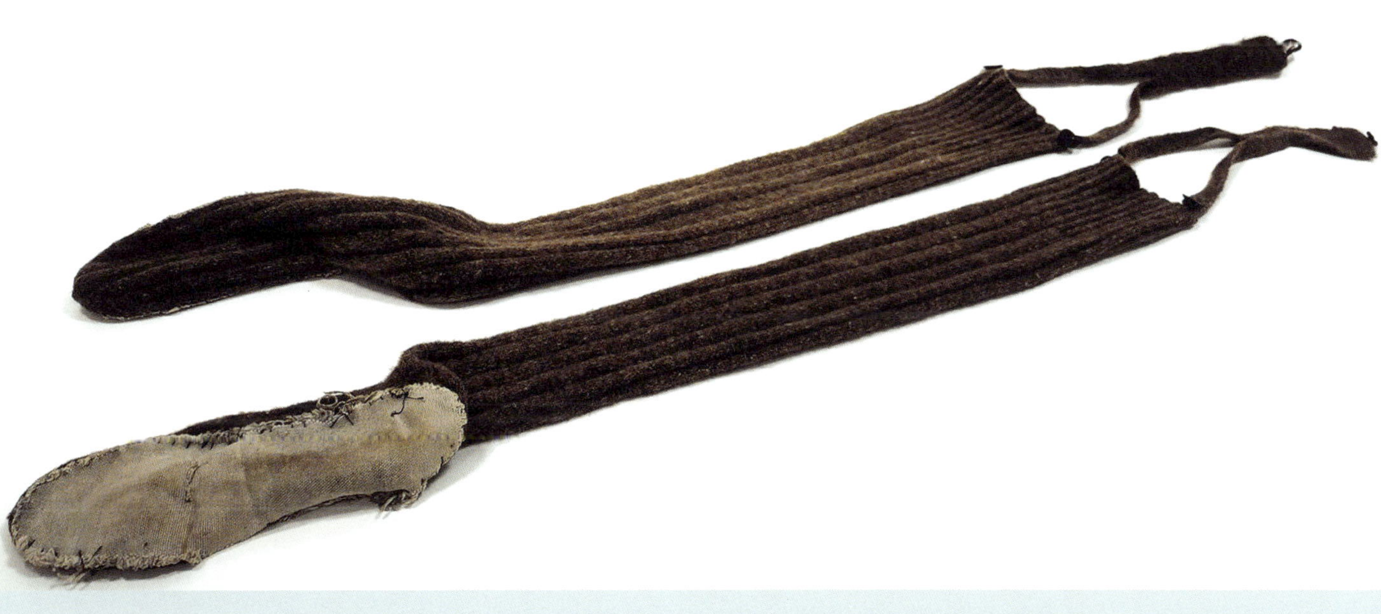

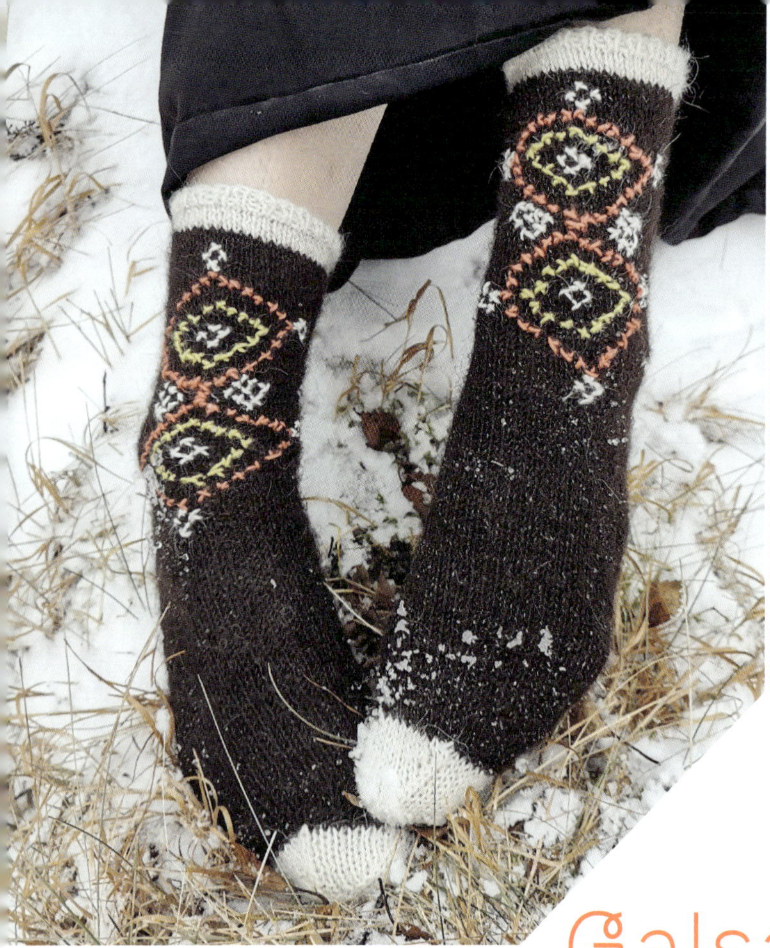

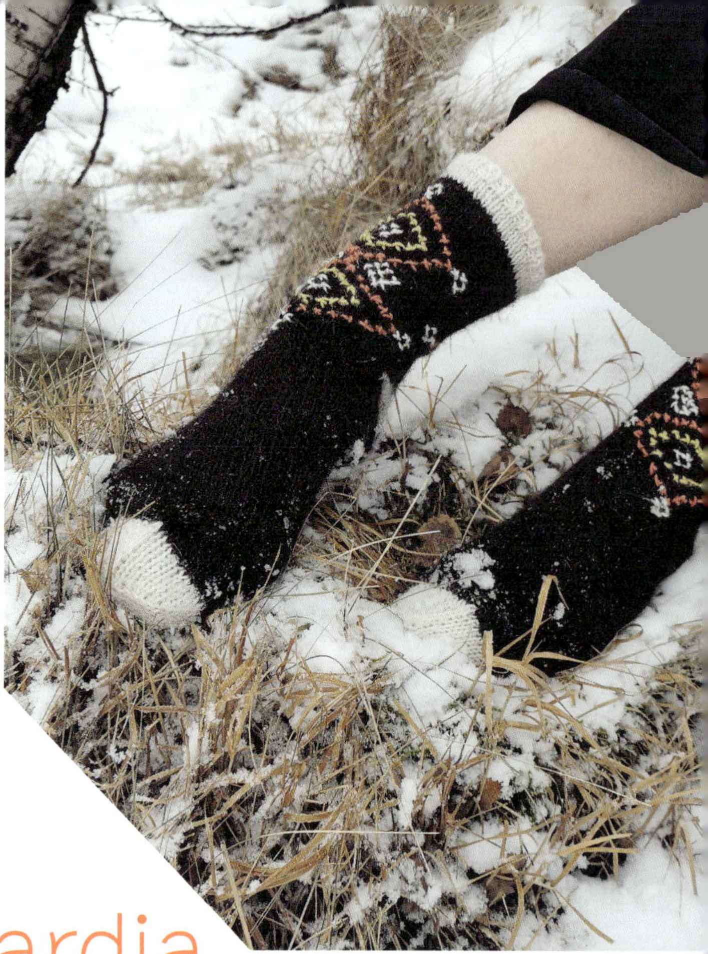

Galsardia

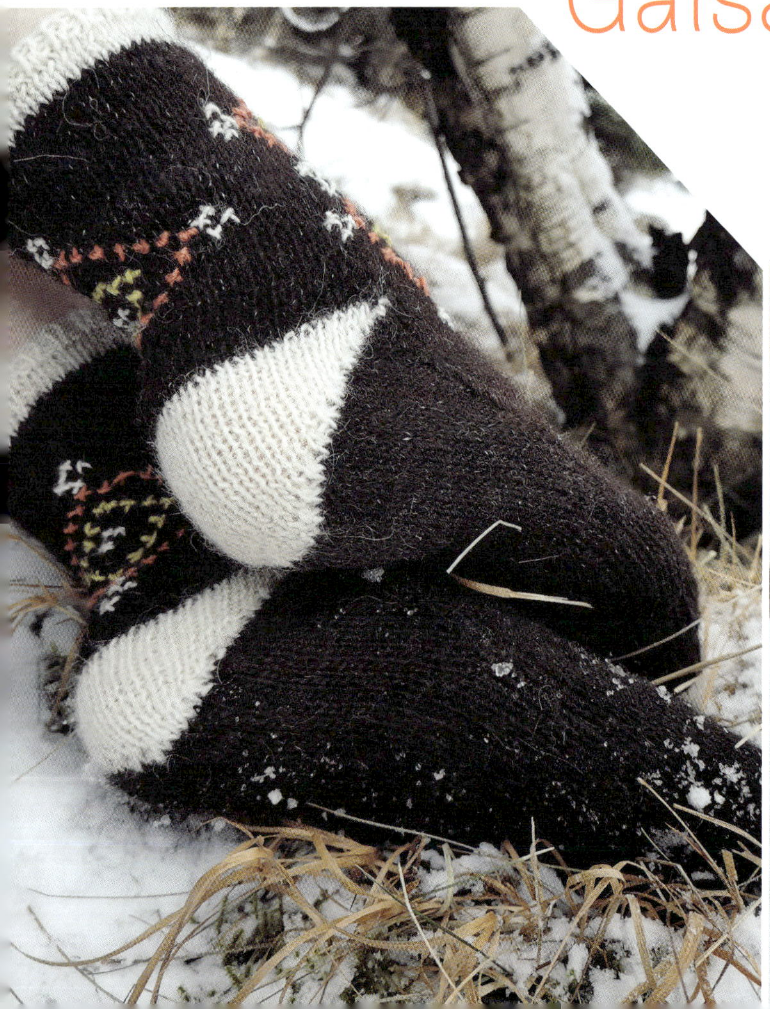

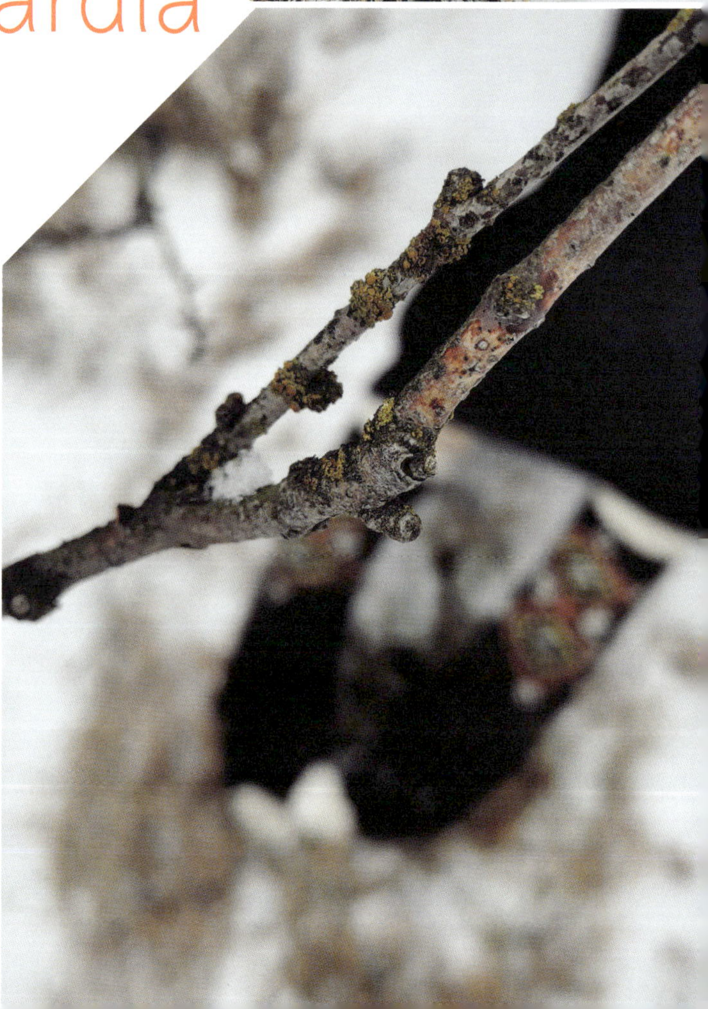

Ich wollte schon immer ...

... Socken besticken und habe es bei den Briem Socken auch getan. Ich war begeistert, dass ich nicht die Erste war, als ich im Isländischen Nationalmuseum ein Paar bestickte Strümpfe fand. Das Museum hatte sie von der Heiberg Sammlung – Sogn Folkemuseum, einem der ältesten und größten Volkskundemuseen Norwegens. Die Socken waren ursprünglich vom norwegischen Kapitän Jonas Krohn kurz vor 1900 in Ísafjörður, im isländischen Westfjord, gekauft worden.
Die Originalsocken waren aus schwarz gefärbter Wolle mit Bund, Ferse und Spitze in Weiß. Es war nicht ungewöhnlich, die Spitze und Ferse mit einer robusteren Wolle mit mehr *tog* zu stricken und in einer billigeren, weil ungefärbten Wolle, da sie wahrscheinlich geflickt und neu gestrickt werden müssten. Die Socken werden von oben nach unten mit einer Bandspitze gestrickt und vorn und hinten im einfachen Kreuzstich mit rautenförmigen Motiven und roten Initialen am Bund bestickt.

Ich habe die Strümpfe neu interpretiert mit einer Keilferse von oben und einer Sternchenspitze und die Stickerei etwas reduziert, damit sie auf die mit größerer Maschenprobe gestrickten Socken passt.

Galsardia bedeutet Strumpf im baskisch-isländischen Pidgin (eine vereinfachte Sprache, die aus anderen Sprachen zusammengesetzt ist), das im 17. Jahrhundert in Island gesprochen und im Westfjord aufgeschrieben wurde. Damals wurde aus Ísafjörður, das bis zum 16. Jahrhundert ziemlich isoliert lag, ein bekannter Hafen für ausländische Kaufleute.

Größen: 1 (2|3|4) 5 für Fußumfang 19,5 (21,5|23|24,5) 26,5 cm
Gezeigt in Größe 2.

Maße
Fußumfang: 17 (18,5|20|21,5) 23 cm
Fußlänge (lässt sich anpassen): 16,5 (18,5|21|23) 25,5 cm
Bein (lässt sich anpassen): 13,5 (13,5|14|14,5) 14,5 cm
Empfohlene Passform: Fußumfang 15% enger und 10% weniger in der Länge.

Maschenprobe: 10 cm = 26 M und 32 Rd glatt rechts auf Nadelstärke 2,5 mm

Wolle: Katla sokkaband von Hélène Magnússon: reine Schurwolle, 100% isländische Lambswool, dicke Strumpfwolle, 4-fädig, 100 g Knäuel = 220 m: HF und KF1, je 1 Knäuel; KF2 und KF3 Reste

Verbrauchte Wollmenge (geschätzt):
HF, Natural black (sehr dunkles Braun, ungefärbt): 118 (137|160|183) 210 m
KF1, Natural white: 32 (36|39|43) 47 m
KF2, Anis green: 5 m
KF3 Arctic coral: 7 m

Nadel: 2,5 mm oder 3 mm Rundnadel für Magicloop. Sie können auch mit einem Nadelspiel oder anders rund stricken. Passen Sie die Nadelstärke an, um die korrekte Maschenprobe zu erreichen.

Zubehör: Maschenmarkierer, Stopfnadel, Sockenbrett

Anleitung

Bund: Mit KF1 48 (52|56|60) 64 M auf zwei Nadeln anschlagen. Wenn alle M angeschlagen sind, eine Nadel entfernen. Zur Rd schließen, RdBeg markieren und 3 Rd 1 x 1 Rippen (*1 M re, 1 M li*) str.

Bein: Weiter glatt rechts: 5 Rd mit KF1. Zu HF wechseln und 11 (11|11,5|12) 12 cm oder bis zur gewünschten Länge (aber mindestens 25 HF Rd, damit die Stickerei Platz hat) str.

Ferse: mit HF 23 (25|27|29) 31 SpannM re. HF nicht abschneiden und wie folgt die FersenM mit KF1 in R str:
R 1 (HinR): 25 (27|29|31) 33 M re, 1 M zun, wenden.
R 2 (RückR): 2 M abh Fdn vorn, 24 (26|28|30) 32 M li, 1 li M zun, wenden.
R 3: 2 M abh Fdn hinten, 23 (25|27|29) 31 M re, 1 M zun, wenden.
R 4: 2 M abh Fdn vorn, 22 (24|26|28) 30 M li, 1 li M zun, wenden.
R 5: 2 M abh Fdn hinten, 21 (23|25|27) 29 M re, 1 M zun, wenden.
R 6: 2 M abh Fdn vorn, 20 (22|24|26) 28 M li, 1 li M zun, wenden.
So weiterstr, immer 1 M weniger vor der Zun.
Die letzte RückR: 2 M abh Fdn vorn, 4 M li, 1 li M zun, wenden = 47 (51|55|59) 63 FersenM.
KF1 abschneiden.

Zwickel und Fuß: mit der rechten Seite vorn, KF1 M von der rechten auf die linke Nadel schieben und wie folgt weiter mit HF in Rd str:
Rd 1: alle M re bis RdBeg.
Rd 2: 23 (25|27|29) 31 SpannM re, 1 M re, aaz, re bis 3 M vor RdBeg, 2 M re zus, 1 M re.
Diese 2 Rd 13 (14|15|16) 17-mal wdh = 44 (48|52|56) 60 M.

Glatt rechts str, bis der Fuß 5 (5,5|6|6,5)7 cm kürzer ist als die Gesamtlänge.

Spitze
Abn-Rd: *9 (10|11|12) 13 M re, 2 M re zus*. *-* 4-mal = 40 (44|48|52) 56 M.
3 Rd re.
Abn-Rd: *8 (9|10|11) 12 M re, 2 M re zus* 4-mal = 36 (40|44|48) 52 M.
1 Rd re, zu KF1 wechseln und noch 1 Rd re.

Wie folgt in jeder 2. Rd abn:
Abn-Rd: *7 (8|9|10) 11 M re, 2 M re zus* 4-mal 1 Rd re.
Noch 2 (3|4|4) 5-mal in jeder 2. Rd abn, immer 1 M weniger vor den 2 M re zus str = 24 (24|24|28) 28 M.

Dann 4 (4|4|5) 5-mal in jeder Rd abn, immer 1 M weniger vor den 2 M re zus str, bis 8 M übrig sind (letzte Abn-Rd *1 M re, 2 M re zus*). Faden abschneiden und durch die M ziehen.

Ausarbeiten: Fäden vernähen. Sanft von Hand in lauwarmem Wasser mit Wollwaschmittel waschen (mindestens 20 Minuten liegen lassen). Auf Sockenbrett ziehen und trocknen lassen.

Stickerei: Das Muster im Kreuzstich nach der Stickvorlage aufsticken. Das Muster von Vorlage A in die hintere Beinmitte, zwischen dem KF Bund und der Keilferse platzieren. Das Muster der Vorlage B vorn in die Mitte der Spannmaschen, ein paar Runden unterhalb vom Bund. Auf beiden Seiten sollten je 3 (5|7|9) 11 M zwischen den Mustern liegen. Die Stickerei dämpfen.

Stickvorlage

Stickvorlage A

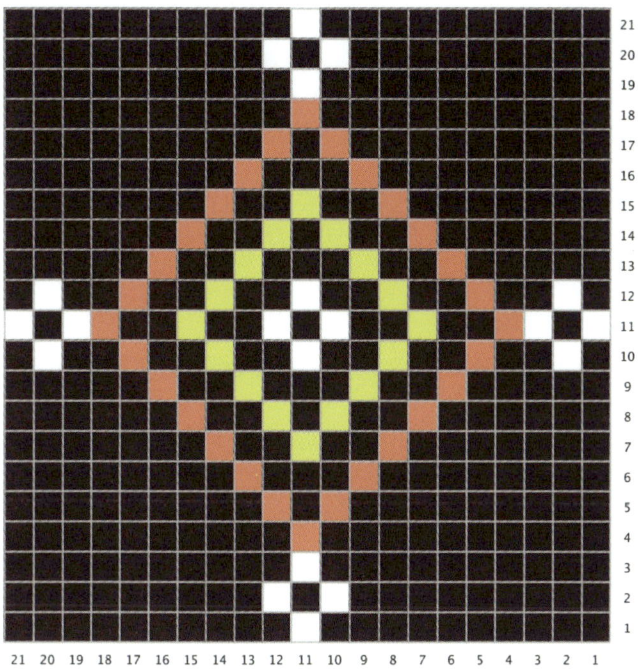

Stickvorlage B

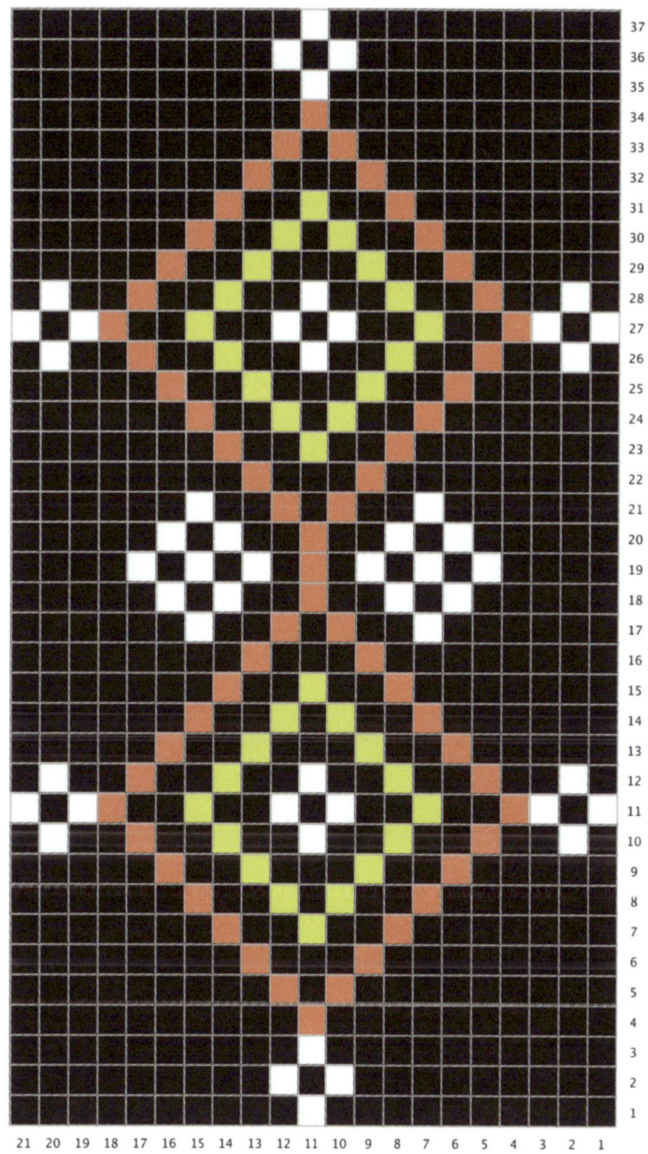

HF

Sticken mit

KF1

KF2

KF3

Reden wir über Socken

Während des dänischen Handelsmonopols fischten kaum andere als die Isländer selbst in isländischen Gewässern. Die größten Ausnahmen waren baskische Fischer, die um Island auf Walfang gingen, nachdem die Gewässer vor Neufundland um 1600 durch Überfischung nicht mehr ergiebig waren.
Es gibt eindeutige Quellen von 1615 über das Zusammentreffen und Konflikte auf isländischem Boden mit baskischen Fischern, die strandeten und schließlich von den Bewohnern der Westfjorde umgebracht wurden. Trotz dieser feindlichen Episode scheint es recht umfangreiche Kontakte mit den baskischen Walfängern gegeben zu haben, ein Beweis dafür ist das baskisch-isländische Pidgin, das im 17. Jahrhundert in Island gesprochen wurde.

Das baskisch-isländische Pidgin ist allerdings keine Mischung aus Baskisch und Isländisch, wie der Name vermuten lässt, sondern aus Baskisch und anderen Sprachen. Es ist wahrscheinlich auch nicht auf Island entstanden. Es heißt so, weil es in den isländischen Westfjorden aufgeschrieben und ins Isländische übersetzt wurde.

Zwei Manuskripte (AM 987 4to) befinden sich im Árni Magnússon Institute for Icelandic Studies in Reykjavík: ein Baskisch-Isländisches Glossar namens *Vocabula Gallic* (Französische Wörter) und ein Baskisch-Isländisches Glossar namens *Vocabula Biscaica* (Wörter aus der Biskaya – linguistisch ist Baskisch mit keiner anderen,europäischen Sprache verwandt). Am Ende des *Vocabula Biscaica* finden sich ein paar Sätze, in denen die baskischen Einträge vermischt sind mit niederländischen, englischen, französischen, deutschen und spanischen Wörtern.

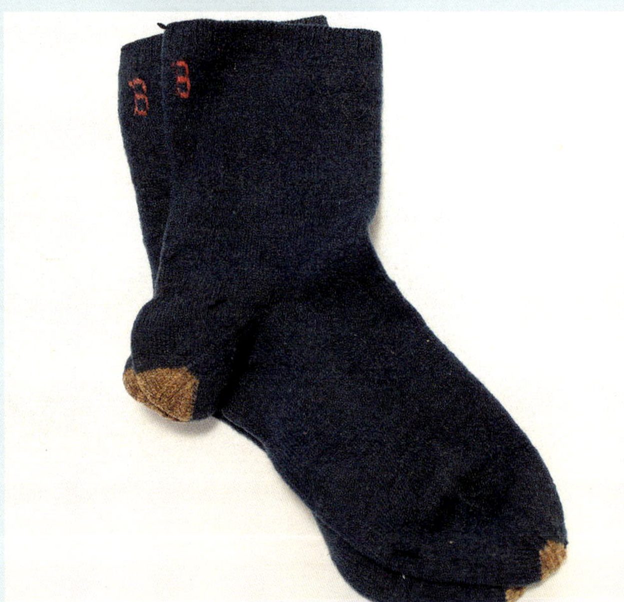

Socken aus dem Isländischen Nationalmuseum, 11791/1935-111, hier wiedergegeben mit ausdrücklicher Genehmigung

Das *Vocabula Biscaica* Glossar enthält 278 Wörter und ein paar Sätze, gerade genug, um grundlegende Informationen zu kommunizieren. Ein nützlicher Satz lautet zum Beispiel:

»*Presenta for mi locaria*« auf Baskisch (*Eman niri lokarriak* in modernem Baskisch) und »*giefdu mier socka bond*« auf Isländisch (*gefðu mér sokkaband* in modernem Isländisch), was »gib mir ein Strumpfband« bedeutet.

Und wie Sie wahrscheinlich schon vermutet haben, bedeutet *galsardia* (*galtzerdia* in modernem Baskisch) und *sokkur* auf Isländisch (damals wie heute): Strumpf! Das zeigt, wie wichtig Strümpfe tatsächlich waren!

Hauptquellen

Helgi Guðmundsson, »Um þrjú basknesk-íslensk orðasöfn frá 17. Öld«, Íslenskt *mál 1: 75–87*, 1979

Hörður Sævaldsson und Hreiðar Þór Valtýsson, Íslenskur *sjávarútvegur – Auðlind úr hafinu á alþjóðamarkaði Skip og útgerð við Ísland*, Akureyri 2017

Viola Giulia Miglio, »Go shag a horse!«, The 17th–18th century Basque-Icelandic Glossaries Revisited, *Journal of the North Atlantic*, 1(X):XX–XX, 2008

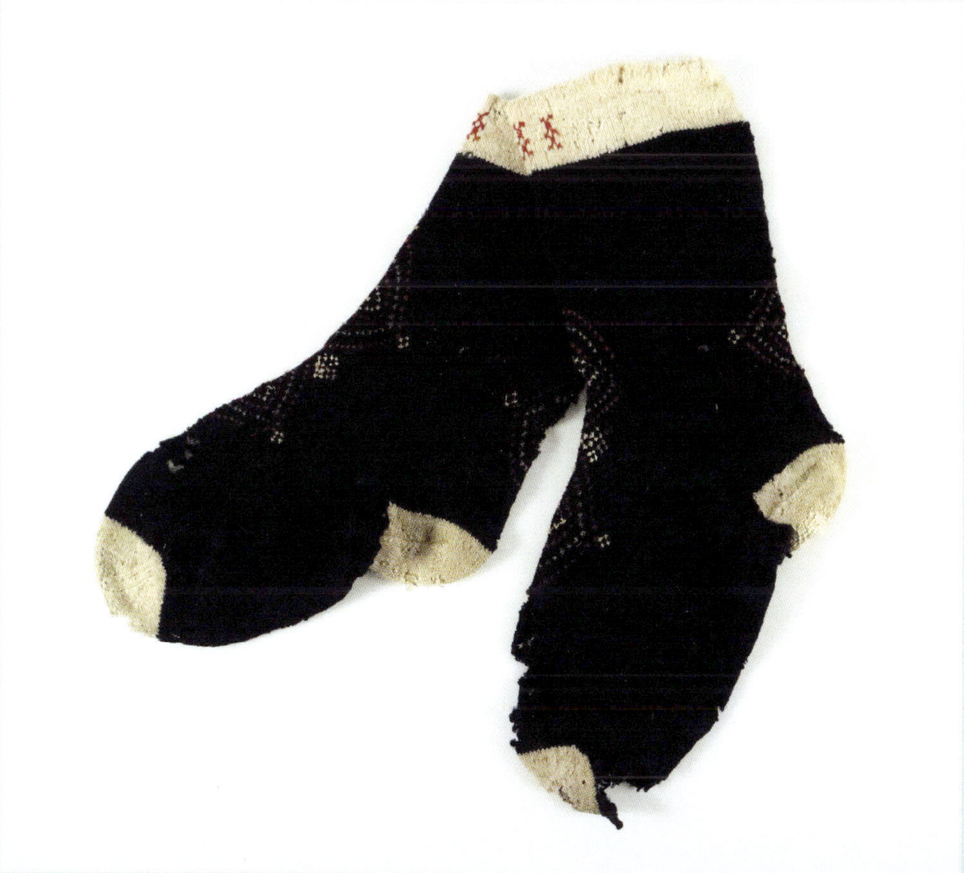

(Hochzeits)-Socken aus dem Borgarfjörður Museum, Exponat 1010, hier wiedergegeben mit ausdrücklicher Genehmigung.

Sólveig Björnsdóttir (1824–1899), Tochter von Björn Pálsson, Priester in Þingvellir, hat die Strümpfe 1854 für ihren Mann Björn Eyvindarson (1825–1899) gestrickt. Sólveig und Björn lebten in Vatnshorn in Skorradalur und heirateten 1854.

Die Socken sind dunkelblau gefärbt, wahrscheinlich mit importiertem Indigo, aber Spitze und Ferse sind in einem natürlichen Braunton gestrickt. Björns Initialen sind hinten am Bein, direkt unter dem Bund in Rot aufgestickt.

Wie viele Socken?

Wann immer und wo immer es ging, wurde gestrickt: in der Dunkelheit der kleinen isländischen Erdhäuser oder im Freien, beim Gehen.

Die Männer strickten vor allem, wenn sie auf dem Bauernhof unterwegs waren, zwischen anderen Arbeiten, sodass keine Zeit zum Stricken verschwendet wurde. Sie strickten normalerweise vier bis fünf Paar Strümpfe pro Woche. Auf den Bauernhöfen wurde im Wohnzimmer gestrickt, dem *Baðstofa*. Dort versammelten sich die Familie und die Angestellten und strickten, während eine Person Psalmen oder alte Sagas vorlas; das Tempo des Vorlesens bestimmte die Strickgeschwindigkeit. Die Fenster waren sehr klein, und die kleinen Fischöllampen spendeten kaum Licht, sodass man stricken können musste, ohne hinzusehen. Kleidungsstücke wurden fast ausschließlich mit langen Nadelspielen rund gestrickt, und manchmal strickten zwei Leute gleichzeitig, sozusagen im Tandem an derselben Runde, dabei saßen sie sich gegenüber. Strümpfe wurden vor allem nach der Schlachtsaison gestrickt. Die Wolle wurde tagsüber verarbeitet, und die Strümpfe mussten abends fertig sein. Das war fast ein Schnellstrickwettbewerb, und es gibt Geschichten, dass manche *vökustaurar* (wortwörtlich kleine Stäbe) benutzten, um ihre Augen offen zu halten, damit sie nicht einschliefen. Das ist allerdings ein Mythos, tatsächlich bezeichnet *vökustaurar* zusätzliche Essensrationen für die Stricker. Bei feineren Strümpfen wurde erwartet, dass eine Magd einen pro Tag schaffte, aber dann wurde sie dabei auch nicht gestört.

Wie viele Socken aus diesem Buch werden Sie stricken?

Quelle
Jónas Jónasson, Íslenzkir þjóðhættir, Reykjavík 1961

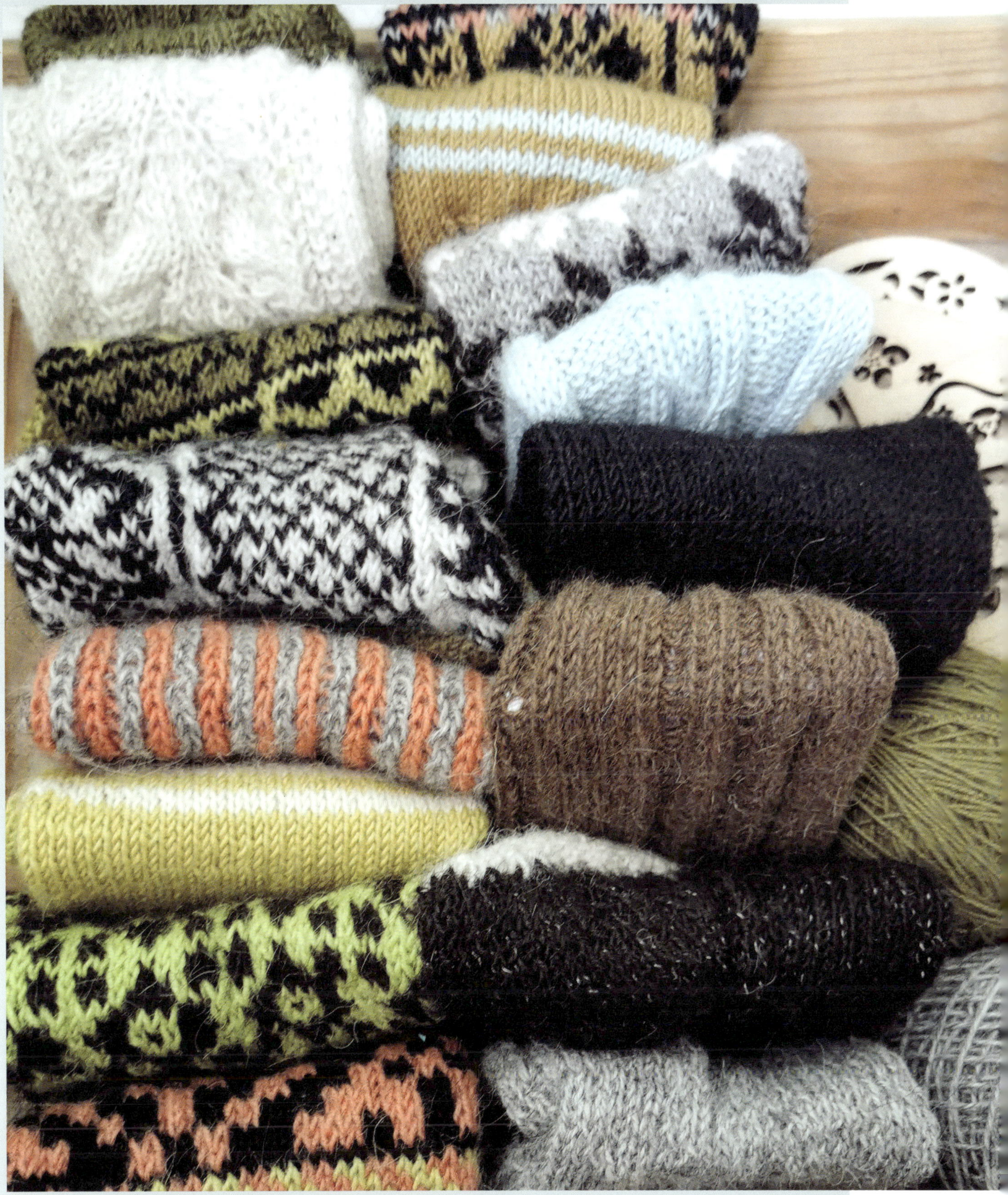

Die Wolle

Katla Sokkaband

Alle Strümpfe in diesem Buch wurden mit Katla Sokkaband gestrickt, der isländischen Strumpfwolle, die ich extra dafür kreiert habe und die einzigartig ist. Katla besteht aus reiner isländischer Lambswool und ist die erste dicke isländische Sockenwolle auf dem Markt. Sie wird aus vier Fäden meiner sehr dünnen Love Story Wolle fest zusammengezwirnt (die erste Version von Katla hatte noch einen Hauch Seide (1%), aber die aktuelle nicht mehr). Es ist keine superwash Wolle und so haltbar und robust wie jede andere Sockenwolle, die Kunstfaser oder das gröbere »*tog*«-Fell der Islandschafe enthält, das ähnlich wirkt wie Nylon. Sie kann mit unterschiedlichen Nadelstärken verstrickt werden und wird nicht nur zu wunderschönen Strümpfen, sondern auch zu Pullovern, Schals und Handschuhen und eignet sich sogar für Babykleidung. Sie kann auch als Wollbasis zum Färben benutzt werden.

All meine Wolle (Love Story, Gilitrutt und Katla) wird aus handsortiertem Vlies gesponnen, das einzeln nach dem ersten Scheren der Lämmer auf Island klassifiziert wird. Ich habe nur die weichsten ausgewählt und die schlechten Anteile aus jedem Vlies entfernen lassen. Die Lämmer werden normalerweise im Mai geboren, verbringen den ganzen Sommer frei in den isländischen Bergen, bis sie Mitte September zusammengetrieben und im Oktober von den Bauern oder örtlichen Schafscherern geschoren werden.
Die Vliese werden dann ungewaschen zum Färben und Spinnen an spezielle Spinnereien nach Italien geschickt, wo man mit den einzigartigen Herausforderungen der isländischen Wolle umgehen kann: Sie besteht aus zwei sehr unterschiedlichen Fellarten, dem langen und groben »*tog*« und dem feinen und kurzen »*þel*«, weswegen es schwierig ist, sie sehr dünn zu spinnen. Auf Island scheint keine Spinnerei so fein arbeiten zu können. Die Wolle wird mit biologischer Seife, die nachhaltig hergestellt wurde, im Wasser der nahen Alpen gewaschen, das die perfekte Härte dafür hat. Dann trocknet sie sanft, damit sie weich bleibt.

Es gibt ungefärbte Naturfarben der Islandschafe und säuregefärbte Wolle. Weiß ist nicht gebleicht und die Basis der anderen Farben, die umweltfreundlich nach allen EU-Regeln gefärbt werden. Es werden die Produkte mit der geringsten Umweltbelastung genutzt. Außerdem wird das für den Wasch- und Färbeprozess verwendete Wasser mit eigens dafür gebauten internen und externen Aufbereitungsanlagen behandelt, sodass keine schädlichen Stoffe ins offene Wasser gelangen. 2018 hat die Wolle einen Preis des Icelandic Lambswool board für ihre Qualität gewonnen.

Meine Wollproduktion ist klein, aber ein paar Läden weltweit verkaufen meine Wolle: s. meine Website für eine Händlerliste (icelandicknitter.com/stockists).

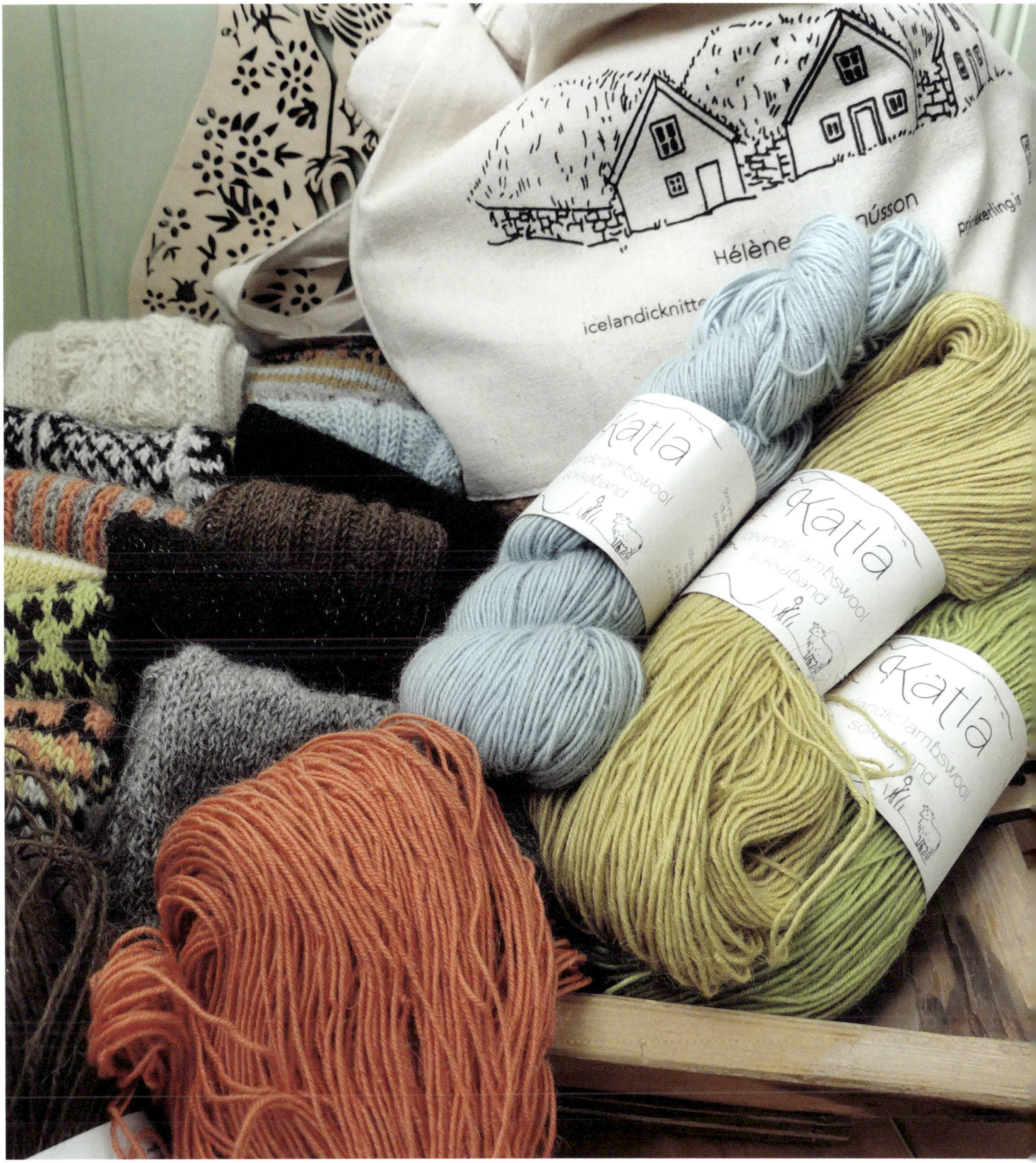
Hélène
Katla
Katla
Katla

Andere Wolle

Es gibt viel Wolle ähnlicher Stärke, die anstelle von Katla verstrickt werden kann. Hier eine nicht vollständige Liste von passender Wolle, aber achten Sie darauf, dass die Maschenprobe stimmt:

Arroyo von Malabrigo, 100% superwash Merino, 100 g = 325 m
Baby Cashsoft von Rowan, 57% Merino, 33% Polyacryl, 10% Kaschmir, 50 g = 130 m
Edition 3 von Schoppel Wolle, 100% superwash Merino, 50 g = 150 m
Felted Tweed von Rowan, 50% Wolle, 25% Alpaka, 25% Viskose, 100 g = 174 m
Gather 1st Edition von Averbforkeepingwarm, 75% CA Rambouillet, 25% AZ Alpaka, 50 g = 183 m
Hot Socks Malcesine von Gründl, 75% Schurwolle, 25% Nylon, 100 g = 420 m
Mad Hatter von Wonderland Yarns, 100% superwash Merino, 115 g = 315 m
Mondim von Rosa Pomar, 100% feine portugiesische Wolle, 100 g = 385 m
Orbit von String Theory, 80% Merino, 20% Nylon, 85g = 300 m
Pacific Sport von Cascade, 60% Polyacryl, 40% superwash Merino, 100 g = 250 m
Shepherd Sport von Lorna's Laces, 100% superwash Merino, 100 g = 183 m
Silk Garden Sock Solo from Noro, 40% Wolle, 25% Seide, 25% Nylon, 10% Mohair, 100 g = 300 m
Sonoma von Baah Yarn, 100% superwash Merino, 100 g = 214 m
Dyed in the wool von Spincycle yarns, 100% superwash American Merino, 100 g = 183 m
Sueno von HiKoo, 80% superwash Merino, 20% Viskose, 100 g = 206 m
Tosh Sport von Madeline Tosh, 100% superwash Merino, 100 g = 248 m
Tukuwool Sock von Tukuwool, 80% Finnische Wolle, 20% Nylon, 50 g = 160 m
Vintage DK von Berocco, 40% Wolle, 52% Polyacryl, 8% Nylon, 100 g = 265 m

Um die Maschenprobe zu erreichen oder zur Verstärkung kann man auch ein dünneres Sockengarn mit Seide oder Mohair verstricken, zum Beispiel:

Perfect Sock von Vatnsnes Yarn, handgefärbt, 80% Merinowolle, 20% Nylon, 100 g = 365 m + Le petit silk mohair von Biches & Buches, 70% Kidmohair, 30% Seide, 25 g = 212 m

Signature 4 ply von West Urkshire Spinners, 75% Wolle, 25% Nylon, 100 g = 400 m + Hip Mohair von HipKnitShop, 80% Mohair, 20% Polyamid, 25 g = 210 m

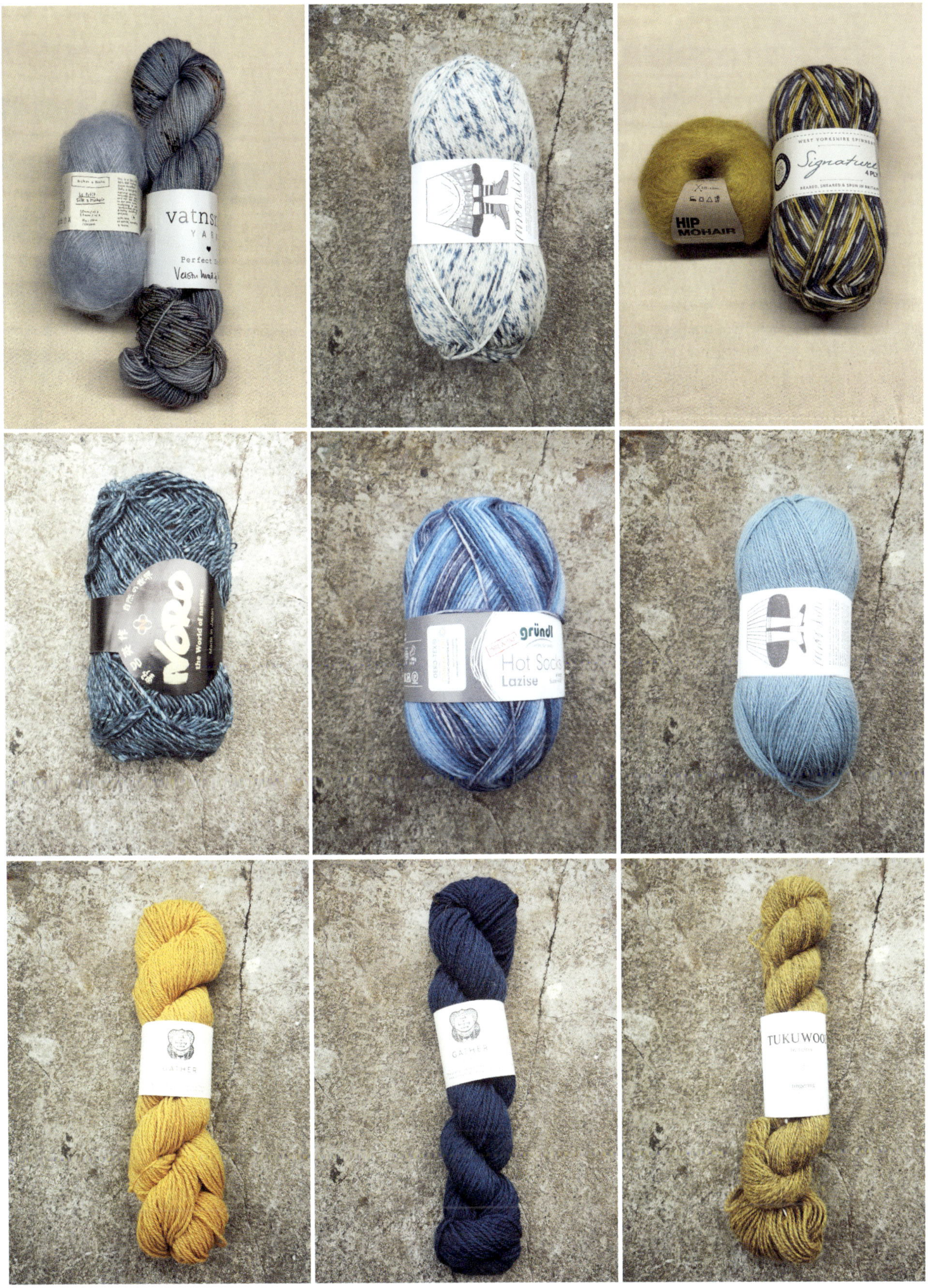
HIP
MOHAIR
NORO
gründl
Lazise

Technik & Abkürzungen

Unter folgendem Link finden Sie Erklärungen und Videos für die unten aufgelisteten Techniken:
icelandicknitter.com/socks-of-iceland-techniques

Nachträgliche Ferse: einfarbig oder mit Einstrickmuster, eine später eingestrickte Ferse.

Farbdominanz: Lassen Sie bei Einstrickmustern die Spannfäden der Farbe, die hervorgehoben werden soll (die dominante Farbe), auf der Rückseite unter der anderen Farbe verlaufen. Die Hintergrundfarbe liegt darüber. Seien Sie konsequent. Damit sie sich nicht verheddern, kann man die beiden Knäuel trennen und eins links, eins rechts hinlegen. Normalerweise liegt die dominante Farbe links, aber es geht vor allem darum, dass es für Sie passt.

Anschlag im Fadenring: Damit kann man etwas in Runden Gestricktes in der Mitte anfangen.

Der Maschenstich wird genutzt, um Maschen mit einer Stopfnadel unsichtbar zu verbinden, dabei entsteht zwischen den Maschen eine Reihe. Man kann ihn rechts, links oder wie bei den Katlastroff Socken in einer Mischung nähen. Alternativ kann man auch in der Rückreihe mit 3 Nadeln zusammen abketten oder ganz normal und dann alles zusammennähen.

Isländisch abketten: *Garðaafelling* (krausrechts abketten) auf Isländisch. Bei dieser Technik kettet man elastisch ab, ohne eine zusätzliche Reihe zu stricken. 1 M re, über die nächste M auf der Nadel ziehen und diese M re, durch die andere hindurch, dann beide M zus von der Nadel gleiten lassen.
Diese Methode ist mindestens seit dem Ende des 19. Jahrhunderts in Island bekannt und wurde durch Sígriður Halldórsdóttir, die sie in ihrem Buch »Þíihyrnur og langsjöl« (über traditionelle, isländische Stricktücher) beschreibt, bekannt. Sie hat sie auch bei Handprjónasamband Íslands (Isländische Handstrickvereinigung) unterrichtet. Der Name isländisch abketten kommt wohl daher, dass ich diese Methode seit 2010 auf meinen Stricktouren unterrichte und sie anscheinend außerhalb von Island kaum bekannt ist. Die Teilnehmer meiner Ausflüge haben sie unter diesem Namen verbreitet.

VAAZ (verbessertes aaz): Bei dieser Methode wird keine Masche in die Länge gezogen, wodurch diese links neigende Abnahme unsichtbarer wird.

Stufenlose Streifen: Beim Rundenstricken arbeiten wir eigentlich Spiralen, und beim Farbwechsel entsteht eine unschöne Stufe. Das kann mit dieser Methode, es gibt auch andere, verhindert werden.

Eine tiefe Masche: Die Nadel in die Masche eine Reihe darunter einstechen und rechts stricken (die untere Masche und die auf der Nadel werden so zusammengestrickt).

Leiterjacquard: Man kann lange Spannfäden bei Einstrickmustern auf der Rückseite mit einer Leiter aus rechten Maschen verankern, woraus eine Art Netz entsteht. Auf diese Weise muss man sie nicht verschränken, es ist völlig unsichtbar und elastischer. Damit diese Technik richtig funktioniert, ist es wichtig, auf die Farbdominanz zu achten.

Türkischer Maschenanschlag: Das ist ein provisorischer Anschlag, der es möglich macht, in zwei Richtungen zu stricken. Ich nutze ihn oft, wenn ich ein Tuch von oben mit einem Anfangsquadrat stricke.

Alter isländischer Kreuzstich, auch Flechtstich genannt. Man stickt ein Kreuz und sticht noch mal hinein, bevor man das nächste stickt.

Norwegisch links: Nur, wenn man den Faden in der linken Hand führt. Eine Alternative zur kurzen linken Masche, auch die norwegische Art, links zu stricken, zerrt nicht so sehr an der rechten Masche, weil man dabei den Faden nicht nach vorn bringen muss, er bleibt hinten. Diese linke Masche ist in Island ziemlich weit verbreitet.

Italienischer Anschlag: Ein perfekter und einfacher Anschlag für Rippen.

Kurze linke Masche: Die linke M nach einer rechten andersrum abstricken und in der nächsten Runde verschränkt stricken, damit sie wieder richtig auf der Nadel liegt.
Wenn man eine linke M neben einer rechten strickt (z.B. bei Rippen- oder Zopfmustern), wird die rechte M direkt vor der linken oft etwas verzogen, das linke Maschenglied ist lockerer. Das liegt daran, dass die zusätzliche Wolle von der linken M normalerweise in der rechten sichtbar wird. Das kann man deutlich verbessern, indem man die linke M nach einer rechten als kurze linke M strickt. Dabei müssen nur die linken M, die direkt auf eine rechte folgen, kürzer gearbeitet werden. Die anderen M können normal gestrickt werden.
Egal, wie Sie den Faden führen, anstatt ihn gegen den Uhrzeigersinn von rechts nach links und oben nach unten zwischen den M um die rechte Nadel zu legen, legen Sie ihn im Uhrzeigersinn von rechts nach links und von unten nach oben zwischen die Nadeln.
Diese linken M sind fester, weil der Weg des Fadens um die Nadel kürzer ist.

Die Masche ist jedoch verschränkt, das linke Maschenglied vorne, sodass man sie in der nächsten R/Rd rechts verschränkt stricken muss, damit sie wieder normal auf der Nadel liegt.
Das gilt vor allem, wenn Sie den Arbeitsfaden nicht über einen Finger führen, denn die kurze linke Masche ist auch schneller.

Ferse mit verkürzten Reihen mit Umschlag: Eine Bumerangferse, bei der die verkürzten Reihen mit Umschlag gearbeitet werden.

Einstrickmuster Eine Technik mit zwei Farben zu stricken, bei der man auf der Rückseite den nicht genutzten Faden mitführt. Lassen Sie diese Spannfäden locker, damit der Strumpf dehnbar bleibt, besonders am Bein. Sie können die Arbeit auch wenden, sodass die Spannfäden außen verlaufen, und links stricken. Achten Sie vor allem darauf, die Farbdominanz nicht zu ändern, wenn Sie die Spannfäden verkreuzen, dann immer in dieselbe Richtung und entkreuzen Sie sie danach. Bei manchen Anleitungen ist es sinnvoll, die KF jeweils nach 3–5 M zu verkreuzen, um lange Spannfäden zu vermeiden. Achten Sie darauf, nicht in jeder Runde an derselben Stelle zu verkreuzen, sonst sieht man es auf der Vorderseite.

Verkürzte Reihen mit Umschlag: Eine verkürzte Reihe ist eine Reihe, die nicht komplett gestrickt wird, man wendet die Arbeit vor dem Reihenende. Am Wendepunkt bildet sich ein Loch, das mit unterschiedlichen Methoden geschlossen werden kann. In Island nutzt man meist die Variante mit Umschlag.
In der Hinreihe für einen Umschlag den Faden nach vorn bringen, in der Rückreihe nach hinten. Die Lücken schließen sich, weil man den Umschlag über die Lücke hinweg mit der nächsten Masche zusammenstrickt, dabei darauf achten, dass der Umschlag unter der Masche liegt.

2-farbiger Kreuzanschlag: Ein Kreuzanschlag mit zwei Farben.

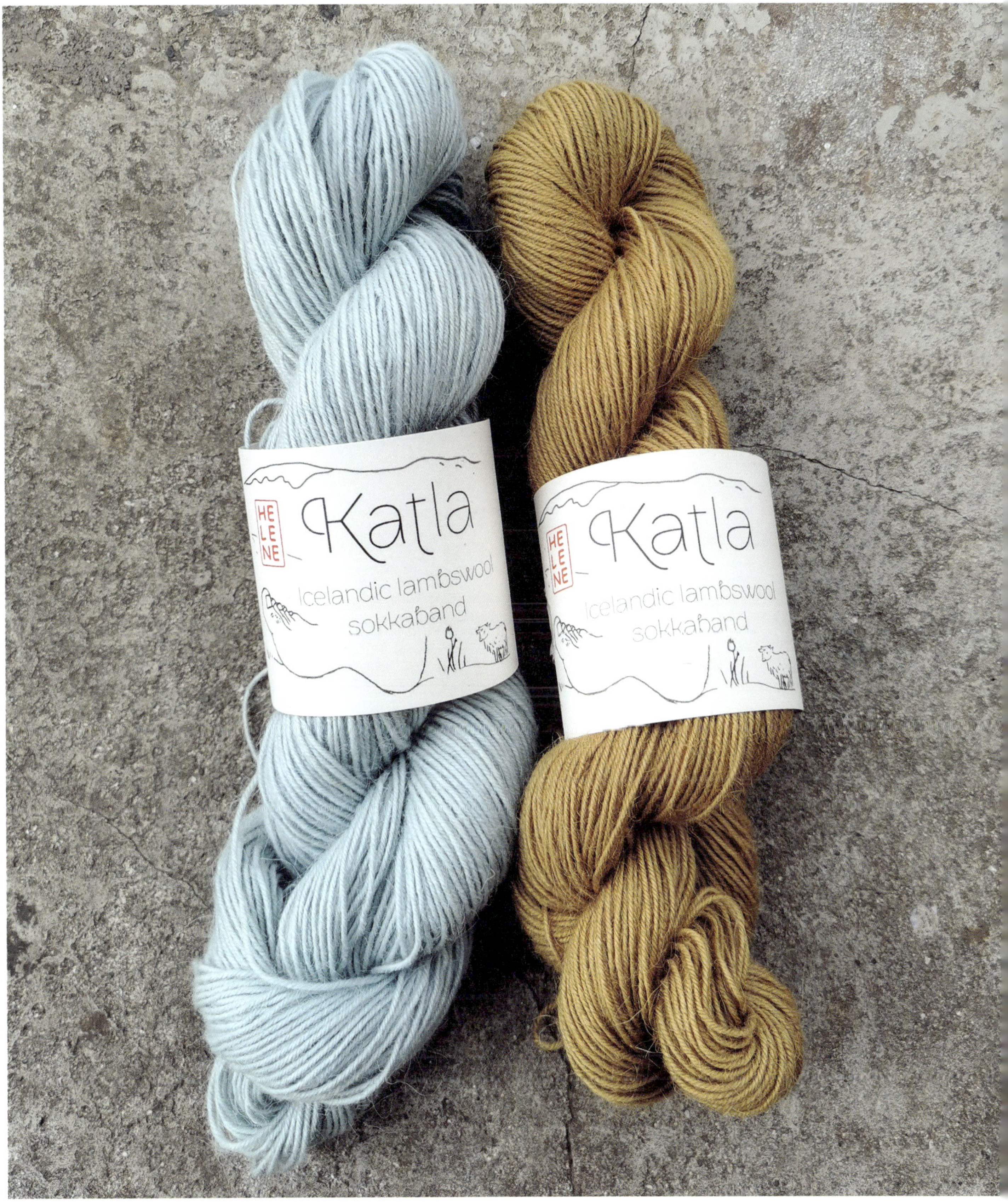
HE LE NE
Katla
Icelandic lambswool
sokkaband
HE LE NE
Katla
Icelandic lambswool
sokkaband

Abkürzungen

1 li M dop str: (1 li M doppelt stricken) 1 M links und links verschränkt stricken (1 M zunehmen).
1 li M zun: 1 linke Masche zunehmen: den Querfaden links verschränkt abstricken.
1 M dop str: (1 Masche doppelt stricken) 1 M rechts und rechts verschränkt stricken (1 M zunehmen).
1 tiefe M: 1 M re in die M der vorigen R/Rd str.
1 M zun: 1 Masche zunehmen: den Querfaden re verschränkt abstricken.
1 M zunL: 1 Masche links neigend zunehmen: mit der linken Nadel von vorn in den Querfaden stechen und diese Schlinge durch das hintere Glied rechts stricken.
1 M zunR: 1 Masche rechts neigend zunehmen: mit der linken Nadel von hinten in den Querfaden stechen und diese Schlinge durch das vordere Glied rechts stricken.
2 M li zus (rechts neigende Abn): 2 M links zusammenstricken.
2 M re zus (rechts neigende Abnahme): 2 Maschen rechts zusammenstricken.
3 M li zus (rechts neigende, doppelte Abn): 3 M links zusammenstricken.
3 M re zus (rechts neigende, doppelte Abnahme): 3 M rechts zusammenstricken.
3 ÜZ (3 M überzogen zusammenstr): 2 M wie für 2 M re zus abh, 1 M wie zum re Stricken abh, die linke Nadel in die 3 M einstechen und 3 M re verschr zus.
aali (links neigende Abnahme) Abheben, Abheben, links zusammenstricken: 2 M gleichzeitig wie zum rechts Stricken abheben, die beiden M links verschränkt zusammenstricken.
aaali (links neigende, doppelte Abnahme) Abheben, Abheben, Abheben, links zusammenstricken: 3 M gleichzeitig wie zum rechts Stricken abheben und die 3 M li verschränkt zusammenstricken.
aaz (links neigende Abnahme) abheben, abheben, zusammenstricken: 2 M gleichzeitig wie zum rechts Stricken abheben, die beiden M rechts verschränkt zusammenstricken.
abh: abheben
abk: abketten
abn: abnehmen/Abnahme
anschl: anschlagen/Anschlag
aufn: aufnehmen
Fdn: Faden
HF: Hauptfarbe
HinR: Hinreihe
KF: Kontrastfarbe
kurze li M: eine kurze, linke Masche (s. S. 110)
li: links
M: Masche(n)
MM: Maschenmarkierer

R: Reihe(n)
Rd: Runde(n)
RdBeg: Rundenbeginn
re: rechts
RückR: Rückreihe
Tief li zun (links neigende Zunahme): das linke Maschenglied der Masche 2 Reihen unter der nächsten Masche auf der linken Nadel auf die linke Nadel heben und rechts verschränkt stricken.
Tief re zun (rechts neigend zunehmen): das linke Maschenglied der Masche unter der nächsten Masche auf der linken Nadel auf die linke Nadel heben und rechts stricken.
U: Umschlag
VAAZ: verbesserter aaz. Isländische Methode: 1 M wie zum li Stricken abh und verschr (dh. mit dem rechten Maschenglied hinten) auf die linke Nadel schieben, 2 M re zus verschr. E. Zimmerman Methode: 1 M wie zum re Stricken abh, 1 M wie zum li Stricken abh, die li Nadel die 2 M stechen und 2 M re zus verschr.
verschr: verschränkt
wdh: wiederholen/Wiederholung
Zopfndl: Zopfnadel
zus: zusammen
(-): zwischen den Klammern so oft wie angegeben wiederholen
- das zwischen den Sternchen Stehende so oft wie angegeben oder bis Ende der Reihe/Runde wiederholen.

Danksagung

Ein Buch ist nie nur die Arbeit einer einzigen Person, und ich bin allen sehr dankbar, die mich während seiner langen Entstehung unterstützt haben.
Den Teilnehmern meines Icelandic Socks Club.
Meinen drei wundervollen Töchtern, ohne die nichts möglich wäre. Und besonders meiner ältesten für ihre unbezahlbare Hilfe und ihre harte Arbeit.
Den Museen und Kuratoren in Island, die all meine Fragen beantwortet haben, sowie Fríður Ólafsdóttir und Hildur von Annríki.
Den Historikern Þórsteinn Helgasson und Helgi Skúli Kjartansson für ihre guten Ratschläge sowie Hallgrímur Ó. Guðmundsson.
Meiner geduldigen und sorgfältigen Lektorin Naoko.
Meinen großartigen Teststrickerinnen Álfheiður Ingimarsdóttir, Ástþrúður Síf Sveinsdóttir, Berglind Hafsteinsdóttir und Bryndís Eiriksdóttir.
Meinen Models Sylvía und Theodóra, dem tollen Styrmir, meiner lieben Myriam, der niedlichen Ástrós Álfa und ihrer Mutter.
Und schließlich all den StrickerInnen, vielen Dank für Euren Enthusiasmus, Eure Großzügigkeit und Eure Geduld!

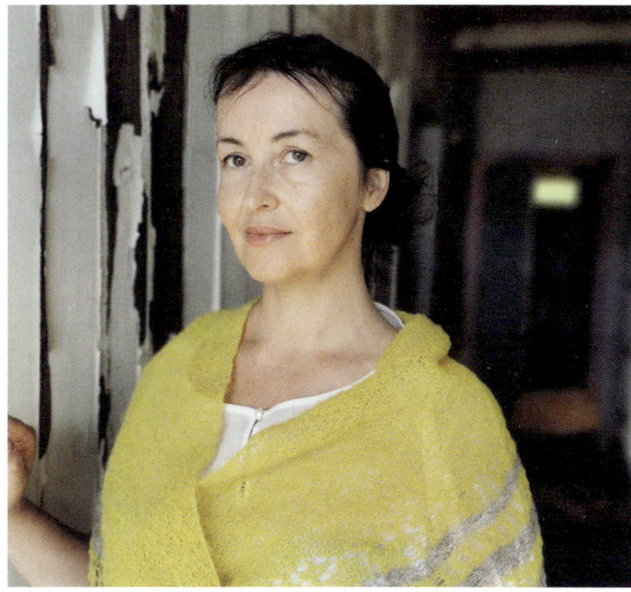

Über die Autorin

Hélène Magnússon ist eine französisch-isländische Designerin mit einem Abschluss in Modedesign. Sie ist überzeugt, dass die beste Art, Traditionen zu erhalten, die ist, sie zu nutzen und ihnen neues Leben einzuhauchen. Als frühere Anwältin, Schäferin und Bergführerin hat sie 2010 ihr Strickdesignstudio gegründet und ist mit ihrem unverwechselbaren Stil, inspiriert von der Tradition mit einer modernen Note, international erfolgreich.
Sie ist die Autorin mehrerer Bücher über Stricken in Island, und ihre Anleitungen wurden in Zeitschriften, Büchern, auf Ravelry und ihrer Website veröffentlicht, auf der sie auch eine große Auswahl an isländischer Wolle und Strickpackungen sowie Sockenbretter verkauft.
In der Hoffnung, damit einige der alten Stricktraditionen wiederzubeleben, hat sie ihre eigene Linie mit weicher und dünner isländischer Wolle gegründet (Love Story, Gilitrutt und Katla).
Ihre Leidenschaft für die reiche isländische Stricktradition teilt sie auf den Wander- und Stricktouren, die sie übers Jahr in Island organisiert und führt.
Sie lebt mit ihrer Familie in Reykjavík.

Mehr über ihre Arbeit: www.icelandicknitter.com